21世纪高职高专能力本位型系列规划教材·经济贸易系列

报关与报检实务

主　编　农晓丹
副主编　刘晓斌　李俊香
参　编　孙春媛　符建利

北京大学出版社
PEKING UNIVERSITY PRESS

内 容 简 介

本书根据报检报关业务发展的需要，结合高职高专课程项目化教学要求编写而成。本书主要内容包括报检与报关工作的前期准备、进出境报检业务办理、具体商品报检业务办理、一般进出口货物的报关业务办理、保税加工货物报关业务办理、特定减免税货物报关业务办理、暂准进出境货物报关业务办理等。全书贯彻“以工作过程为导向”的教改思路，突出实践性和操作性。

本书可以作为高职高专国际贸易、物流管理、国际商务、报关与国际货代等专业的教材，也可以作为报关与报检从业人员的培训用书。

图书在版编目(CIP)数据

报关与报检实务/农晓丹主编. —北京：北京大学出版社，2013.3

(21 世纪高职高专能力本位型系列规划教材·经济贸易系列)

ISBN 978-7-301-16612-3

Ⅰ. ①报… Ⅱ. ①农… Ⅲ. ①进出口贸易—海关手续—中国—高等职业教育—教材②国境检疫—中国—高等职业教育—教材 Ⅳ. ①F752.5②R185.3

中国版本图书馆 CIP 数据核字(2013)第 045289 号

书　　　名：报关与报检实务
著作责任者：农晓丹　主编
策 划 编 辑：蔡华兵
责 任 编 辑：刘健军
标 准 书 号：ISBN 978-7-301-16612-3/F·3580
出 版 发 行：北京大学出版社
地　　　址：北京市海淀区成府路 205 号　100871
网　　　址：http://www.pup.cn　新浪官方微博：@北京大学出版社
电 子 信 箱：pup_6@163.com
电　　　话：邮购部 62752015　发行部 62750672　编辑部 62750667　出版部 62754962
印　刷　者：北京鑫海金澳胶印有限公司
经　销　者：新华书店
787 毫米×1092 毫米　16 开本　18.25 印张　423 千字
2013 年 3 月第 1 版　2017 年 1 月第 4 次印刷

定　　　价：37.00 元

前　言

报检和报关是货物进出口的重要环节，随着我国进出口业务的快速发展，报检业务量和报关业务量越来越大，相关行业也得到快速的发展，市场对报检人才和报关人才需求量迅速扩大。同时，目前大部分高职院校都在进行项目化教学改革，而目前已出版的教材能体现项目化教学特色的很少。为了满足报检人才和报关人才培养的需要以及高职院校相关课程项目化教学的需要，我们编写了《报关与报检实务》教材。

本书在编写过程中，遵循项目化教学改革的思路，体现“任务引领、实践导向”的课程设计思想，从实用性出发，突破了传统教材按照知识体系来编排的惯例，根据报关报检典型工作任务对涉及的知识来进行重新编排，使教学内容与工作内容相对接，使学生能更好地掌握报检和报关操作技能。本书具有以下特点。

一是实用性。以进出口商品报检报关的典型工作任务为主线来进行内容的组织，将教学内容分解设计成报检与报关工作的前期准备、进出境报检业务办理、具体商品报检业务办理、一般进出口货物的报关业务办理、保税加工货物报关业务办理、特定减免税货物报关业务办理、暂准进出境货物报关业务办理 7 个项目、25 个工作任务及相关工作情景，以项目为单位组织教学，让学生在完成项目工作任务的过程中引出相关的知识，在完成项目的过程中加深对专业知识和职业技能的综合运用。

二是通用性。报检报关是一项十分复杂的技术性工作，包括许多步骤和工作环节。本书从高职高专学生学习特点出发，贯彻“够用、实用”的指导思想，以去繁就简、抓住主线、注意知识的可迁移性为原则，主要选择报检、报关工作涉及的基础性的、具有共性的知识，学生掌握了这些知识，可以举一反三，办理不同商品的报检、不同监管模式货物的报关。

三是前瞻性。本书内容结合报检、报关工作的最新实践、商品进出口检验检疫及报关的最新规定，以及我国检验检疫工作、报关工作的各项政策法规的最新调整，来促使学生掌握最新的检验知识和报关知识，提高实践技能。

四是生动性。本书内容的编排突破传统教材的编写体例，采用任务导入、任务目标、任务分析、知识链接、相关资料、技能训练和巩固等新颖的体例，版面生动，内容可读性强。

本书由宁波城市职业技术学院“报关与报检”课程教学团队编写，由农晓丹任主编，刘晓斌、李俊香任副主编，孙春媛、符建利参与编写。其中，符建利负责编写项目操作背景，刘晓斌负责编写项目一、项目二，李俊香负责编写项目三，农晓丹负责编写项目四至项目六，孙春媛负责编写项目七。全书由农晓丹统稿。

在本书的编写和出版过程中，我们参考了部分同类教材和相关论著，引用了国内外一些同行的成果和观点，充分汲取同行专家在探索培养应用型人才方面取得的成功经验和教学成果，借鉴了报检报关实践和研究中已趋成熟的理论、基础知识和技能，以及报检报关实践中的新经验和新成果，特向这些作者表示由衷的感谢！

由于编者水平有限，书中难免存在疏漏之处，恳请专家、同行不吝批评和指正，联系电子信箱为 nongxiaodan@nbcc.cn。

编　者

2012 年 12 月

目　　录

项目操作背景

——报关与报检基础知识

BAOGUAN YU BAOJIAN JICHU ZHISHI

报检基础知识

一、报检的含义

报检又称报验，一般是指对外贸易关系人按照法律、行政法规、合同的规定或根据需要向进出口商品检验检疫机构申请办理报验、检疫、鉴定工作的手续，是进出口商品检验检疫工作的一个环节。

一般而言，报检、报验手续办理要先于报关手续。

二、出入境检验检疫的作用

出入境检验检疫的作用主要体现在以下几个方面。

（一）出入境检验检疫是国家主权的体现

出入境检验检疫机构作为执法机构，按照国家法律规定，对出入境货物、运输工具、人员等法定检验检疫对象进行检验、检疫、鉴定、认证及监督管理。不符合我国强制性要求的入境货物，一律不得销售、使用；对涉及安全卫生及检疫产品的国外生产企业的安全卫生和检疫条件进行注册登记；对不符合安全卫生条件的商品、物品、包装和运输工具，有权禁止进口，或视情况在进行消毒、灭菌、杀虫或其他排除安全隐患的措施等无害化处理，重验合格后方准进口；对于应经检验检疫机构实施注册登记的向中国输出有关产品的外国生产加工企业，必须取得注册登记证后方准向中国出口其产品；有权对进入中国的外国检验机构进行核准。

（二）出入境检验检疫是国家管理职能的体现

出入境检验检疫机构作为执法机关，依照法律授权，按照中国、进口国或国际性技术法规规定，对出入境人员、货物、运输工具实施检验检疫；对涉及安全、卫生和环保要求的出口产品生产加工企业、包装企业实施生产许可加工安全或卫生保证体系注册登记；必要时帮助企业取得进口国主管机关的注册登记；经检验检疫发现质量与安全卫生条件不合格的出口商品，有权阻止出境；不符合安全条件的危险品包装容器，不准装运危险货物；不符合卫生条件或冷冻要求的船舱和集装箱，不准装载易腐易变的粮油食品或冷冻品；对属于需注册登记的生产企业，未经许可不得生产加工有关出口产品；对涉及人类健康和安全、动植物生命和健康，以及环境保护和公共安全的入境产品实行强制性认证制度；对成套设备和废旧物品进行装船前检验。

（三）出入境检验检疫是保证中国对外贸易顺利进行和持续发展的保障

（1）对出口商品的检验检疫监管使我国的出口商品以质取胜，立足国际市场。世界各主权国家为保护国民身体健康、保障国民经济发展和消费者权益，相继制定了食品、药品、化妆品和医疗器械的卫生法规，机电与电子设备、交通运输工具和涉及安全的消费品的安全法规，动植物及其产品的检疫法规，检疫传染病的卫生检疫法规。我国出入境检验检疫机构依法履行检验检疫职能，能有效提高我国出口企业的管理水平和产品质量，不断开拓国际市场。

（2）对进出口商品的检验检疫监管是突破国外技术贸易壁垒和建立国家技术保护屏障的重要手段。中国检验检疫机构加强对进口产品的检验检疫和对相关的国外生产企业的注册登记与监督管理，是符合国际通行的技术贸易壁垒做法。中国出入境检验检疫通过合理的技术规范和措施保护国内产业和国民经济的健康发展，保护消费者、生产者的合法权益，建立起维护国家利益的可靠屏障。

（3）对进出口商品的检验检疫监管为对外贸易各方提供了公正权威凭证。在国际贸易中，贸易、运输、保险各方往往要求由官方或权威的非当事人对进出口商品的质量、重量、包装、装运技术条件等提供检验合格证明，为出口商品交货、结算、计费、计税和进口商品质量、残短索赔等提供有效凭证。中国出入境检验检疫机构对于进出口商品实施检验并出具的各种检验检疫鉴定证明，就是为对外贸易有关各方履行贸易、运输、保险契约和处理索赔争议提供了具有公证权威的凭证。

（4）出入境检验检疫对保护农林牧渔业生产安全、促进农畜产品的对外贸易和保护人体健康具有重要意义。保护农、林、牧、渔业生产安全，使其免受国际上重大疫情灾害影响，是中国出入境检验检疫机构担负的重要使命。对动植物及其产品和其他检疫物品，以及装载动植物及其产品和其他检疫物品的容器、包装物和来自动植物疫区的运输工具（含集装箱）实施强制性检疫，对防止动物传染病、寄生虫和植物危险性病、虫、杂草及其他有害生物等检疫对象和危险疫情的传入传出，保护国家农、林、牧、渔业生产安全和人民身体健康，履行我国与外国签订的检疫协议的义务，突破进口国在动植物检疫中设置的贸易技术壁垒，对促进我国农畜产品对外贸易具有重要作用。

（5）出入境检验检疫实施国境卫生检疫是保护我国人民健康的重要屏障。中国边境线长、口岸多，对外开放的海、陆、空口岸有 100 多个，是开放口岸最多的国家之一。近年来，各种检疫传染病和检测传染病仍在一些国家地区发生和流行，甚至出现了一批新的传染病，特别是随着国际贸易、旅游和交通运输的发展，以及出入境人员迅速增加，鼠疫、霍乱、黄热病、艾滋病等一些烈性传染病及其传播媒介随时都有传入的危险，给我国人民的身体健康造成严重威胁。因此，对出入境人员、交通工具、运输设备以及可能传播传染病的行李、货物、邮包等物品实施强制性检疫，对防止检疫传染病的传入或传出，保护人民身体健康具有重要作用。

综上所述，出入境检验检疫对维护国家和人民权益、维护国民经济发展、突破国际贸易技术壁垒都有非常重要的作用。随着改革开放的不断深入和对外贸易的不断发展，特别是中国加入世界贸易组织，出入中国国境的人员、货物和交通运输工具等将不断增加，中国出入境检验检疫作为“国门卫士”必将发挥越来越重要的作用。

三、我国检验检疫的工作内容

（一）法定检验检疫

根据《中华人民共和国进出口商品检验法》及其实施条例、《中华人民共和国进出境动植物检验检疫法》及其实施条例、《中华人民共和国国境卫生检疫法》及其实施细则、《中华人民共和国食品卫生法》，以及其他有关法律法规的规定，出入境检验检疫机构依法对出入境人员、货物、运输工具、集装箱及其他法定检验检疫物（统称法定检验检疫对象）实施检验、检疫、鉴定等检验检疫业务，称为法定检验检疫，又称强制性检验检疫。

除国家法律、行政法规规定必须由出入境检验检疫机构检验检疫的货物以外，输入国规定必须凭检验检疫机构出具的证书方准入境的和有关国际条约规定须经检验检疫机构检验检疫的进出境货物，货主或其代理人也应在规定的时限和地点向检验检疫机构报检。

根据《中华人民共和国进出口商品检验法》的规定，国家商检部门规定、调整必须实施检验检疫的进出口商品目录并公布实施。

原国家进出口商品检验局在 1990 年发布的《商检机构实施检验的进出口商品种类表》（简称《种类表》）首次采用《商品分类和编码协调制度》（简称 H.S 编码）的商品分类方法编排商品目录。

1999 年，原国家进出口商品检验局、国家动植物检疫局和国家卫生检疫局合并组建的国家出入境检验检疫局将实施检验检疫的进出口产品融合在一起，发布了《出入境检验检疫机构实施检验检疫的进出境商品目录》（简称《目录》）。《目录》有“商品编码”、“商品名称及备注”、“计量单位”、“海关监管条件”和“检验检疫类别”5 栏组成。其中，“商品编码”、“商品名称及备注”和“计量单位”是以 H.S 编码为基础，并依照最新的海关《商品综合分类表》的商品编号、商品名称、商品备注和计量单位编制。

《目录》中商品的“海关监管条件”为“A”，表示须实施进境检验检疫，2012 年版《目录》中“海关监管条件”为“A”的商品编码共 4377 个；“海关监管条件”为“B”表示须实施出境检验检疫，2012 年版《目录》中“海关监管条件”为“B”的商品编码共 4700 个；“海关监管条件”为“D”表示海关与检验检疫联合监管，2012 年版《目录》中“海关监管条件”为“D”的商品编码共 3 个。

《目录》中商品的“检验检疫类别”为“M”表示进口商品检验；“检验检疫类别”为“N”表示出口商品检验；“检验检疫类别”为“P”表示进境动植物、动植物产品检疫；“检验检疫类别”为“Q”表示出境动植物、动植物产品检疫；“检验检疫类别”为“R”表示进口食品卫生监督检验；“检验检疫类别”为“S”表示出口食品卫生监督检验；“检验检疫类别”为“L”表示民用商品入境验证。

以“硬粒小麦（配额内）”为例，其对应的商品编码为10011000.10，计量单位为“千克”，“海关监管条件”为 A/B，表示该商品在入境和出境时均须实施检验检疫，“检验检疫类别”为“M.P.R/Q.S”表示该商品进口时应实施商品检验、植物产品检疫和食品卫生监督检验，出口时应实施植物产品检疫和食品卫生监督检验。

《目录》中有一项比较特殊的商品：成套设备。在实际进出口业务中，由于运输方面的限制，一套设备往往会以零配件或散件的方式分别包装或者分批进口，因此，设备进口时申请人往往会将一套设备分成很多项进行申报。不论分为多少项申报、也不论其中每一项的商品编码是否在《目录》内，成套设备都是属于法定检验检疫的。进口成套设备的货主或其代理人应主动按有关规定向检验检疫机构办理报检手续。

（二）进出口商品报检

列入《目录》内的商品，检验检疫部门依法实施检验，判定其是否符合国家技术规范的强制性要求。判定的方式采取合格评定活动，合格评定程序包括：抽样、检验和检查；评估、验证和合格保证；注册、认可和批准以及各项的组合。

除了《目录》中所列的商品，法律法规及有关规定还规定了一些出入境货物必须经检验检疫机构检验，如废旧物品（包括旧机电产品）、须做外商投资财产价值鉴定的货物、须做标识查验的出口纺织品、援外物资等。上述进出境货物无论是否在《目录》内，按规定均应当向检验检疫机构申报。

检验检疫机构对必须经检验检疫机构检验检疫的进出口商品以外的进出口商品，根据有关规定可实施抽查检验。检验检疫机构可以公布抽查检验结果或者向有关部门通报抽查检验情况。

检验检疫机构根据需要，对检验合格的进出口商品，可以加施检验检疫标志或者封识。

（三）动植物检疫

检验检疫机构依法实施动植物检疫的有：进境、出境、过境的动植物、动植物产品和其他检疫物；装载动植物、动植物产品和其他检疫物的装载容器、包装物、铺垫材料；来自动植物疫区的运输工具；进境拆解的废旧船舶；有关法律、行政法规、国际条约规定或者贸易合同约定应当实施进出境动植物检疫的其他货物、物品。

对于国家列明的禁止进境物，检验检疫机构作退回或销毁处理。

对进境动物、动物产品、植物种子、种苗及其他繁殖材料、新鲜水果、烟草类、粮谷类及饲料、豆类、薯类、和植物栽培介质等实行进境检疫许可制度，输入单位在签订合同或协议之前应事先办理检疫审批手续。

检验检疫机构对出境动植物、动植物产品或其他检疫物的生产、加工、存放过程实施检疫监管。

检验检疫机构对过境运输的动植物、动植物产品和其他检疫物实施检疫监管。

检验检疫机构对携带、邮寄动植物、动植物产品和其他检疫物进境实行检疫监管。

对来自疫区的运输工具，口岸检验检疫机构实施现场检疫和有关消毒处理。

（四）卫生检疫与处理

检验检疫机构对入出境的人员、交通工具、集装箱、行李、货物、邮包等实施医学检查和卫生检疫，对未染有检疫传染病或者已实施卫生处理的交通工具签发入境或者出境检疫证。

检验检疫机构对入出境人员实施传染病监测，有权要求入出境人员填写健康申明卡、出示预防接种证书、健康证书或其他有关证件。对患有鼠疫、霍乱、黄热病的出入境人员实施隔离留验；对患有艾滋病、性病、麻风病、精神病、开放性肺结核的外国人阻止其入境；对患有监测传染病的出入境人员，视情况分别采取留验、发就诊方便卡等措施。

检验检疫机构对国境口岸和停留在国境口岸的入出境交通工具的卫生状况实施卫生监督，监督和指导对啮齿动物、病媒昆虫的防除；检查和检验食品、饮用水及其储存、供应、运输设施；监督从事食品、饮用水供应的从业人员的健康状况；监督和检查垃圾、废物、污水、粪便、压舱水的处理；对卫生状况不良和可能引起传染病传播的因素采取必要措施。

检验检疫机构对发现患有检疫传染病、监测传染病、疑似检疫传染病的入境人员实施隔离、留验和就地诊验等医学措施；对来自疫区、被传染病污染、发现传染病媒介的出入境交通工具、集装箱、行李、货物、邮包等物品进行消毒、除鼠、除虫等卫生处理。

（五）进口废物原料、旧机电产品装运前检验

对国家允许作为原料进口的废物和涉及国家安全、环境保护、人类和动植物健康的旧机电产品，实施装运前检验制度。实施装运前检验，可防止境外有害废物或不符合我国有关安全、卫生和环境保护等技术规范强制性要求的旧机电产品进入国内，从而有效保障人身和财产安全、有效地保护环境。

进口废物原料前，进口单位应事先取得国家环保总局签发的“进口废物批准证书”。进口单位与境外贸易关系人签订的合同中应订明进口废物的装运前检验条款。废物的出口商应当在装船前向检验检疫机构制定或认可的检验机构申请实施装运前检验，经检验合格后方可装运。

进口旧机电产品的收货人或其代理人应在合同签署前向国家质检总局或收货人所在地直属检验检疫局办理备案手续。对按规定应当实施装运前预检验的，由检验检疫机构或经国家质检总局认可的装运前预检验机构实施装运前预检验。

已实施装运前检验的废物原料和旧机电产品在运抵口岸后，检验检疫机构仍将按规定实施到货检验。

（六）进口商品认证管理

国家对涉及人类健康和动植物生命和健康，以及环境保护和公共安全的产品实行强制性认证制度。凡是列入《中华人民共和国实施强制性产品认证的产品目录》内的商品，必须经过指定的认证机构认证合格、取得指定认证机构颁发的认证证书、并加施认证标志后，方可进口。此目录内的商品在进口时，检验检疫机构按规定实施验证，查验单证、核对货证是否相符。

（七）出口商品质量许可和卫生注册管理

国家对重要出口商品实行质量许可制度，检验检疫部门单独或会同有关主管部门发放出口商品质量许可证，未获得质量许可证的商品不准出口。检验检疫部门已对机械、电子、轻工、机电、玩具、医疗器械、煤炭类等商品实施出口商品质量许可制度，上述产品的生产企业或其代理人可向当地检验检疫机构申请出口质量许可证书。检验检疫机构对实施质量许可制度的出口商品实行验证管理。

国家对出口食品及其生产企业（包括加工厂、屠宰场、冷库、仓库等）实施卫生注册登记制度。实施卫生注册登记制度的出口食品生产企业，应向检验检疫机构申请卫生注册登记，取得卫生注册登记证书后，方可生产、加工、储存出口食品。

（八）出口危险货物运输包装检验

生产危险货物出口包装容器的企业，必须向检验检疫机构申请包装容器的性能鉴定。包装容器经检验检疫机构鉴定合格后，方可用于包装危险货物。生产出口危险货物的企业，必须向检验检疫机构申请危险货物包装容器的使用鉴定。危险货物包装容器经检验检疫机构鉴定合格的，方可包装危险货物出口。

（九）外商投资财产价值鉴定

对于外商投资企业及各种对外补偿贸易方式，检验检疫机构对境外（包括港、澳、台地区）投资者用以作价投资的实物，以及外商投资企业委托国外投资者用投资资金从境外购买的财产进行价值鉴定。通过价值鉴定，可有效防止低价高报或高价低报的现象，保护外商投资企业各投资方的合法权益。外商投资财产价值鉴定的内容包括外商投资财产的品种、质量、数量、价值和损失鉴定等。检验检疫机构进行价值鉴定后出具“价值鉴定证书”，供企业到所在地会计师事务所办理验资手续。

（十）货物装载和残损鉴定

对装运出口易腐烂变质的食品、冷冻品的船舱、集装箱等运输工具，承运人、装箱单位或者其代理人必须在装运前向检验检疫机构申请清洁、卫生、冷藏、密固等适载检验，经检验检疫机构检验合格方可装运。对外贸易关系人及仲裁、司法等机构对海运进口商品可向检验检疫机构申请办理监视、残损鉴定、监视卸载等鉴定工作。

（十一）进出口商品质量认证

检验检疫机构可以根据国家质检总局同外国有关机构签订的协议或者接受外国有关机构的委托进行进出口商品质量认证工作，准许有关单位在认证合格的进出口商品上使用质量认证标志。

（十二）涉外检验检疫、鉴定、认证机构审核认可和监督涉外检验检疫、鉴定、认可机构审核认可

对于拟设立的中外合资、合作进出口商品检验、鉴定、认证公司由国家质检总局对其资格信誉、技术力量、装备设施及业务范围等进行审查，对审查合格的出具《外商投资检验公司资格审定意见书》，方可开展经营活动。

国家质检总局对从事进出口商品检验、鉴定、认证业务公司的经营活动实行统一监督管理，对境内外检验鉴定认证公司设在各地的办事处实行备案管理。

（十三）与外国和国际组织开展合作

检验检疫部门承担世界贸易组织“贸易技术壁垒协议”（WTO/TBT）和“实施动植物卫生检疫措施的协议”（WTO/SPS 协议）咨询业务；承担联合国（UN）、亚太经合组织（APEC）等国际组织在标准与一致化和检验检疫领域的联络工作；负责对外签订政府部门间的检验检疫合作协议、认证认可合作协议、检验检疫协议执行议定书等，并组织实施。

四、检验检疫工作的主管机构

检验检疫工作的主管机构是国家质检总局及各检验检疫机构。

国家质检总局是中华人民共和国国务院主管全国质量、计量、出入境商品检验、出入境卫生检疫、出入境动植物检疫、进出口食品安全和认证认可、标准化等工作，并行使行政执法职能的正部级国务院直属机构。

为履行出入境检验检疫职能，国家质检总局在全国 31 省（自治区、直辖市）共设有 35 个直属出入境检验检疫局，海陆空口岸和货物集散地设有近 300 个分支局和 200 多个办事处，共有检验检疫人员 3 万余人。国家质检总局对出入境检验检疫机构实施垂直管理。

为履行质量技术监督职责，全国共设有 31 个省（自治区、直辖市）质量技术监督局，并下设 2800 多个行政管理部门，共有质量技术监督人员 18 万余人。国家质检总局对省（自治区、直辖市）质量技术监督机构实行业务领导。

报关基础知识

一、报关的含义

报关是指进出口货物收发货人、进出境运输工具负责人、进出境物品的所有人或者他们的代理人向海关办理货物、物品或运输工具进出境手续及相关海关事务的过程。

报关与通关的区别：报关是从海关行政管理相对人的角度，仅指向海关办理进出境手续及相关手续；通关不仅包括报关，还包括海关对进出境运输工具、货物、物品依法进行监督管理，核准其进出境的管理过程。

二、报关的基本内容

（一）进出境运输工具报关的基本内容

根据我们海关法律规定，所有进出我国关境的运输工具必须经由设有海关的港口、车站、机场、国界孔道、国际邮件互换局（交换站）及其他可办理海关业务的场所申报进出境。进出境申报是运输工具报关的主要内容。进出境运输工具负责人或其代理人在运输工具进入或驶离我国关境时均应如实向海关申报运输工具所载旅客人数、进出口货物数量、装卸时间等基本情况。

1. 运输工具申报的基本内容

（1）运输工具进出境的时间、航次（车次）、停靠地点等。

（2）进出境时所载运货物的情况，包括过境货物、转运货物、溢短卸（装）货物的基本情况。

（3）运输工具服务人员名单及其自用物品、货币等情况。

（4）运输工具所载旅客情况。

（5）运输工具所载邮递物品、行李物品的情况。

（6）其他需要向海关申报清楚的情况，如由于不可抗力原因，运输工具被迫在未设关地点停泊、降落或者抛掷、起卸货物、物品等情况。

除此以外，运输工具报关时还需要提交运输工具从事国际合法性运输必备的相关证明文件，如船舶国籍证明、吨税证书、海关监管簿、签证簿等，必要时还需要出具保证书或缴纳保证金。

进出境运输工具负责人或其代理人就以上情况向海关申报后，有时还需按海关的要求配合海关检查，经海关审核确认符合海关监管要求的，可以上下旅客、装卸货物。

2. 运输工具舱单申报

我国海关将运输工具舱单申报作为进出境运输工具报关的一个重要的事项。

进出境运输工具舱单（简称舱单）是反映进出境运输工具所载货物、物品及旅客信息的载体，包括：

（1）原始舱单——指舱单传输人向海关传输的反映进境运输工具装载货物、物品或乘载信息的舱单。

（2）预配舱单——指反映出境运输工具预计转载货物、物品或乘载旅客信息的舱单。

（3）装（乘）载舱单——指反映出境运输工具实际配载货物、物品或载有旅客信息的舱单，进出境运输工具载有货物、物品的，舱单内容应当包括总提（运）单及其项下的分提（运）单信息。

海关接受原始舱单主要数据传输后，收货人、受委托的报关企业方可向海关办理货物、物品的申报手续。进境运输工具载有旅客的，仓单传输人应当在规定时限向海关传输原始舱单电子数据。

以集装箱运输的货物、物品，出口货物发货人应当在货物、物品装箱以前向海关传输装箱清单电子数据。出境运输工具预计载有旅客的，舱单传输人应当在出境旅客开始办理登机（船、车）手续前向海关传输预配舱单电子数据。舱单传输人应当在旅客办理登机（船、车）手续后、运输工具上客以前向海关传输承载舱单电子数据。运输工具负责人应当在货物、物品装载完毕或者旅客全部登机（船、车）后向海关提交结关申请，经海关办结手续后，出境工具方可离境。

（二）进出境货物报关的基本内容

根据海关规定，进出境货物的报关业务应由依法取得报关从业资格并在海关注册的报关员办理。进出境货物的报关业务包括：按照规定填制报关单，如实申报进出口货物的商品编码、实际成交价格、原产地及相应优惠贸易协定代码，并办理提交报关单证等与申报有关的事宜；申请办理缴纳税费和退税、补税事宜；申请办理加工贸易合同备案、变更和核销及保税监管等事宜；申请办理进出口货物减税、免税等事宜；办理进出口货物的查验、结关等事宜；办理应当由报关单位办理的其他事宜。

（三）进出境物品报关的基本内容

《中华人民共和国海关法》规定：个人携带进出境的行李物品、邮寄进出境物品，应当以自用合理数量为限。所谓自用合理数量，对于行李物品而言，“自用”指进出境旅客本人自用、馈赠亲友而非为出售或出租。“合理数量”是指海关根据进出境旅客旅行目的和居留时间所规定的正常数量；对于邮递物品，则指的是海关对进出境邮递物品规定的征、免税限制。自用合理数量原则是海关对进出境物品监管的基本原则，也是对进出境物品报关的基本要求。

需要注意的是，对于通过随身携带或邮政渠道进出境的货物要按货物办理进出境报关手续。经海关登记准予暂时免税进境或者暂时免税出境的物品，应当由本人附带出境或者附带进境。享有外交特权和豁免的外国机构或者人员的公务用品或者自用物品进出境，依照有关法律、行政法规的规定办理。

1. 进出境行李物品的报关：我国海关采用“红绿通道”制度

我国海关规定，进出境旅客在向海关申报时，可以在分别以红色和绿色作为标记的两种通道中进行选择。带有绿色标志的通道（无申报通道）适用于携运物品在数量和价值上均不超过免税限额，且无国家限制或禁止进出境物品的旅客；带有红色标志的通道（申报通道）则适用于携带有应向海关申报物品的旅客。对于选择红色通道的旅客，必须填写“中华人民共和国海关进（出）境旅客行李物品申报单”或海关规定的其他申报单证，在进出境地向海关作出书面报告。

自 2008 年 2 月 1 日起，海关在全国各对外开放口岸实行新的进出境旅客申报制度。

（1）进出境旅客没有携带应向海关申报物品的，无须填写申报单，选择“无申报通道”通关。

（2）进出境旅客携带有应向海关申报物品的，须填写申报单，向海关书面申报，并选择“申报通道”通关，除海关免于监管人员以及随同成人旅行的 16 周岁以下旅客以外。

（3）持有中华人民共和国政府主管部门给予外交、礼遇签证的进出境旅客，通关时应主动向海关出示本人有效证件，海关予以免验礼遇。

2. 进出境邮递物品的报关：以“报税单”或“绿色标签”向海关报关

进出境邮递物品的申报方式由其特殊的邮递运输方式决定。我国是《万国邮政公约》的签约国，根据其规定，进出口邮包必须由寄件人填写“报税单”（小包邮件填写绿色标签），列明所寄物品的名称、价值、数量，向邮包寄达国家的海关申报。进出境邮递物品的“报税单”和“绿色标签”随同物品通过邮政企业或快递公司呈递给海关。

三、报关工作的主管部门

报关工作的主管部门为海关总署及下属的直属海关、隶属海关。

海关机构的设置为海关总署、直属海关和隶属海关三级。隶属海关由直属海关领导，向直属海关负责；直属海关由海关总署领导，向海关总署负责。

中华人民共和国海关是国家的进出境监督管理机关，实行垂直管理体制，在组织机构上分为 3 个层次：第一层次是海关总署；第二层次是广东分署，天津、上海两个特派员办事处，

41 个直属海关（除香港、澳门、台湾地区外）和两所海关学校，分布在全国 31 个省、自治区、直辖市；第三层次是各直属海关下辖的 562 个隶属海关机构。此外，在布鲁塞尔、莫斯科、华盛顿以及香港等地设有派驻机构。

海关总署是国务院的直属机构，在国务院领导下统一管理全国海关机构、人员编制、经费物资的各项海关业务，是海关系统的最高领导部门。直属海关是指直接由海关总署领导，负责管理一定区域范围内海关业务的海关。直属海关就本关区的海关事务独立行使职权，向海关总署负责。隶属海关是指由直属海关领导，负责办理具体海关业务的海关，是海关进出境监督管理职能的基本执行单位，一般都设在口岸和海关业务集中的地点。

训练题

一、基础训练题

（一）单选题

1．报关企业是指完成（　　）手续，取得办理进出口货物报关资格的境内法人。

A．工商注册登记　　B．税务注册登记

C．企业主管部门批准　　D．海关报关注册登记

2．下列关于报关或者代理报关范围的表述错误的是（　　）。

A．进出口货物收发货人只能办理本企业（单位）进出口货物的报关业务

B．代理报关企业只能接受有权进出口货物单位的委托，办理本企业承揽、承运货物的业务

C．专业报关企也可接受进出口货物收发货人在各种运输承运关系下委托办理报关业务

D．进出口货物收发货人、报关企业只能在注册的海关办理报关业务

3．我国是《万国邮政公约》的签约国之一，根据这一公约的规定，进出境物品的报税单和“绿色标签”应随同物品通过（　　）递给海关。

A．专业报关单位　　B．代理报关企业

C．邮政企业　　D．收发货人

4．准确无误地填写进出口货物报关单和报关数据的预录，陪同海关查验、对货物进行税则归类、计算税费、缴纳税费，提货，提供报关事宜咨询服务等项工作是属于（　　）的业务范围。

A．进出口企业　　B．海关

C．专业报关企业　　D．银行

5. 国家对涉及人类健康、动植物生命和健康，以及环境保护和公共安全的产品实行（　　）制度。

A．强制性认证　　B．贸易壁垒

C．注册　　D．监管

6．对国家允许作为原料进口的废物，实施（　　）检验制度，防止境外有害废物向我国转运。

A．装运前　　B．装运后

C．报关时　　D．加工时

7．凡在中华人民共和国境内生产、加工、储存出口食品的企业，必须取得（　　）后，方可生产、加工、储存相应的出口食品。

A．卫生注册证书　　B．卫生登记证书

C．卫生注册证书或者卫生登记证书　　D．卫生登记

8．为维护国家经济利益和对外信誉，只有对重要的出口商品实施必要的（　　）检验检疫，才能保证质量、规格、包装等符合进口国法规要求。

A．强制性　　B．一般性

C．集中性　　D．服务性

（二）判断题

1．所谓"法定检验检疫"，又称强制性检验检疫。（　　）

2．2001 年 4 月，原国家出入境检验检疫局和国家质量技术监督局合并，组建国家质量监督检验检疫总局，但原国家出入境检验检疫局设在各地的出入境检验检疫机构、管理体制及业务不变。（　　）

3．《中华人民共和国进出口商品检验法》对防止检疫传染病的传播、保护人体健康是一个十分重要的屏障。（　　）

4．凡列入"实施检验的进出境商品目录"的进出口商品和其他法律、法规规定须经检验的进出口商品，必须经过出入境检验检疫部门或其指定的检验机构检验。（　　）

5．规定进口商品应检验未检验的，不准销售，可以使用。（　　）

6．出口商品未经检验合格的，不准出口。（　　）

7．所有进出我国关境的运输工具必须经由设有海关的地点进出境，运输工具负责人或代理人应如实向海关申报、提交相关证明文件，并接受海关检查。（　　）

8．个人携带进境的单位使用的电锯片可以作为行李物品报关。（　　）

9．必须由报关员办理进出境货物报关。（　　）

10．在海上交易未经设立海关的地点进境的货物是走私货物。（　　）

二、综合技能训练题

1．请选择一项或几项出入境检验检疫的工作内容，搜集相关的案例或资料，分小组进行讨论学习，谈谈各自的理解和看法。

2．请画出当地检验检疫机构及海关的业务部门结构图，并了解各部门职责。

3．华远号运输工具于 2011 年 1 月 20 日从宁波北仑港进境，该批货物委托新风报关行小夏代理报关。小夏对新来他处实习的新报关员提出了如下问题，应如何解答？

（1）海关调查人员应如何开展对走私案件的调查？

【业务处理】____

____

____

（2）你作为报关员在报关时，应注意向海关说明哪些事项？

【业务处理】____

____

____

(3) 你作为报关员应如何开展进出境行李物品及进出境邮递物品的报关?

【业务处理】____

____

____

(4) 如何理解海关对报关员的海关计分考核管理，计分考核管理性质及计分考核量化标准是什么?

【业务处理】____

____

____

本书案例背景

宁波华田国际贸易有限公司是一家工贸结合的企业，主营范围为纺织服装的生产和进出口，随着近几年公司规模的增大，业务范围扩大到包括机电设备、食品、化妆品、五金矿产品的进出口业务，同时承接“三来一补”等业务。该公司目前有 4 个业务部，业务部一负责服装类产品的进出口业务及服装的加工贸易业务；业务部二负责机电设备的进出口业务；业务部三负责五金矿产品的进出口业务；业务部四负责杂项产品（食品、化妆品等）的进出口业务。该公司有自理报关权。2011 年，公司扩展业务，设立了华田进出口报关公司，兼营代理报检和代理报关。

本书将以华田国际贸易公司的进出口业务和华田进出口报关公司的代理报检报关业务为线索组织相应的内容。

【相关资料】

宁波出入境检验检疫局概况

宁波出入境检疫局是国家质量监督检验检疫总局设在宁波的直属正厅级局，下辖北仑、慈溪、余姚、奉化、鄞州、宁海、大榭、象山检验检疫局和保税区办事处、机场办事处、镇海办事处、穿山办事处、通关中心办事处、宁波出口加工区办事处、慈溪出口加工区办事处等 15 个分支机构。

宁波海关概况

宁波海关是国家设在宁波口岸的进出境监督管理机关，是直属于国家海关总署领导的正厅（局）级直属海关。监管区域为宁波市行政区及其海域，是一个以海运货物监管为主，业务门类齐全的综合性海关，下辖现场业务处、驻经济技术开发区办事处、驻余姚办事处、驻慈溪办事处、驻鄞州办事处等 5 个派驻机构，以及镇海海关、保税区海关、北仑海关、大榭海关、象山海关、机场海关等 6 个隶属海关。

项目一

报检与报关工作的前期准备

BAOJIAN YU BAOGUAN GONGZUO DE QIANQI ZHUNBEI

【知识目标】

（1）熟悉自理报检的备案程序和自理报关的海关注册程序。

（2）了解报检员、报关员的资格条件及注册相关知识。

（3）掌握代理报检和代理报关的过程及代理报检单位的责任。

【能力目标】

（1）会办理自理报检的备案及自理报关的海关注册登记。

（2）会办理报检员、报关员的注册登记。

（3）能找到代理报检单位和代理报关单位并达成协议，同时协助代理报检单位和代理报关单位完成报检报关。

【任务导入】

2010 年 5 月，宁波华田国际贸易有限公司注册成立，为更好地跟踪业务进展，公司决定自己开展自理报检和自理报关。2011 年，公司扩展业务，设立了华田进出口报关公司，兼营代理报检和代理报关。那么，公司将如何获得报检权和报关权？

【任务目标】

(1) 到检验检疫机构注册，获得报检权。

(2) 到海关注册，获得报关权。

(3) 办理代理报检和报关。

【任务分析】

在以上案例情景中，涉及自理报检报关单位、代理报检报关单位与检验检疫机构及海关建立业务关系，获得报检权和报关权。要完成以上工作任务，大致要经过以下几个环节的操作。

(1) 进行流程设计，从总体上理清工作思路。

(2) 准备相应注册材料。

(3) 招聘报检员和报关员。

(4) 到检验检疫机构和海关提交资料申请注册并领取相应证书。

(5) 正式开展自理报检报关和代理报检报关业务。

在分析操作环节的基础上，将本项目的任务分解为 4 个部分：自理报检报关单位与主管部门建立业务联系→代理报检报关单位与主管部门建立业务联系→报检员和报关员招聘及注册→代理报检与代理报关的办理。

任务一　自理报检报关单位与主管部门建立业务关系

【任务目标】

(1) 根据任务导入案例背景进行自理报检单位注册流程设计。

(2) 根据任务导入案例背景进行自理报关单位注册流程设计。

【操作分析】

1. 华田公司创始人张力对公司获得自理报检权的工作设计

首先，张力登录了中国检验检疫电子业务网（www.eciq.cn），单击“报检单位备案登记报检员注册申请（企业用户）”按钮进入申请界面，选择“新注册/备案申请”，输入 9 位组织机构代码，选择“自理备案登记申请”按钮，填写自理备案登记申请信息，完成填写保存或提交信息，单击“打印”按钮，打印申请书（备案/注册登记/信息更改/报检员注册），结束申请。

其次，张力将注册全套材料准备好，包括“出入境检验检疫自理报检单位备案登记申请书”（网上录入并打印，加盖公章和法人代表章）；营业执照、组织机构代码证、备案证书、海关注册证明书的原件和复印件。

最后，张力将注册材料提交给工商注册所在地检验检疫机构，通过审核后，领取“自理报检单位备案登记证明书”，如图 1.1 所示，获得自理报检权。

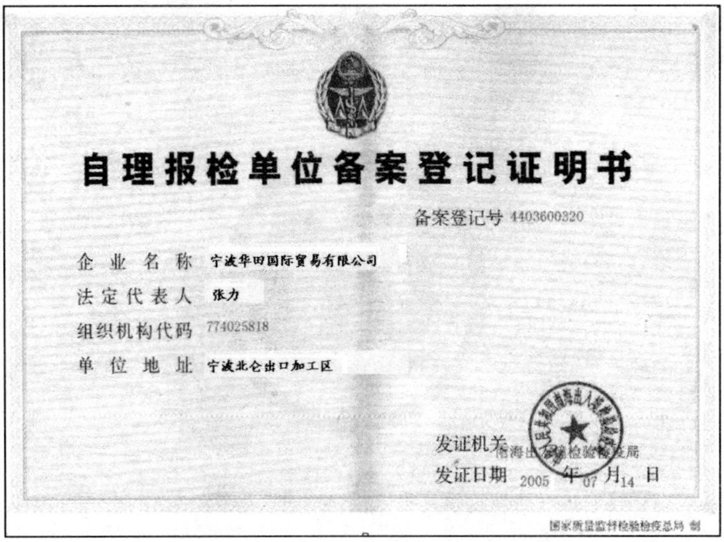
自理报检单位备案登记证明书

备案登记号 4403600320

企 业 名 称　宁波华田国际贸易有限公司
法 定 代 表 人　张力
组织机构代码　774025818
单 位 地 址　宁波北仑出口加工区

发证机关
发证日期 2005 年 07 月 14 日

国家质量监督检验检疫总局 制

图 1.1　自理报检单位备案登记证明书

网上申请备案登记具体过程如下。

第一步，登录网址 www.eciq.cn，单击左边审批类中“报检单位备案登记、报检员注册申请（企业用户）”按钮。

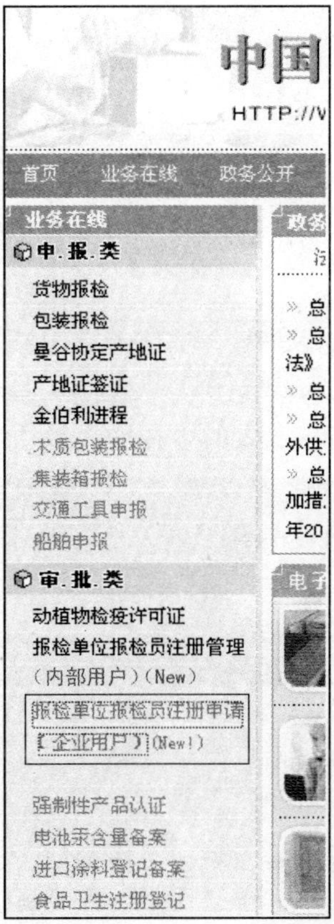

第二步，选择“新注册单位”单选按钮，输入报检单位组织机构代码，注意仔细阅读“操作提示”，单击“注册”按钮。

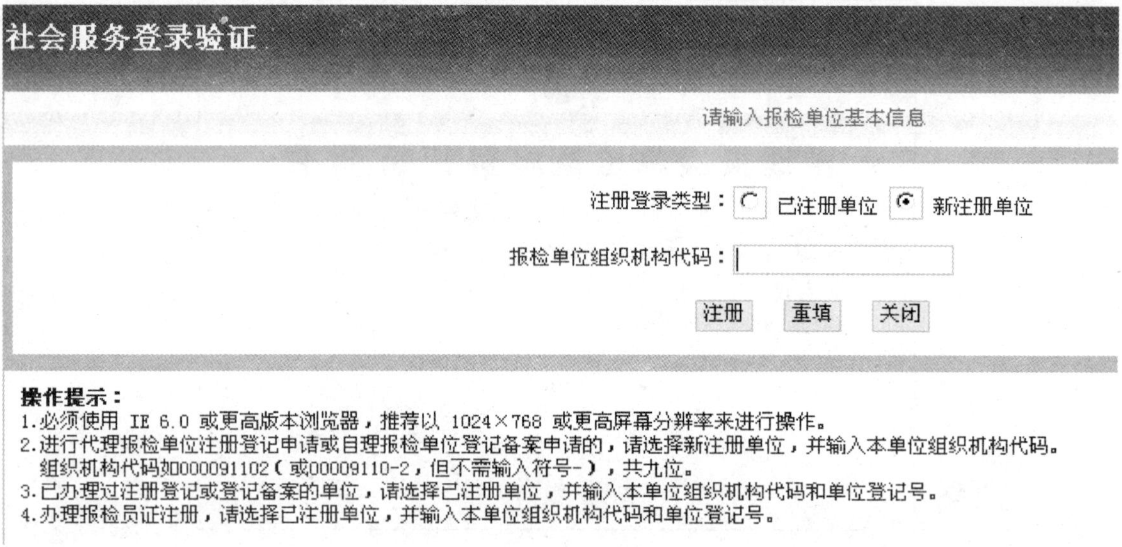

第三步，选择“登录”按钮，进入“自理报检单位”界面，单击“登记备案申请”按钮。

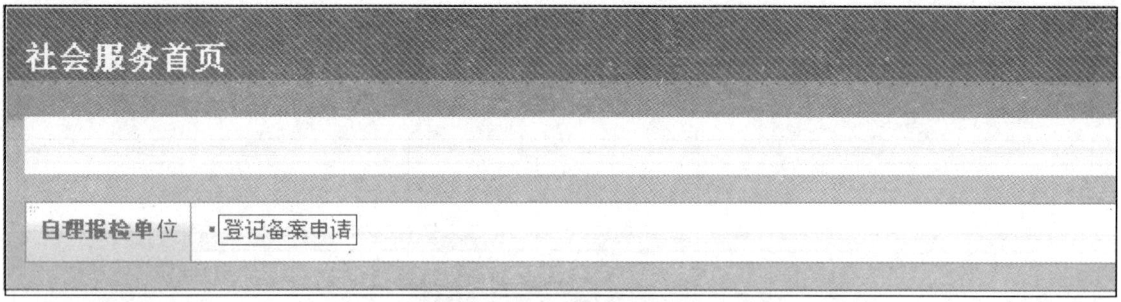

第四步，输入单位基本信息（打红色“＊”号的是必须输入的项目）完毕后，单击屏幕下方“操作”中的“申请”按钮。

第五步，待申请成功，请单击右上方的“打印”按钮。

第六步，打印出“自理报检单位登记备案申请表”。

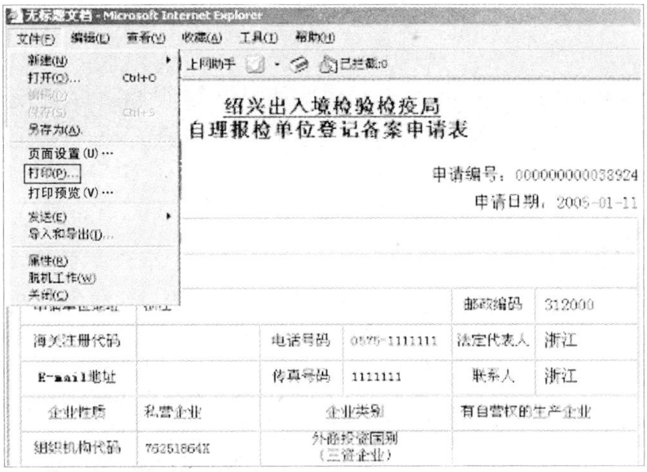

自理报检单位登记备案申请流程如图 1.2 所示。

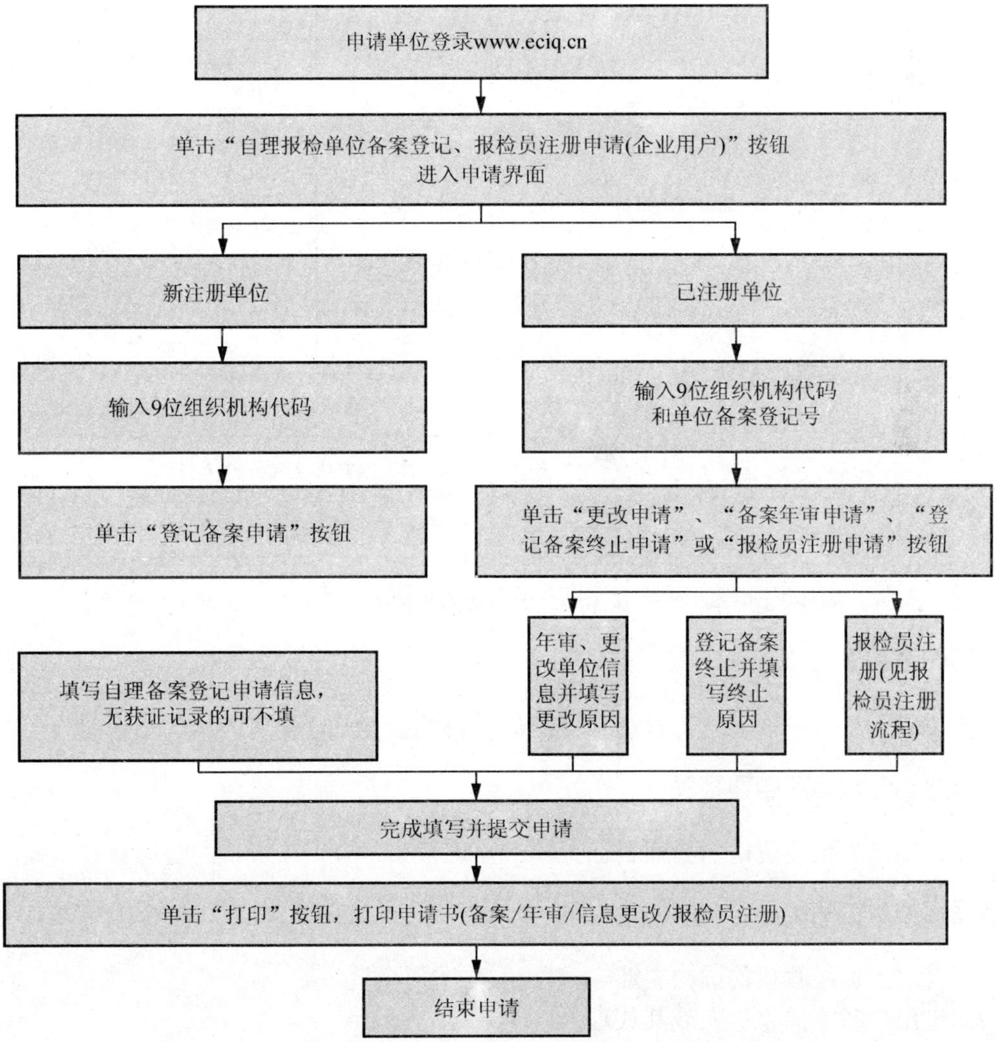

图 1.2　自理报检单位登记备案申请流程图

2．华田公司创始人张力对公司获得自理报关权的工作设计

首先，张力准备好自理报关单位备案登记所需的全套材料：企业法人营业执照副本复印件；对外贸易经营者登记备案表复印件；企业章程复印件；税务登记证书副本复印件；银行开户证复印件；组织机构代码证书副本复印件；报关单位情况登记表、报关单位管理人员情况登记表。

其次，潘磊将有关材料上交给所在地海关，海关审核，符合条件的核发“中华人民共和国海关进出口货物收发货人报关注册登记证书”（简称“收发货人登记证书”），如图 1.3 所示，该公司获得自理报关权。

QG08

中 华 人 民 共 和 国 海 关
进出口货物收发货人报关注册登记证书

海关注册登记编号：3302937098
注册登记日期：2010年6月1日

中华人民共和国宁波海关

企业名称	宁波华田国际贸易有限公司
企业地址	宁波北仑出口加工区
法定代表人（负责人）	张力
注册资本	50万人民币
经营范围	许可经营项目：无 一般经营项目：纺织服装生产、销售，自营和代理各类商品和技术的进出口业务（国家限定企业经营或禁止进出口的商品及技术除外）
主要投资者名称	出资额及比例
张力	50万（100%）

备注：本证书有效期至2013年7月1日，报关单位应当在有效期届满前三十日至海关办理换证手续，逾期自动失效。

图 1.3　中华人民共和国海关出口货物收发货人报关注册登记证书

【知识链接】

要完成以上任务，需要掌握自理报检单位和自理报关单位注册的相关知识。

一、什么是自理报检和自理报关

自理报检是有报检资格的公司自己报检；自理报关是有报关资格的公司自己报关。

二、自理报检单位的范围

（1）有进出口经营权的国内企业。
（2）进出口货物的收货人或其代理人。
（3）出口货物的生产企业。
（4）出口货物运输包装及出口危险货物运输包装生产企业。

（5）中外合资、中外合作、外商独资企业。

（6）国外（境外）企业、商社常驻中国代表机构。

（7）进出境动物隔离饲养和植物繁殖生产单位。

（8）进出境动植物产品的生产、加工、存储、运输单位。

（9）对进出境动植物、动植物产品、装载容器、包装物、交通运输工具等进行药剂熏蒸和消毒服务的单位。

（10）有进出境交换业务的科研单位。

（11）其他需报检的单位。

三、自理报检单位的备案登记制度

检验检疫机构对自理报检单位实行备案管理制度。凡属自理报检单位范围的，首次办理报检业务时，须持有关证件向当地检验检疫机构申请办理备案登记手续。

自理报检单位备案登记的申请人可以直接向其工商注册所在地检验检疫机构提出申请或在网上提交申请，提交的申请资料应齐备、真实，主要包括以下几项。

（1）“自理报检单位备案登记申请表”。

（2）加盖企业公章的“企业法人营业执照”复印件，同时交验原件。

（3）加盖企业公章的“组织机构代码证”复印件，同时交验原件。

（4）有进出口经营权的企业须提供有关证明资料。

（5）申请人需要向检验检疫机构提供的其他有关证明材料。

（6）检验检疫机构要求的其他相关材料。

检验检疫机构受理自理报检单位的备案登记申请，对申请人提供的资料等进行审核。审核通过的予以备案登记，并向申请人颁发“自理报检单位备案登记证明书”。已经在工商注册所在地检验检疫机构备案登记的自理报检单位及其已注册的报检员，前往注册地以外的检验检疫机构报检时，无须在异地办理备案登记和报检员注册手续。

四、自理报检单位的权利和义务

（一）自理报检单位的权利

（1）根据检验检疫法律法规规定，依法办理出入境货物、人员、运输工具、动植物及其产品等与其相关的报检/申报手续。

（2）按有关规定办理报检，并提供抽样、检验检疫的各种条件后，有权要求检验检疫机构在国家质检总局统一规定的检验检疫期限内完成检验检疫工作，并出具证明文件。如因检验检疫工作人员玩忽职守造成损失或入境货物超过索赔期而丧失索赔权、出境货物耽误装船结汇的，报检人有权追究当事人责任。

（3）自理报检单位对检验检疫机构的检验检疫结果有异议的，有权在规定的期限内向原检验检疫机构或其上级检验检疫机构以至国家质检总局申请复验。

（4）自理报检单位在保密情况下提供有关商业及运输单据时，有权要求检验检疫机构及其工作人员予以保密。

（5）自理报检单位有权对检验检疫机构及其工作人员的违法、违纪行为进行控告、检举。

（二）自理报检单位的义务

（1）遵守国家有关法律、法规和检验检疫规章，对报检的真实性负责。

（2）自理报检单位应当按检验检疫机构的要求选用报检员，由报检员凭检验检疫机构核发的"报检员证"办理报检手续。自理报检单位应加强对本单位报检员的管理，并对报检员的报检行为承担法律责任。

（3）提供正确、齐全、合法、有效的证单，完整、准确、清楚地填制报检单，并在规定的时间和地点办理报检手续。

（4）自理报检单位在办理报检手续后，应当按要求及时与检验检疫机构联系工作，协助检验检疫工作人员进行现场检验检疫、抽（采）样及检验检疫处理等事宜，并提供进行抽（采）样和检验检疫、鉴定等必要的工作条件。自理报检单位应当落实检验检疫机构提出的检验检疫监管及有关要求。

（5）对已经检验检疫合格放行的出口货物应加强批次管理，不得错发、错运、漏发，以免造成货证不符。对入境的法定检验检疫货物，未经检验检疫合格或未经检验检疫机构许可，不得销售、使用或拆卸、运递。

（6）申请检验检疫、鉴定等工作时，应按规定缴纳检验检疫费。

五、自理报关单位的范围

（1）在外经贸主管部门办理备案登记的对外贸易经营者。

（2）按规定需要从事非贸易性进出口活动的单位（如科研单位、高校等）。

六、自理报关单位的备案登记制度

申请办理进出口货物收发货人（办理备案登记的对外贸易经营者，具有对外贸易经营权）注册登记，应向所在地海关（隶属海关）企管部门提出申请，递交以下单证。

（1）"企业法人营业执照"副本复印件（个人独资、合伙企业或者个体工商户递交营业执照）。

（2）"对外贸易经营者备案登记表"复印件（法律、行政法规或者商务部规定不需要备案登记的除外）。

（3）"中华人民共和国外商投资企业批准证书"、"中华人民共和国台、港、澳、侨投资企业批准证书"复印件（限外商投资企业递交）。

（4）企业章程复印件（非企业法人免递交）。

（5）税务登记证书副本复印件。

（6）银行开户证明复印件。

（7）"组织机构代码证书"副本复印件。

（8）"报关单位情况登记表"、"报关单位管理人员情况登记表"。

（9）其他与注册登记有关的文件材料。

注册地海关依法对申请注册登记材料是否齐全、是否符合法定形式进行核对；对申请材料齐全、符合法定形式的申请人核发"中华人民共和国海关进出口货物收发货人报关注册登记证书"，证书有效期为 3 年，在有效期届满前 30 日到注册地海关办理换证手续。自理报关单位可以在关境各个口岸或海关监管业务集中地点报关。

七、自理报关单位的权利与义务、法律责任

（一）自理报关单位的权利与义务

（1）在全国范围内办理本单位的报关业务。

（2）只能办理本单位进出口货物的报关业务，不能代理其他企业的报关。

（3）可以自行报关也可委托报关企业报关。

（4）纸质报关单必须加盖报关专用章（报关地唯一）。

（5）对报关员的行为承担相应的法律责任。报关员离职日起 7 日内向注册地海关报告并交回报关员证，予以注销。未交回报关员证的，必须有单位在报刊上申明作废并注销（此对于报关员来说也是损失）。

（二）自理报关单位的法律责任

自理报关单位的法律责任见表 1-1。

表 1-1 自理报关单位的法律责任

<table>
<tr><th colspan="2">相 关 事 项</th><th>暂停执业资格</th><th>撤销注册登记</th><th>其 他 处 罚</th></tr>
<tr><td rowspan="5">未申报或申报不实</td><td>影响海关统计准确性的</td><td></td><td></td><td>处 1000 元以上 1 万元以下罚款</td></tr>
<tr><td>影响海关监管秩序的</td><td></td><td></td><td>处 1000 元以上 3 万元以下罚款</td></tr>
<tr><td>影响国家许可证件管理的</td><td></td><td></td><td>处货物价值 5%以上 30%以下罚款</td></tr>
<tr><td>影响国家税款征收的</td><td></td><td></td><td>处漏缴税款 30%以上 2 倍以下罚款</td></tr>
<tr><td>影响国家外汇、出口退税管理的</td><td></td><td></td><td>处申报价格 10%以上 50%以下罚款</td></tr>
<tr><td colspan="2">拖欠税款、出让名义供他人办理纳税事宜、其他需要暂停从事报关业务的违法行为</td><td>6 个月</td><td></td><td></td></tr>
<tr><td colspan="2">报关企业构成走私犯罪或者 1 年内有两次以上走私行为的；所属报关员 1 年内 3 人次以上被海关暂停执业的；被海关暂停从事报关业务，恢复从事报关业务后 1 年内再次发生上述两种规定情形的</td><td></td><td>撤销注册登记</td><td></td></tr>
<tr><td colspan="2">非法代理、超过从业范围</td><td>6 个月</td><td>情节严重</td><td>处 5 万元以下罚款</td></tr>
<tr><td colspan="2">向海关工作人员行贿</td><td></td><td>不得重新注册登记</td><td>处 10 万元以下罚款，刑事责任</td></tr>
<tr><td colspan="2">提供虚假资料骗取海关注册登记</td><td></td><td>撤销注册登记</td><td>处 30 万元以下罚款</td></tr>
<tr><td colspan="2">未办理变更手续、擅自使用报关专用章、报关员离职未报告</td><td></td><td></td><td>处 1000 元以上 5000 元以下罚款</td></tr>
</table>

技能训练和巩固

1. 请以华田公司创始人张力的身份绘制华田公司自理报关注册流程图。
2. 登录中国电子检验检疫业务网和中国电子口岸网，熟悉相关业务办理的规定。

任务二　代理报检报关单位与主管部门建立业务关系

【任务目标】

根据案例情景设计代理报检权和代理报关权获得的工作流程。

【操作分析】

接上例，2011 年华田进出口报关公司成立，作为一家代理报检和代理报关单位，必须也要到检验检疫机构和海关注册，获得代理报检权和代理报关权。

1. 华田报关公司负责人丁红对公司获得代理报检权的工作设计

首先，丁红了解到公司要能注册成功，必须首先要招聘到至少 10 名持有《报检员资格证》的人员，因此，丁红首先到宁波劳动力市场招到了所需的人才。

其次，丁红登录 www.eciq.cn，在“报检单位报检员注册管理（社会用户）”提出申请，填好申请书，下载并打印，将注册全套材料准备好，包括“出入境检验检疫代理报检单位注册登记申请书”(网上下载并打印，加盖公章和法人代表章)；企业声明；“企业法人营业执照”复印件（同时交验正本）；拟任报检员的“报检员资格证”复印件（同时交验正本）；申请单位与其拟任报检员签定的《劳动合同》复印件（同时交验原件，且复印件须加盖公章）；代理报检企业的印章印模；申请单位有关代理报检的管理制度。

再次，张力将注册材料提交给宁波直属检验检疫局，通过国家质检总局审核后，到直属检验检疫局领取“代理报检单位注册登记证书”，获得代理报检权。

网上申请备案登记具体过程略。图 1.4 为“代理报检单位注册登记证书”样张。

代理报检单位注册登记证书

注册登记号 3100910076

企业名称 宁波华田进出口报关有限公司
法定代表人 丁红
组织机构代码 607360862
单位地址 宁波北仑高新路 9 号
报检区域 宁波出入境检验检疫局辖区

发证机关 宁波出入境检验检疫局
发证日期 2011 年 月 1 日

图 1.4　代理报检单位注册登记证书

2. 华田报关公司负责人丁红对公司获得代理报关权的工作设计

第一，丁红了解到公司要能注册成功，必须首先要招聘到至少 5 名持有“报关员资格证”的人员，因此，丁红首先到宁波劳动力市场招到了所需的人才。

第二，丁红到宁波海关（直属海关）去申请注册登记许可（即拿到允许注册申请的批件），提交以下相关材料。

第三，丁红拿到注册许可证书后 90 日内到所在地工商局（北仑工商局）去进行经营项目登记。

第四，丁红准备好全套注册材料到北仑海关（所在地海关）申请注册，通过海关审核后，领取“中华人民共和国海关报关企业报关注册登记证书”，获得代理报关权。

图 1.5 为“中华人民共和国海关报关企业报关注册登记证书”样张。

QG07

中华人民共和国海关
报关企业报关注册登记证书

海关注册登记编号：3302985155
注册登记日期：2011年7月1日

中华人民共和国宁波海关

企业名称	宁波华田报关有限公司
企业地址	宁波北仑高新路9号
法定代表人（负责人）	丁红
注册资本	200万元
报关区域	宁波关区
经营范围	海运、陆运、空运进出口货物、展品、私人物品及过境货物等报关代理、物流业务咨询，相关配套许可证代办

备注：本证书有效期至2013年7月1日，报关单位应当在有效期届满四十日前至海关办理注册登记许可延续，同时办理换证手续，逾期自动失效。

图 1.5 中华人民共和国海关报关企业报关注册登记证书

【知识链接】

要完成以上任务，需要掌握代理报检单位和代理报关单位注册的相关知识。

一、什么是代理报检和代理报关

代理报检是经国家质检总局注册登记的境内企业法人依法接受进出口货物收发货人的委托，为其办理报检手续的行为。

代理报关是进出口货物收发货人委托报关企业代理其办理报关业务的行为。

二、代理报检单位和代理报关单位的范围

代理报检单位和代理报关单位包括专业的报检公司和报关行、国际货代公司等。

三、代理报检单位的注册登记制度

从事出入境检验检疫代理报检工作的单位，须办理注册登记手续，取得“代理报检单位注册登记证书”后，方可在许可的报检区域内从事指定范围的代理报检业务。代理报检单位注册登记申请一般每年受理一至两次，每次的时间为一个月。具体受理申请时间由国家质检总局于申请开始前一个月对外公布。

代理报检单位注册登记应当具备下列条件。

（1）取得工商行政管理部门颁发的“企业法人营业执照”。

（2）注册资金人民币 150 万元以上。

（3）有固定营业场所及符合办理检验检疫报检业务所需的设施。

（4）有健全的有关代理报检的管理制度。

（5）有不少于 10 名取得“报检员资格证”的人员。

代理报检单位注册的受理机构为各直属检验检疫局，审核机构为国家质检总局。申请单位向所在地直属检验检疫局提出申请并提交以下材料。

（1）“代理报检单位注册登记申请书”。

（2）企业声明。

（3）“企业法人营业执照”或“营业执照”正本复印件，同时交验副本原件。

（4）“组织机构代码证”复印件，同时交验正本。

（5）拟任报检员的“报检员资格证”复印件，同时交验正本。

（6）申请单位的印章印模。

（7）加盖有申请单位公章的《公司章程》复印件和最近一次“验资报告”复印件，同时交验原件。

（8）申请单位与其拟任报检员签订的《劳动合同》复印件，同时交验原件，且复印件须加盖公章。

（9）“社会保险登记证”复印件，同时交验原件，以及由劳动和社会保障部门出具或确认的申请单位为每个报检员缴纳社会保险的证明文件。

（10）申请单位有关代理报检管理制度的复印件。

（11）国家质检总局要求的其他材料。

直属检验检疫局根据申请单位提交的材料是否齐全、是否符合法定形式作出受理或不予受理的决定，并按规定出具书面凭证。受理申请后，直属检验检疫局按规定对申请材料内容进行具体审查，对申请单位的营业场所和办公条件进行现场核查，对其有关代理报检的管理制度进行评审。初步审查合格的，由直属检验检疫局将初审意见连同全部申请材料报送国家质检总局；初审不合格的，出具不予许可通知书。国家质检总局根据规定，对申请材料和初审意见进行审查，并提出具体审批意见。直属检验检疫局根据国家质检总局的审批意见作出准予许可或不予许可的决定。准予许可的，于 10 个工作日内颁发“出入境检验检疫代理报检注册登记证书”；不予许可的，书面说明理由。

四、代理报检单位的权利义务和责任

（一）代理报检单位的权利

（1）代理报检单位被许可注册登记后，有权在批准的代理报检区域内由其在检验检疫机构注册并持有“报检员证”的报检员向检验检疫机构办理代理报检业务，但不得出借名义供他人办理代理报检业务。

（2）除另有规定外，代理报检单位有权代理委托人委托的出入境检验检疫报检业务。

（3）进口货物的收货人可以在报关地或收货地委托代理报检单位报检，出口货物发货人可以在产地或报关地委托代理报检单位报检。

（4）按有关规定代理报检，并提供抽样、检验检疫的各种条件后，有权要求检验检疫机构在国家质检总局统一规定的检验检疫期限内完成检验检疫工作，并出具证明文件。如因检验检疫工作人员玩忽职守造成损失或入境货物超过索赔期而丧失索赔权，出境货物耽误装船结汇的，有权追究当事人责任。

（5）代理报检单位对检验检疫机构的检验检疫结果有异议的，有权在规定的期限内向原检验检疫机构或其上级检验检疫机构以至国家质检总局申请复验。

（6）代理报检单位在保密情况下提供有关商业及运输单据时，有权要求检验检疫机构及其工作人员予以保密。

（7）代理报检单位有权对检验检疫机构及其工作人员的违法、违纪行为进行控告、检举。

（二）代理报检单位的义务

（1）代理报检单位在代理报检业务等事项时，必须遵守出入境检验检疫法律、法规和规定，并对代理报检的各项内容和提交的有关文件的真实性、合法性负责，承担相应的法律责任。

（2）代理报检单位从事代理报检业务时，必须提交委托人的“报检委托书”。“报检委托书”应载明委托人的名称、地址、法定代表人姓名（签字）、机构性质及经营范围，代理报检单位的名称、地址、联系人、联系电话、代理事项，以及双方责任、权利和代理期限等内容，并加盖双方的公章。

（3）代理报检单位应在检验检疫机构规定的期限、地点办理报检手续，办理报检时应按规定填制报检申请单，加盖代理报检单位的合法印章，并提供检验检疫机构要求的必要单证。

（4）代理报检单位应切实履行代理报检职责，负责与委托人联系，协助检验检疫机构落实检验检疫时间、地点，配合检验检疫机构实施检验检疫，并提供必要的工作条件。对已完成检验检疫工作的，应及时领取检验检疫证单和通关证明。

（5）代理报检单位应积极配合检验检疫机构对其所代理报检业务有关事宜的调查和处理。

（6）代理报检单位应按要求选用报检员，加强对报检员的管理，规范报检员的行为，并对报检员的报检行为承担法律责任；报检员不再从事报检工作或被解聘、或离开本单位时，代理报检单位应及时申请办理注销手续，否则因此产生的法律责任由代理报检单位承担。

（三）代理报检单位的责任

（1）代理报检单位对实施代理报检过程中所知悉的商业秘密负有保密的责任。

（2）代理报检单位应按规定代委托人缴纳检验检疫费，在向委托人收取相关费用时应如实列明检验检疫机构收取的检验检疫费，并向委托人出示检验检疫机构出具的收费票据，不得借检验检疫机构名义向委托人收取额外费用。

（3）代理报检单位与被代理人之间的法律关系适用于《中华人民共和国民法通则》的有关规定，并共同遵守出入境检验检疫法律、法规；代理报价单位的代理报价行为，不免除被代理人根据合同或法律所应承担的产品质量责任和其他责任。

（4）有伪造、变造、买卖或者盗窃出入境检验检疫证单、印章、标志、封识和质量认证标志行为的，除取消其代理报检注册登记及代理报检资格外，还应按检验检疫相关法律法规的规定予以行政处罚；情节严重、涉嫌构成犯罪的，移交司法部门对直接责任人依法追究刑事责任。

（5）代理报检单位因违反规定被检验检疫机构暂停或取消其代理报检资格所发生的与委托人等关系人之间的财经纠纷，由代理报检单位自行解决或通过法律途径解决。

（6）代理报检单位及其报检员在从事报检业务中有违反代理报检规定的，由检验检疫机构根据规定给予通报批评、警告、暂停或取消其代理报检资格等处理；违反有关法律、法规的，按有关法律、法规的规定处理；涉嫌触犯刑律的，移交司法部门按照刑法的有关规定追究其刑事责任。

五、代理报关单位的注册登记制度

（一）代理报关单位注册登记的一般规定

报关企业在办理报关注册登记之前，须向海关申请办理注册登记许可手续，然后再向海关申请办理报关单位的注册登记手续，即：向海关申请办理报关企业注册登记许可——到工商行政管理部门办理许可经营项目登记——到所在地海关办理注册登记手续。

步骤一，提出申请。办理注册登记许可的报关企业到所在地直属海关所公布受理申请的场所向海关提出申请，需具备以下条件。

（1）具有境内法人资格条件。

（2）企业注册资本不低于人民币 150 万元。

（3）具有健全的组织机构和财务管理制度。

（4）报关员人数不少于 5 名。

（5）投资者、报关业务负责人、报关员无走私行为记录。

（6）报关业务负责人具备 5 年以上从事对外贸易工作经验或者报关工作经验。

（7）无因走私违法行为被海关撤销注册登记许可记录。

（8）有符合从事报关服务所必需的固定经营场所和设备。

（9）海关监管所需的其他条件。

同时，企业应提交以下材料。

（1）“报关企业注册登记许可申请书”。

（2）“企业法人营业执照”副本或者是“企业名称预先核准通知书”复印件。

（3）企业章程（说明具有健全的组织机构和财务管理制度）。

（4）出资证明文件复印件（为了说明企业注册资本不低于人民币 150 万元）。

（5）所聘报关从业人员的报关员资格证书复印件（为了符合报关员人数不少于 5 名的条件）。

（6）从事报关服务业可行性报告（开立报关企业的一个可行性报告）。

（7）报关业务负责人工作简历（设立条件中规定报关业务负责人具备 5 年以上从事对外贸易工作经验或者报关工作经验，因此要提供业务负责人的工作简历）。

（8）报关服务营业场所所有权证明、租赁证明（说明这个公司已成立，地址在哪里，也就是说从事报关服务所必需的固定经营场所和设备）。

（9）其他与申请注册登记许可相关的材料。

步骤二，海关处理申请。如果申请材料不全的，海关要在签收申请材料后 5 日内一次性告知需要补齐的全部内容；所提交的材料符合有关的规定，海关则作出受理的决定。海关受理申请后，应当根据法定条件和程序进行全面审查，并于受理注册登记许可申请之日起 20 日内审查完毕，并将材料报送直属海关，直属海关在接收到海关报送的审查意见之日起 20 日内作出准予还是不准予注册登记许可的书面决定。

步骤三，经营项目登记。报关企业，凭直属海关签发的报关注册登记许可文件到工商行政管理部门办理许可经营项目登记，即可以经营的业务包括哪些范围。

步骤四，办理注册登记。经营项目登记之后，在 90 天内要到所在地海关办理注册登记手续。提交有关的材料，符合要求的，注册地海关核发“报关企业登记证书”。证书有效期为两年，在有效期届满 40 日前到注册地海关办理换证手续。

代理报关单位只能在注册地直属海关关区内各口岸或海关监管业务集中的地点从事报关业务，同一直属海关的不同口岸报关应设立分支机构，并向直属海关备案；异地报关则需设立分支机构并向注册地海关登记注册。

（二）代理报关单位异地报关注册登记制度

代理报关单位要开展跨关区异地报关业务，首先要在当地设立分支机构，而且分支机构也要在当地完成海关注册，获得报关权，其注册过程同本部的注册过程，同样经历注册登记许可、经营项目登记、海关注册 3 个步骤。

可以开展异地报关的代理报关单位须满足以下条件。

（1）报关企业取得“报关注册登记证书”之日起满两年。

（2）报关企业从申请之日起最近两年没有因走私受过处罚。

（3）每申请一项跨关区分支机构注册登记许可，应当要增加注册资本人民币 50 万元。

（4）报关员人数不少于 3 人。

六、代理报关单位的权利义务及责任

（一）代理报关单位的权利

有权在授权范围内代理其他进出口单位的报关业务。

（二）代理报关单位的义务

（1）配合海关监管工作，不得违法滥用报关权。

（2）建立账簿和营业记录等档案，完整保留各种单证、票据、函电以备查。

（3）代理报关必须有正式书面的代理报关委托协议并在报关时出示。

（4）对委托人提供情况真实性、完整性合理审查（商业单证、许可、手册等官方单证）。

（5）不得出让其名义供他人报关。

（6）协助海关对涉违走私情事进行调查。

（三）代理报关单位的法律责任

在代理报关业务中，因进出口货物收发货人未按照规定向报关企业提供所委托报关事项的真实情况，影响海关监管秩序的，有关法律责任由委托人承担。

因报关企业对委托人所提供情况的真实性未进行合理审查，或者因工作疏忽致使影响海关监管秩序的，可以对报关企业处货物价值 10%以下的罚款，暂停其 6 个月以内从事报关业务，情节严重的，撤销其报关注册登记。

其他同自理报关单位的法律责任。

技能训练和巩固

1．请以华田报关公司负责人丁红的身份绘制华田报关公司注册流程图。

2．请描述华田国贸公司和华田报关公司的报检报关业务权限，并用表格的形式比较自理报检报关单位和代理报检报关单位的权限区分。

3．将涉及时间性的内容归纳，见表 1-2，请补充完整。

表 1-2　涉及时间性的项目及内容

项　　目	内　　容
报关注册登记许可的有效期	有效期：
	延续申请应在：
	延续许可的有效期为：　　年
报关注册登记证的时效	报关企业登记证书：有效期为　　年
	收发货人登记证书：有效期为　　年
报关注册登记换证期限	报关企业：
	收发货人登记证书：
临时注册登记有效期	最长为：　　日
报关单位变更登记	报关企业：
	收发货人登记证书：自批准之日起　　日内
成立报关企业，报关人数	报关企业（本部）：不少于　　人
	跨关区分支机构：不少于　　人
报关企业注册资本	报关企业（本部）注册登记，需有资金：　　万
	申请一项跨关区分支机构注册，增加注册资金：　　万
报关员离职	办理报关员证件注销的时间：离职之日起　　日内

任务三　报检员和报关员招聘及注册

【任务目标】

（1）根据任务导入案例背景完成公司报检员和报关员的招聘。

（2）根据任务导入案例背景完成公司报检员和报关员的注册。

【操作分析】

接上例，不管是自理报检报关还是代理报检报关，都需要招聘相当数量的报检员和报关员，并由报关单位为本单位的报检员和报关员进行注册。这项工作由公司人力资源部的主管林芳来负责。

首先，林芳在宁波人才网发布了公司的招聘广告。

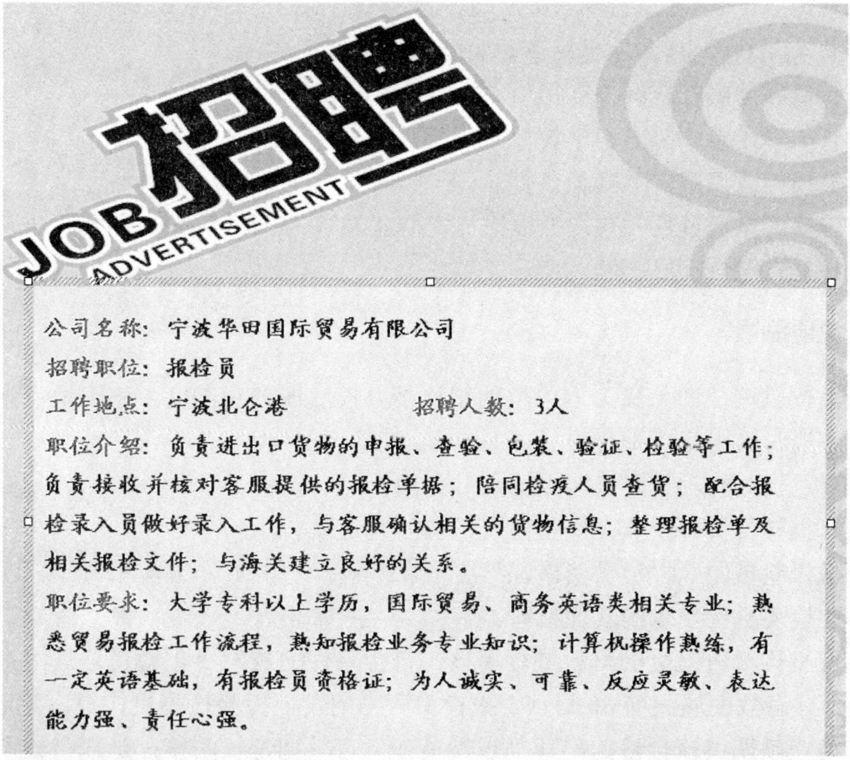

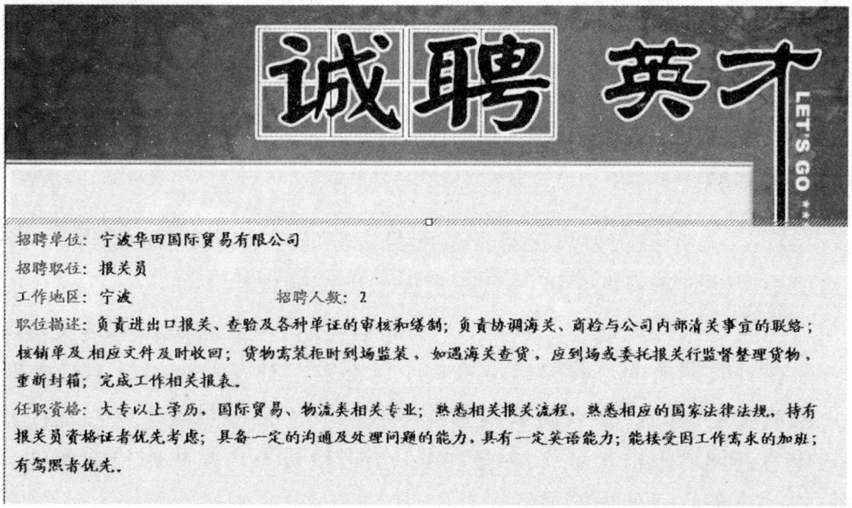

根据以上广告的要求对应聘人员进行了考察，最终完成了本公司报检员和报关员的招聘。

其次，林芳将招进报检人员和报关人员的资格证书收齐，然后登录 www.eciq.cn，在网上录入报检员注册申请书并打印，同时准备了其他报检员和报关员注册的相关材料，到所在地检验检疫机构和海关去注册，领取“报检员证”和“报关员证”。

再次，林芳对公司的报检员和报关员进行了执业规范的教育。

【知识链接】

要完成以上任务，需要掌握报检员和报关员资格及管理制度的相关知识。

一、参加报检员资格考试的条件

（1）年满 18 周岁，具备完全民事行为能力。

（2）具有良好的品行。

（3）具有高中或者中等专科学校以上学历。

（4）国家质检总局规定的其他条件。

报检员资格考试通过后，获取“报检员资格证”，有效期为两年，两年内未从事报检业务的，“报检员资格证”自动失效。

二、报检员注册制度

由报检单位以单位的名义为本单位的报检员办理注册登记制度，申请地点为所在地检验检疫机构，注册时需提交以下材料。

（1）“报检员注册申请书”（网上输入并打印）。

（2）拟任报检员所属企业在检验检疫机构的登记证书。

（3）拟任报检员的“报检员资格证”。

（4）检验检疫机构要求的其他材料。

检验检疫机构对所提交的材料进行审核，符合条件的颁发“报检员证”。“报检员证”的有效期为两年，有效期届满前 30 日前，报检员应当向发证检验检疫机构提出延期申请，同时提交延期申请。延期审核合格的，其“报检员证”有效期延长两年；延期审核不合格的，检验检疫机构组织报检业务培训和考试，经考试合格的，“报检员证”有效期延长两年。未在规定期限前提出延期申请，或未按要求参加培训和考试，或考试不合格的，不予延长“报检员证”有效期，其“报检员证”和“报检员资格证”同时失效。

三、报检员的执业规范

（1）“报检员证”是报检员办理报检业务的身份凭证，不得转借、涂改。

（2）报检员不得同时兼任两个或两个以上报检单位的报检工作。

（3）报检员遗失“报检员证”的，应在 7 日内向发证检验检疫机构递交情况说明，并登报声明作废。对在有效期内的，检验检疫机构予以补发，补发前报检员不得办理报检业务。

（4）有下列情况之一的，报检员所属企业应收回其“报检员证”交当地检验检疫机构，并以书面形式申请办理“报检员证”注销手续：①报检员不再从事报检业务的；②企业因故停止报检业务的；③企业解聘报检员的。

检验检疫机构按规定及时予以办理，并出具“报检员证注销证明”。因为办理“报检员证”注销手续而产生的法律责任由报检员所属企业承担。

（5）报检员在从事出入境检验检疫报检活动中有不如实报检，造成严重后果的，提供虚假合同、发票、提单等单据的，伪造、变造、买卖或者盗窃、涂改检验检疫通关证明、检验检疫证单、印章、标志、封识和质量认证标志的，或其他违反检验检疫有关法律法规规定，情节严重的，将取消其报检资格，吊销“报检员证”。被取消报检员资格的，3 年内不允许参加报检员资格考试。

四、参加报关员资格考试的条件

（一）报名参加考试的人员应当符合下列条件

（1）具有中华人民共和国国籍。

（2）年满 18 周岁，具有完全民事行为能力。

（3）具有大专及以上学历。

（二）有下列情形之一的，不得报名参加考试

（1）未取得报关员资格，因故意犯罪受过刑事处罚的。

（2）在报关活动中发生走私或违反监管规定的行为，被海关依法取消报关从业资格的。

（3）向海关工作人员行贿构成犯罪，被海关依法取消报关从业资格的。

（4）在考试中发生作弊行为，被海关取消考试成绩，或者有其他违规行为，被海关以作弊论处，不满 3 年的。

（5）已经取得有效报关员资格的。

五、报关员注册制度

由报关单位以单位的名义为本单位的报关员办理注册登记，申请地点为所在地海关。报关员注册要具备 3 个基本条件：①具有中国国籍；②取得报关员资格证书；③申请人与所在报关单位建立劳动合同关系或者聘用合同关系。

首次申请报关员注册的：要在报关单位连续实习 3 个月，才能办理注册。

对于报关员注册有效期届满后连续两年未注册，再次注册的还应当经过海关报关业务岗位考核合格。

注册时需提交以下材料。

（1）“报关员注册申请书”。

（2）申请人所在报关单位的“中华人民共和国海关报关企业报关注册登记证书”或者“中华人民共和国海关进出口货物收发货人报关注册登记证书”原件及复印件。

（3）与所在报关单位签订的合法有效的劳动合同原件及复印件（报关单位为非企业性质的，可以提交聘用合同复印件或者人事证明）。

（4）身份证件原件及复印件。

（5）“报关员资格证书”原件及复印件。

（6）所在报关单位为其缴纳社会保险证明原件及复印件，法律、行政法规另有规定的，依照其规定（所在单位属珠海的需提交有社保部门盖章的“个人缴费情况打印”，所在单位属中山的需提交有社保部门盖章的“参保证明”）。

（7）首次申请报关员注册的，还应当提交注册海关签署的“报关员报关业务实习备案单”和报关单位出具的“报关员报关业务实习证明”。

（8）报关员注册有效期届满之日起连续两年未注册再次申请报关员注册的，还应当提交海关报关业务岗位考核合格的证明材料。

（9）台港澳居民中的中国公民提出申请的，还应当提交“台港澳人员就业证”原件及复印件。

（10）近期蓝底（或白底）彩色免冠小 2 寸照片 4 张，1 张由申请人贴在“报关员注册申请书”的“照片”栏内，1 张贴在“报关员制卡凭证”上，1 张贴在“报关员证”上，1 张用于报关员 IC 卡制作。

（11）申请人委托报关单位代为提出申请的，应当按照中华人民共和国海关总署令第 146 号的要求出具“授权委托书”。

海关对所提交的材料进行审核，符合条件的颁发“报关员证”及报关员 IC 卡（凭以操作电子口岸业务）。报关员证的有效期为两年，在有效期届满 30 日前向海关提出延续申请。

六、报关员执业规范

（1）应该在一个单位执业。

（2）不得私自接受委托（一定要以报关企业的名义接受委托报关）或者私自收取委托人酬金及其他财物。

（3）不得转借或转让、涂改报关员证。

（4）不得利用执业之便谋取不正当利益。

技能训练和巩固

1．以下是华田公司报关员和报检员在 2010—2011 年发生的事项，判断以下事项的发生是否合理并阐述依据。

（1）报检员小李在办理某项报检业务的时候，由于对检验检疫结果存在异议，因此向检验检疫机构申请复验。

（2）报检员小张在办理某项报检业务的时候，由于忘记带报检员证，因此要求工作人员先受理，第二天再把证件拿来，工作人员拒绝，小张遂与工作人员发生争吵。

（3）报检员小李由于不满工作待遇，因此，每次告知公司检验检疫费用的时候都将金额上浮 20%。

（4）报关员小范的朋友开了一家报关行，人手不够，就找到小范让他到其公司兼职帮忙，小范同意了。

（5）报关员小林利用业务时间私自揽货，结果某次做私活的时候被查出申报货物不符。

（6）报关员除了平时的报关业务外，老板还要求他协助企业保管各种原始报关单证、票据、函电等资料，小范认为这个不是自己的工作范围拒绝了。

2．请以华田公司负责人的身份谈谈我国检验检疫机构和海关对从业人员的要求及发展变化的趋势。

3．请以华田公司负责人的身份对新入职的报关员进行报关员计分考核制度的培训。

任务四　代理报检与代理报关的办理

【任务目标】

（1）根据任务导入案例背景完成代理报检业务的办理。

（2）根据任务导入案例背景完成代理报关业务的办理。

【操作分析】

接上例，2011 年华田报关有限公司成立后，开始接受委托代为办理代理报检和代理报关。在接受他人委托时，公司的报检员和报关员都与委托人签订了“代理报检委托书”和“代理报关委托书”及“委托报关协议”，并在办理具体报检报关业务的时候向检验检疫机构和海关出示。

【知识链接】

要完成以上任务，需要掌握代理报检委托书和代理报关委托书填写的要求、代理报检单位和代理报关单位的权利、义务等相关知识。

一、代理报检委托书的格式

代理报检委托书

编号：

_______________出入境检验检疫局:

本委托人（备案号/组织机构代码_______________）保证遵守国家有关检验检疫法律、法规的规定，保证所提供的委托报检事项真实、单货相符。否则，愿承担相关法律责任。具体委托情况如下：

本委托人将于____年____月间进口/出口如下货物：

品 名		HS 编码	
数（重）量		包装情况	
信用证/合同号		许可文件号	
进口货物 收货单位及地址		进口货物提/运单号	
其他特殊要求			

特委托_________________________（代理报检注册登记号_____________），代表本委托人办理上述货物的下列出入境检验检疫事宜：

1．办理报检手续；
2．代缴纳检验检疫费；
3．联系和配合检验检疫机构实施检验检疫；
4．领取检验检疫证单。
5．其他与报检有关的相关事宜：_______________________________________

联 系 人：___________________

联系电话：___________________

本委托书有效期至_________年_____月_____日

委托人（加盖公章）

年 月 日

受托人确认声明

本企业完全接受本委托书，保证履行以下职责：

□1．对委托人提供的货物情况和单证的真实性、完整性进行核实；

□2．根据检验检疫有关法律法规规定办理上述货物的检验检疫事宜；

□3．及时将办结检验检疫手续的有关委托内容的单证、文件移交委托人或其指定的人员；

□4．如实告知委托人检验检疫部门对货物的后续检验检疫及监管要求。

如在委托事项中发生违法或违规行为，愿承担相关法律和行政责任。

联 系 人：__________________

联系电话：__________________

受托人（加盖公章）
年 月 日

二、代理报关委托书及委托报关协议

（一）代理报关委托书及委托报关协议的格式

代 理 报 关 委 托 书

编号：□□□□□□□□□□□□□

我单位现　　　（A 逐票、B 长期）委托贵公司代理　　　等通关事宜。（A、填单申报 B、辅助查验 C、垫缴税款 D、办理海关证明联 E、审批手册 F、核销手册 G、申办减免税手续 H、其他 ）详见《委托报关协议》。

我单位保证遵守《海关法》和国家有关法规，保证所提供的情况真实、完整、单货相符。否则，愿承担相关法律责任。

本委托书有效期自签字之日起至　　年　　月　　日止。

委托方（盖章）：

法定代表人或其授权签署《代理报关委托书》的人（签字）

年　　月　　日

委 托 报 关 协 议

为明确委托报关具体事项和各自责任，双方经平等协商签订协议如下：

委托方	
主要货物名称	
HS 编码	□□□□□□□□□□□□
货物总价	
进出口日期	年　月　日
提单号	
贸易方式	
原产地/货源地	
其他要求：	
背面所列通用条款是本协议不可分割的一部分，对本协议的签署构成了对背面通用条款的同意。	
委托方业务签章： 经办人签章： 联系电话：　　　　年　月　日	

被委托方		
*报关单编码	No.	
收到单证日期	年　月　日	
收到单证情况	合同□	发票□
	装箱清单□	提（运）单□
	加工贸易手册□	许可证件□
	其他	
报关收费	人民币：　　元	
承诺说明：		
背面所列通用条款是本协议不可分割的一部分，对本协议的签署构成了对背面通用条款的同意。		
被委托方业务签章： 经办报关员签章： 联系电话：　　　　年　月　日		

（白联：海关留存，黄联：被委托方留存，红联：委托方留存）　　中国报关协会监制

（二）委托报关协议通用条款

1．委托方责任

（1）委托方应及时提供报关报检所需的全部单证，并对单证的真实性、准确性和完整性负责。

（2）委托方负责在报关企业办结海关手续后，及时履约支付代理报关费用，支付垫支费用，以及因委托方责任产生的滞报金、滞纳金和海关等执法单位依法处以的各种罚款。

（3）负责按照海关要求将货物运抵指定场所。

（4）负责与被委托方报关员一同协助海关进行查验，回答海关的询问，配合相关调查，并承担产生的相关费用。

（5）在被委托方无法做到报关前提取货样的情况下，承担“单货相符”的责任。

2. 被委托方责任

（1）负责解答委托方有关向海关申报的疑问。

（2）负责对委托方提供的货物情况和单证的真实性、完整性进行“合理审查”，审查内容包括：①证明进出口货物实际情况的资料，包括进出口货物的品名、规格、用途、产地、贸易方式等；②有关进出口货物的合同、发票、运输单据、装箱单等商业单据；③进出口所需的许可证件及随附单证；④海关要求的加工贸易（纸质或电子数据的）及其他进出口单证。

（3）因确定货物的品名、归类等原因，经海关批准，可以看货或提取货样。

（4）在接到委托方交付齐备的随附单证后，负责依据委托方提供的单证，按照《中华人民共和国海关进出口报关单填制规范》认真填制报关单，承担“单单相符”的责任，在海关规定和本委托报关协议中约定的时间内报关，办理海关手续。

（5）负责及时通知委托方共同协助海关进行查验，并配合海关开展相关调查。

（6）负责支付因报关企业的责任给委托方造成的直接经济损失，所产生的滞报金、滞纳金和海关等执法单位依法处以的各种罚款。

（7）负责在本委托书约定的时间内将办结海关手续的有关委托内容的单证、文件交还委托方或其指定的人员。

3. 赔偿原则

被委托方不承担因不可抗力给委托方造成损失的责任。因其他过失造成的损失，由双方自行约定或按国家有关法律法规的规定办理。由此造成的风险，委托方可以投保方式自行规避。

4. 不承担的责任

签约双方各自不承担因另外一方原因造成的直接经济损失，以及滞报金、滞纳金和相关罚款。

5. 收费原则

一般货物报关收费原则上按当地《报关行业收费指导价格》规定执行。特殊商品可由双方另行商定。

6. 法律强制

本《委托报关协议》的任一条款与《中华人民共和国海关法》及有关法律、法规不一致时，应以法律、法规为准，但不影响《委托报关协议》其他条款的有效性。

7. 协商解决事项

变更、中止本协议或双方发生争议时，按照《中华人民共和国合同法》有关规定及程序处理。因签约双方以外的原因产生的问题或报关业务需要修改协议条款时，应协商订立补充协议。

三、代理报检报关单位的主要义务及责任

（1）代理报检单位和代理报关单位在办理报检报关业务时，应出示委托书。

（2）代理报检单位和代理报关单位应对委托方提供的情况、申报内容的真实性、合法性进行审查并承担相应的法律责任。

（3）代理报关货物涉及走私时，应接受或协助海关进行调查，代理报检单位要配合检验检疫机构对代理的事宜进行调查和处理。

（4）代理报检单位要代委托人缴纳费用，检验检疫结束后要及时领取检验检疫证单和通关证明。

技能训练和巩固

2012 年 6 月，华田报关公司接受 H 企业的委托，负责以华田公司的名义办理 H 企业从国外进口一批原料的报关事宜，后该批货物被海关发现为从新加坡装船运进的一批通信产品，确定为走私案件。华田报关公司的报关员小李认为货物为 H 企业所有，报关公司无责任核实进口的货物，故不承担责任。华田报关公司的报关员小陈则认为，报关公司对进口货物的报关行为仅因为 H 企业的委托而产生，因此，报关公司的报关行为失误较小，责任较轻。

请讨论：你认为小张和小陈的观点正确吗？

小结

本项目主要介绍了报检单位和报关单位在开展报检报关业务前如何与各自的主管部门建立业务联系，内容包括了自理报检报关单位注册登记、代理报检报关单位注册登记、报检员及报关员条件及注册登记、代理报检报关业务的办理。本项目操作要点在于理清注册的流程、理解不同报检报关单位的权限及责任、熟记报检员报关员的执业规范。

训练题

一、基础训练题

（一）单选题

1．自理报检单位应在（　　）检验检疫机构办理备案登记手续。

A．报检地　　　　B．报关地

C．工商注册地　　　　D．以上选项都可以

2．根据《出入境检验检疫代理报检管理规定》，以下情况中，（　　）属于须具备代理报检资格的单位才可从事报检业务的。

A．某服装生产厂为外贸公司采购该厂生产的服装办理出境报检手续

B．某外贸公司代理某生产厂进口加工原料并办理入境报检手续

C．某货运代理公司为本公司进口的货物办理入境报检手续

D．某外贸公司为其他外贸公司出口的货物办理出境报检手续

3．报检员小张在报检时提供虚假合同，检验检疫机构调查处理期间，小张借用公司另一报检员老李的报检员证办理报检手续，以下表述正确的是（　　）。

A．小张将被暂停3个月报检资格

B．老李将被暂停报检资格

C．小张将被暂停6个月报检资格

D．老李将被取消报检资格

4．以下描述错误的是（　　）。

A．报检员有权拒绝办理所属企业交办的手续不齐全的报检业务

B．报检员不得同时兼任两个或两个以上报检单位的报检工作

C．通过报检员资格考试取得“报检员资格证”的人员，即可从事报检业务

D．检验检疫机构对报检员的管理实施差错登记制度

5．报关企业注册登记许可条件中对注册资本和报关员数量的要求为（　　）。

A．企业注册资本120万元人民币，报关员人数最多不能超过3人

B．企业注册资本不低于150万元人民币，报关员人数不少于5人

C．企业注册资本不超过150万元人民币，报关员人数为4人

D．企业注册资本不少于120万元人民币，报关员人数最低标准为2人

6．下列（　　）不符合进出口货物收发货人报关行为规则。

A．在海关注册登记后，可以在全国各口岸海关办理本单位报关业务

B．自行办理报关业务，应当由本单位的报关员向海关办理

C．可以委托在海关注册登记的报关企业，由报关企业的报关员代为办理报关业务

D．可以接受委托签订进出口合同，并代为办理报关业务

7．下列关于报关员表述错误的是（　　）。

A．通过报关员资格全国统一考试，并取得“报关员资格证书”者即成为报关员

B．在海关注册并向海关办理进出口货物报关业务的人员是报关员

C．报关员注册时法律设定的海关行政许可事项

D．报关员应当在一个报关单位并在其授权范围内执业

（二）多选题

1．自理报检单位的范围为（　　）。

A．有进出口经营权的国内企业

B．中外合资、中外合作、外商独资企业

C．进出境动物隔离饲养和植物繁殖生产单位

D．以上选项都不是

2．接受委托的代理报检单位应完成下列代理报检行为（　　）。

A．办理报检手续

B．缴纳检验检疫费

C．代填厂检单

D．联系配合检验检疫机构实施检验检疫

3．以下关于代理报检单位权利和义务表述正确的有（　　）。

A．报检时必须提交符合检验检疫机构要求的代理报检委托书

B．有权要求检验检疫机构保守有关商业秘密

C．有义务代委托人交纳检验检疫费

D．可以授权他人以自己的名义从事代理报检业务

4．申请报检员注册时应该提交的申请材料包括（　　）。

A．报检员注册申请书

B．高中或者中等专业学校以上的学历证明

C．企业在检验检疫机构的登记证书

D．“报检员资格证”

5．报关员在报关活动中应履行的义务包括（　　）。

A．熟悉所申报货物的基本情况，对申报内容和有关材料的真实性、完整性进行合理审查

B．提供齐全、正确、有效的单证，准确、清楚完整填制海关单证，并按有关规定办理进出口货物的报关手续

C．海关查验进出口货物时，配合海关查验

D．负责因报关行为而产生的法律和经济责任

6．报关企业在报关活动中应遵守的报关行为规则包括（　　）。

A．与委托方签订委托协议，报关时向海关递交

B．应对报关委托人所提供情况的真实性、完整性进行合理审查

C．对涉及走私违规的货物应当接受或协助海关进行调查

D．对所属报关员的报关行为承担相应的法律责任

7．申请跨关区设立分支机构的报关企业应当具有的基本条件包括（　　）。

A．已取得报关资格满两年

B．报关员人数不少于 3 人

C．自申请之日起两年未有因走私受过处罚

D．每申请一项应当增加注册资本人民币 50 万元

（三）判断题

1．无进出口经营权的出口货物生产企业不能办理自理报检单位备案登记。（　　）

2．报检员可代替工厂检验员填写厂检单。（　　）

3．代理报检单位报检时，应按规定填写报检申请单，并由委托单位加盖合法印章。（　　）

4．进口货物的收货人可以委托同一家代理报检单位在报关地或收货地报检出口货物的发货人同样可以委托同一家代理报检单位在产地和报关地报检。（　　）

5．报关员遗失报关员证的，应当及时向注册地海关书面说明情况，并在报刊上声明作废，海关应当在收到情况说明和报刊声明证明之日起 20 日内予以补发。（　　）

6．报关企业可以在注册登记许可的直属海关关区各口岸海关从事报关服务，但是应当依法设立分支机构，并且增加注册资本人民币 50 万元。（　　）

7．报关企业接受委托办理报关手续时，应当承担对委托人所提供情况的真实性、完整性进行合理审查的义务，否则出现违法事情应承担相应的法律责任。（　　）

8. 报关企业与进出口货物收发货人报关注册登记证书有效期分别为 2 年和 3 年，并且都应在有效期届满前 30 日到海关办理换证手续。 （ ）

二、综合技能训练题

【技能训练题一】宁波华田国际贸易有限公司开展自理报检和自理报关。公司 2011 年 7 月发生了以下 3 笔业务：①2011 年 7 月 8 日，宁波华田国际贸易有限公司出口某种玩具（法检商品）到挪威，从上海港运出，目的港是奥斯陆，装运时间是 2008 年 7 月 8 日早上 10 点；②2011 年 7 月 13 日申报进境一批韩国整容仪器（法检商品），进境地在宁波；③2011 年 7 月 30 日申报进境一批用作原料的废物，进境地在宁波。

根据以上资料完成以下任务。

（1）宁波华田公司要开展自理报检和自理报关应该要办理什么手续？

【业务处理】____

____

____

（2）描述上述 3 笔业务的通关流程及注意事项。

【业务处理】____

____

____

【技能训练题二】小李于 2010 年 11 月参加了全国自理报检员资格考试，2011 年 3 月获取了检验检疫机构颁发的报检员资格证。2011 年 8 月，小李拟应聘专门从事自行车出口的宁波风华进出口公司从事报检工作，请问该公司有无资格报检？公司首次报检应办理哪些手续？小李应如何取得报检资格？

【业务处理】____

____

____

【技能训练题三】上海工具厂生产的铰链（HINGE COLT，HS.CODE:8302.1000）委托上海机床进出口公司出口，上海机床进出口公司与德国 CHR 贸易有限公司签订的销售合同主要内容如下。

S/C No.:RT08342

The Seller: SHANGHAI MACHINE TOOL IMPORT & EXPORT CORPORATION 218 FENGXIAN ROAD, SHANGHAI 200041 CHINA

The Buyer: CHR TRADING CO.LTD.

LERCHENWEG 10 97522 SAND GERMANY

MARKS&NO.	DSCRIPTIONS OF GOODS	QUANTITY	UNIT PRICE	AMOUNT
CHR HAMBURG NO.1-UP	HINGE BOLT HINGE BOLT，LEFT SIDE HINGE BOLT，RIGHT SIDE	 30000PCS 30000PCS	CFR HAMBUGE EUR0.33 EUR0.33	 EUR 9900.00 EUR 9900.00

DESTINATION:HAMBURG

PARTIAL SHIPMENT:ALLOWED

TRANSSHIPMENT:NOT ALLOWED

PAYMENT:L/C AT SIGHT

上海机床进出口公司将于2008年6月1日出口上述货物，2008年5月25日持合同、发票等单据委托上海货运公司代理报关报检，由其全权向上海出入境检验检疫局和上海海关报检报关，请代上海机床进出口公司制作一份代理报检委托书和代理报关委托书及代理报关协议。

【业务处理】

出入境货物代理报检委托书

<table>
<tr><td colspan="2">委托单位</td><td colspan="2"></td><td colspan="2">十位编码</td><td></td></tr>
<tr><td colspan="2">地址</td><td colspan="2"></td><td colspan="2">联系电话/经办人</td><td></td></tr>
<tr><td colspan="7">我单位将于______年____月进口　　出口　　以下货物</td></tr>
<tr><td>货物名称</td><td></td><td>HS 编码</td><td></td><td>件数/重量</td><td colspan="2"></td></tr>
<tr><td>货值</td><td></td><td>贸易性质</td><td></td><td>包装性质</td><td colspan="2"></td></tr>
<tr><td>货物启运国</td><td></td><td>货物产地</td><td></td><td>合同号或发票号</td><td colspan="2"></td></tr>
<tr><td>企业性质</td><td></td><td>运单号</td><td></td><td>信用证号</td><td colspan="2"></td></tr>
<tr><td>经营范围</td><td colspan="6"></td></tr>
<tr><td colspan="7">随付单据名称、份数及编号:
1. 合同______份；　　6. 不办、免办证明___份，编号：______；
2. 发票______份；　　7. 机电证明______份，编号：________；
3. 装箱清单__份；　　8. 海关免表:_____份，编号：________；
4. 登记手册__本，编号:___；　　9. 换证凭单或电子转单：____份，编号：_____；
5. 许可证___份，编号:___；　　10. ______________________________；</td></tr>
<tr><td colspan="7">我单位郑重声明，保证遵守中华人民共和国出入境检验检疫有关法律、法规的规定和检验检疫机构的各项规章制度。如有违反行为，自愿接受检验检疫机构的处罚并负法律责任。
我单位所委托受委托人向出入境检验检疫局提交的“报检单”和随附各种单据所列内容是真实无讹的。</td></tr>
<tr><td colspan="7">（以上内容由委托单位填写）</td></tr>
<tr><td>被委托单位</td><td colspan="2"></td><td colspan="2">报检单位注册号</td><td colspan="2"></td></tr>
<tr><td>地址</td><td colspan="2"></td><td colspan="2">联系电话</td><td colspan="2"></td></tr>
<tr><td>经办人</td><td colspan="2"></td><td colspan="2">报检证号</td><td colspan="2"></td></tr>
<tr><td colspan="7">（以上内容由被委托单位填写）</td></tr>
<tr><td colspan="2">代理报检企业章</td><td colspan="2"></td><td colspan="2">委托单位章及法人代表章</td><td></td></tr>
</table>

代理报关委托书

编号：□□□□□□□□□□□□□□□□：

我单位现　　　（A逐票、B长期）委托贵公司代理　　　等通关事宜。（A、报关查验 B、垫缴税款 C、办理海关证明联 D、审批手册 E、核销手册 F、申办减免税手续 G、其他 ）详见《委托报关协议》。

我单位保证遵守《海关法》和国家有关法规，保证所提供的情况真实、完整、单货相符。否则，愿承担相关法律责任。

本委托书有效期自签字之日起至　　年　　月　　日止。

委托方（盖章）：

法定代表人或其授权签署《代理报关委托书》的人（签字）

年　　月　　日

委托报关协议

委托方	
主要货物名称	
HS 编码	
进出口日期	年 月 日
提单号	
贸易方式	
原产地/货源地	
传真电话	
其他要求：	
背面所列通用条款是本协议不可分割的一部分，对本协议的签署构成了对背面通用条款的同意。	
委托方业务签章： 经办人签章： 联系电话： 年 月 日	

被委托方		
*报关单编码	No.	
收到单证日期	年 月 日	
收到单证情况	合同	发票
	装箱清单	提（运）单
	加工贸易手册	许可证件
	其他	
报关收费	人民币： 元	
承诺说明：		
背面所列通用条款是本协议不可分割的一部分，对本协议的签署构成了对背面通用条款的同意。		
被委托方业务签章： 经办报关员签章： 联系电话： 年 月 日		

【技能训练题四】天宏进出口贸易公司拟申报报关企业，按照海关现行规定，申请报关企业注册登记许可的申请人应当到所在地直属海关对外公布受理申请的场所向海关提出申请。

（1）天宏进出口贸易公司拟申报报关企业，在向所在地海关提出注册登记申请时，应提交哪些材料？

【业务处理】____

（2）天宏进出口贸易公司拟申报报关企业，按照海关现行规定，海关对专业报关企业的审批，必须具备多少数额的注册资金？报关企业注册登记许可条件中对企业人员是如何要求的？

【业务处理】____

（3）王磊希望成为天宏进出口贸易公司的报关员，在申请注册时应提交哪些材料？

【业务处理】____

（4）王磊作为新来的报关员，如何理解报关单位和报关员的关系？

【业务处理】____

项目二

进出境报检业务办理

JINCHUJING BAOJIAN YEWU BANLI

【知识目标】

（1）掌握报检业务的基本流程知识。
（2）熟悉进出境货物报检的范围。
（3）熟悉报检单据的组成。
（4）了解配合检验的主要工作任务。
（5）了解出入境检验检疫证单的种类及作用。

【能力目标】

（1）能进行进出境报检总体流程的设计，理清工作思路。
（2）能判断哪些商品需要报检。
（3）能准备齐全报检所需要的单据。
（4）能配合商检局完成检验工作。
（5）能顺利申领各类出入境检验检疫单。

【任务导入】

2010 年 7 月，宁波华田国际贸易有限公司出口探照灯到美国，从上海港运出，目的港是长滩港，装运时间是 2010 年 7 月 8 日早上 10 点；同时从德国进口汽车零部件（变速箱），卸货港在宁波港，货物到达宁波港的时间是 2010 年 7 月 13 日。如果你是该公司的报检员，该如何操作这两笔进出口业务的报检？

【任务目标】

（1）根据任务导入案例背景完成探照灯的出口报检操作。

（2）根据任务导入案例背景完成变速箱的进口报检操作。

【任务分析】

在以上案例情景中，涉及一笔出口货物出口报检操作（探照灯出口）和一笔进口货物进口报检操作（变速箱进口）。不管是进口报关操作还是出口报关操作，大致要经过以下几个环节的操作。

（1）判定商品是否属于报检范围。

（2）进行流程设计，从总体上理清工作思路。

（3）准备全套报检单据。

（4）报检、配合检验检疫。

（5）领取检验检疫证单。

在分析操作环节的基础上，将本项目的任务分解为以下 4 个部分：进出境报检范围的确定→进出境报检程序设计→准备报检单据→检验检疫证单的使用。

任务一 进出境报检范围的确定

【任务目标】

（1）根据任务导入案例背景判断探照灯是否属于出口报检范围。

（2）根据任务导入案例背景判断变速箱是否属于进口报检范围。

【操作分析】

1．判断探照灯是否属于出口报检范围

该票进口货物的报检由公司报检员小潘负责。她根据该批探照灯的 HS 编码 94054010，查找了《出入境检验检疫机构实施检验的进出口商品目录》，确认该商品属于法检范围内。海关监管条件是 B，检验检疫类别是/N。

2．判断变速箱是否属于进口报检范围

该票进口货物的报检由公司报检员小胡负责。他根据该批变速箱的 HS 编码 87084091，查找了《出入境检验检疫机构实施检验的进出口商品目录》，确认该商品属于法检范围内。海关监管条件是 A，检验检疫类别是/M。

【知识链接】

要完成以上任务，需要掌握进出境货物报检范围的相关知识。

一、进出境商品的报检范围

（一）法律、行政法规规定必须由检验检疫机构实施检验检疫的报检范围（法定检验）

法检商品必须要进行强制性检验，否则不准出口。依据为《中华人民共和国进出口商品检验法》及其实施条例、《中华人民共和国进出境动植物检疫法》及其实施条例、《中华人民共和国国境卫生检疫法》及其实施细则、《中华人民共和国食品卫生法》等有关法律、行政法规的规定。法定检验包含以下范围的商品。

（1）列入《出入境检验检疫机构实施检验检疫的进出境商品目录》内的货物。

（2）入境废物、进口旧机电产品。

（3）出口危险货物包装容器的性能检验和使用鉴定。

（4）进出境集装箱。

（5）进境、出境、过境的动植物、动植物产品及其他检疫物。

（6）装载动植物、动植物产品和其他检疫物的装载容器、包装物、铺垫材料；进境动植物性包装物、铺垫材料。

（7）来自动植物疫区的运输工具；装载进境、出境、过境的动植物、动植物产品及其他检疫物的运输工具。

（8）进境拆解的废旧船舶。

（9）出入境人员、交通工具、运输设备以及可能传播检疫传染病的行李、货物和邮包等物品。

（10）旅客携带物（包括微生物、人体组织、生物制品、血液及其制品、骸骨、骨灰、废旧物品和可能传播传染病的物品以及动植物、动植物产品和其他检疫物）和携带伴侣动物。

（11）国际邮寄物（包括动植物、动植物产品和其他检疫物、微生物、人体组织、生物制品、血液及其制品以及其他需要实施检疫的国际邮寄物）。

（12）其他法律、行政法规规定须经检验检疫机构实施检验检疫的其他应检对象。

【相关资料】

《出入境检验检疫机构实施检验检疫的进出境商品目录》

2012年，检验检疫法检目录中实施进出境检验检疫和监管的HS编码5401个，其中实施进境检验检疫和监管的HS编码4377个，实施出境检验检疫和监管的HS编码4700个，海关与检验检疫联合监管的HS编码3个。该目录每年都会根据检验检疫的需要进行调整。

（二）输入国家或地区规定必须凭检验检疫机构出具的证书方准入境的报检范围

有的国家发布法令或政府规定要求，对某些来自中国的入境货物须凭检验检疫机构签发的证书方可入境。如一些国家和地区规定，对来自中国的动植物、动植物产品、食品，凭我国检验检疫机构签发的动植物检疫证书以及有关证书方可入境；又如一些国家或地区规定，从中国输入货物的木质包装，装运前要进行热处理、熏蒸或防腐等除害处理，并由我国检验检疫机构出具“熏蒸/消毒证书”，货到时凭“熏蒸/消毒证书”验放货物。因此，凡出口货物输入国家和地区有此类要求的，报检人须报经检验检疫机构实施检验检疫或进行除害处理，取得相关证书。

（三）有关国际条约规定必须经检验检疫的报检范围

随着加入世界贸易组织和其他一些区域性经济组织，我国已成为一些国际条约、公约和协定的成员。此外，我国还与世界几十个国家缔结了有关商品检验或动植物检疫的双边协定、协议，认真履行国际条约、公约、协定或协议中的检验检疫条款是义务。因此，凡国际条约、公约或协定规定须经我国检验检疫机构实施检验检疫的出入境货物，报检人须向检验检疫机构报检，由检验检疫机构实施检验检疫。

（四）对外贸易合同约定凭检验检疫机构签发的证书进行交接、结算的报检范围

在国际贸易中，买卖双方相距遥远，难以做到当面点交货物，也不能亲自到现场查看履约情况。为了保证对外贸易的顺利进行，保障买卖双方的合法权益，通常需要委托第三方对货物进行检验检疫或鉴定并出具检验检疫鉴定证书，以证明卖方已经履行合同，买卖双方凭证书进行交接、结算。此外，对某些以成分计价的商品，由第三方出具检验证书更是计算货款的直接凭据。因此，凡对外贸易合同、协议中规定以我国检验检疫机构签发的检验检疫证书为交接、结算依据的进出境货物，报检人须向检验检疫机构报检，由检验检疫机构按照合同、协议的要求实施检验检疫或鉴定并签发检验检疫证书。

二、报检中海关监管条件代码和检验检疫类别代码

（一）海关监管条件代码

（1）A：表示对应商品须实施进境检验检疫。
（2）B：表示对应商品须实施出境检验检疫。
（3）D：表示对应商品海关与检验检疫联合监管。

（二）检验检疫类别代码

（1）M：表示对应商品须实施进口商品检验。
（2）N：表示对应商品须实施出口商品检验。
（3）P：表示对应商品须实施进境动植物、动植物产品检疫。
（4）Q：表示对应商品须实施出境动植物、动植物产品检疫。
（5）R：表示对应商品须实施进口食品卫生监督检验。
（6）S：表示对应商品须实施出口食品卫生监督检验。
（7）L：表示对应商品须实施民用商品入境验证。

“/”就是 AND 的意思。譬如 M/N，就是指这个货物既要进行进口商品检验，也要进行出口商品检验，就是进口和出口都要进行报检。

部分商品编码、名称及监管要求见表 2-1。

表 2-1 《出入境检验检疫机构实施检验检疫的进出境商品目录》(选摘)

商品编码	商品名称	监管要求
1905100000	黑麦脆面包片	A/B
2836300000	碳酸氢钠（小苏打）	A/B
6103420012	棉针织钩编男童非保暖背带工装裤	A/B

在实际操作中，有很多专门的网站可以查询商品的海关监管条件和检验检疫类别，常见的查询网址有 http://www.shciq.gov.cn/jsp/ciq_hsfdjyjyQy.jsp、http://www.qgtong.com/hgsz/#Menu=ChildMenu2 等。

技能训练和巩固

1．2011 年，宁波华田公司进出口业务涉及的商品如下，请判断以下商品的监管要求。

进口：雷诺汽车、巴西铁矿、美国牛肉、韩国巧克力、IBM 电脑

出口：美的风扇、海信电视机、波导手机、全棉衬衫、康奈皮鞋

2．请以华田公司报检员的身份登录国家质检总局网站 http://www.aqsiq.gov.cn/，宁波出入境检验检疫局网站 http://www.nbciq.gov.cn/，学习相关报检案例，并总结学习心得。

3．请以华田公司报检员的身份查询 2012 年《出入境检验检疫机构实施检验检疫的进出境商品目录》调整的内容，并做工作备忘录。

任务二　进出境报检程序设计

【任务目标】

(1) 根据任务导入案例背景完成进境报检流程设计。

(2) 根据任务导入案例背景完成出境报检流程设计。

【操作分析】

1．报检员小潘对探照灯出口报检流程的设计

第一，小潘已经明确探照灯属于法检商品范围，需要报检。她查看了合同、发票和装箱单，确认装运时间是 2010 年 7 月 8 日，货物产地在宁波，从上海出运。她决定于 2010 年 6 月 20 日先在宁波报检，获得换证凭条，然后再委托货运代理公司新意达公司在上海口岸的检验检疫机构进行申请换发通关单。

第二，根据这批货物的检验检疫类别，小潘确认这批货物报检需要合同、发票、装箱单、报检单、厂检合格单、包装性能结果单。拿到外销合同、发票和装箱单后，2010 年 6 月 10 日，她向自己的纸箱厂索要“包装性能结果单”，并向本企业的检验部门索要厂检合格单。

第三，2010 年 6 月 18 日，她根据合同、发票各单据的信息以及报检单的填制要求，填

好了一份“出境货物报检单”，她填好单据后盖上公司公章，以及备齐合同、发票、装箱单、厂检合格单和包装性能检验结果单等一系列资料于2010年6月20日到北仑出入境检验检疫局报检，到了报检大厅，先到检录窗口递送报检单等单据。检录人员审核单据无误后，录入报检信息，成功获得报检回执，报检成功。

第四，报检受理后，小潘根据报检回执里的电话，联系了实施检验的部门，确认了检验机构6月24日来工厂检验。然后她整理好了此次报检的一系列单据，包括“出境货物报检单”、合同发票、装箱单，等待检验人员来检验货物。6月24日检验人员如约前来检验。

第五，小潘陪同检验人员检验完货后，随同检验人员到出入境检验检疫局缴费，获得换证凭条。然后当天将换证凭条传真给上海新意达货运代理有限公司，货代公司2010年6月28日持换证凭条到上海口岸出入境检验检疫局换得出境货物通关单，此次报检顺利完成。

2. 报检员小胡对变速箱进口报检流程的设计

第一，小胡已经明确变速箱属于法检商品范围，需要报检。她查看了合同、发票和装箱单，确认货物到达宁波港的时间是2010年7月13日，应在入境时向宁波口岸检验检疫机构报检。

第二，根据这批货物的检验检疫类别，小胡确认这批货物报检需要合同、发票、装箱单、提单、报检单、国外品质证书或质量保证书、产品使用说明书及有关标准和技术资料。

第三，2010年7月1日，她根据合同、发票各单据的信息以及报检单的填制要求，填好了一份“入境货物报检单”，同时在7月13日向宁波北仑检验检疫机构报检。

第四，检验检疫机构对进境运输工具进行了必要的卫生除害后，签发通关单。

第五，在货物通关后，小胡联系了实施检验的部门，确认了检验机构7月20日来工厂检验。7月20日检验人员如约前来检验，小胡负责为检验人员提供检验场所、辅助人员等，配合检验检疫工作。

第六，检验检疫合格，检验检疫机构签发检验证单，此次报检顺利完成。

【知识链接】

要完成以上任务，需要掌握进出口货物的报检流程知识。

一、进境商品的报检

（一）报检分类

入境货物报检可分为进境一般报检、进境流向报检和异地施检报检。

1. 进境一般报检

进境一般报检是指法定检验检疫入境货物的货主或其代理人，持有关证单向卸货口岸检验检疫机构申请取得“入境货物通关单”，并对货物进行检验检疫的报检。对进境一般报检业务而言，签发“入境货物通关单”和对货物的检验检疫都由口岸检验检疫机构完成，货主或其代理人在办理完通关手续后，应主动与货物目的地检验检疫机构联系落实检验检疫工作。

2. 进境流向报检

进境流向报检也称口岸清关转异地进行检验检疫的报检，指法定入境检验检疫货物的收货人或其代理人持有关单证在卸货口岸向口岸检验检疫机构报检，获取“入境货物通关单”并通关后，由进境口岸检验检疫机构进行必要的检疫处理，货物调往目的地后再由目的地检验检疫机构进行检验检疫监管。申请进境流向报检货物的通关地与目的地属于不同辖区。

3. 异地施检报检

异地施检报检是指已在口岸完成进境流向报检，货物到达目的地后，该批进境货物的货主或其代理人在规定的时间内，向目的地检验检疫机构申请进行检验检疫的报检。因进境流向报检只在口岸对装运货物的运输工具和外包装进行了必要的检验处理，并未对整批货物进行检验检疫，只有当检验检疫机构对货物实施了具体的检验、检疫，确认其符合有关检验检疫要求及合同、信用证的规定，货主才能获得相应的准许进口货物销售使用的合法凭证，完成进境货物的检验检疫工作。异地施检报检时应提供口岸检验检疫机构签发的“入境货物调离通知单”。

（二）报检流程

进境货物除了活动物和废物以外，实施先通关放行再检验检疫的制度，包括申报、受理及计收费、卫生除害、签证放行、实施检验检疫、签发检验证明等6个环节。

1. 申报

报检/申报是指申请人按照法律、法规或规章的规定向检验检疫机构申报检验检疫工作的手续。

（1）申报的地点：一般是在进境地口岸检验检疫机构报检。以下几种情况对申报地点有特殊规定：①审批、许可证等有关政府批文中规定检验检疫地点的，在规定的地点报检；②大宗散装商品、易腐烂变质商品、废旧物品及在卸货时发现包装破损、重数量短缺的商品，必须在卸货口岸检验检疫机构报检；③需结合安装调试进行检验的成套设备、机电仪产品以及在口岸开件后难以恢复包装的商品，应在收货人所在地检验检疫机构报检并检验。

（2）申报的时间：一般是在入境时报检。以下情况需要入境前报检：①输入微生物、人体组织、生物制品、血液及其制品或种畜、禽及其精液、胚胎、受精卵的，应当在入境前30天报检；②输入其他动物的，应在入境前15天报检；③输入植物、种子、种苗及其他繁殖材料的，应在入境前7天报检；④入境货物需对外索赔出证的，应在索赔有效期前不少于20天内向到货口岸或货物到达地的检验检疫机构报检。

2. 受理及计收费

检验检疫机构工作人员审核报检人提交的报检单内容填写是否完整、规范，应附的单据资料是否齐全、符合规定，索赔或出运是否超过有效期等，审核无误的，方可受理报检。对报检人提交的材料不齐全或不符合有关规定的，检验检疫机构不予受理报检。对已受理报检的，检验检疫机构工作人员按照《出入境检验检疫收费办法》的规定计费并收费。现行检验检疫机构执行的收费依据是国家发改委和财政部于2003年12月31日下发，并于2004年4月1日正式实施的《出入境检验检疫收费办法》，主要收费标准如下。

（1）品质检验费：货值的1.5‰。

（2）动植物检疫费：货值的1.2‰。

（3）进口食品卫生检验费：货值的1.2‰（小批量食品4‰）。

（4）出口食品卫生检验费：货值的1.2‰。

（5）卫生检疫不收费。

（6）出入境货物检验检疫费按上述各项分别计算，累计收费。累计不足60元，按60元计收。

（7）数量鉴定费：1.5元/百件，以每100件为一个计费单位，不足100件按100件计，不足20元按20元计收。

（8）包装使用鉴定费：1.5元/百件，以每100件为一个计费单位，不足100件按100件计，不足15元按15元计收。

（9）铺垫材料检疫费：30元/批。

（10）木质包装检疫费：1元/只次，不足20元按20元计。

3. 卫生除害

按照《中华人民共和国国境卫生检疫法》及其实施细则、《中华人民共和国进出境动植物检疫法》及其实施条例的有关规定，检验检疫机构对来自疫区的、可能传播检疫传染病、动植物疫情及可能夹带有害物质的入境货物的交通工具或运输包装实施必要的检疫、消毒、卫生处理。

4. 签证放行

入境货物，检验检疫机构受理报检并进行必要的卫生除害处理后或检验检疫后签发“入境货物通关单”供报检人在海关办理通关手续。

5. 实施检验检疫

货物通关后，报检人应及时与检验检疫机构联系检验检疫事宜，未经检验检疫的，不准销售、使用。检验检疫机构对已报检的入境货物，通过感官、物理、化学、微生物等方法进行检验检疫，以判定所检对象的各项指标是否符合有关强制性标准或合同及买方所在国官方机构的有关规定。目前，检验检疫的方式包括全数检验、抽样检验、型式试验、过程检验、登记备案、符合性验证、符合性评估、合格保证和免于检验等9种。

6. 签发检验证明

经检验检疫机构检验检疫合格的，签发“入境货物检验检疫证明”，准予销售、使用；经检验检疫不合格的，检验检疫机构签发“检验检疫处理通知书”，货主或其代理人应在检验检疫机构的监督下进行处理。无法进行处理或处理后仍不合格的，作退运或销毁处理。需要对外索赔的，检验检疫机构签发检验检疫证书。

入境货物报检流程图如图 2.1 所示。

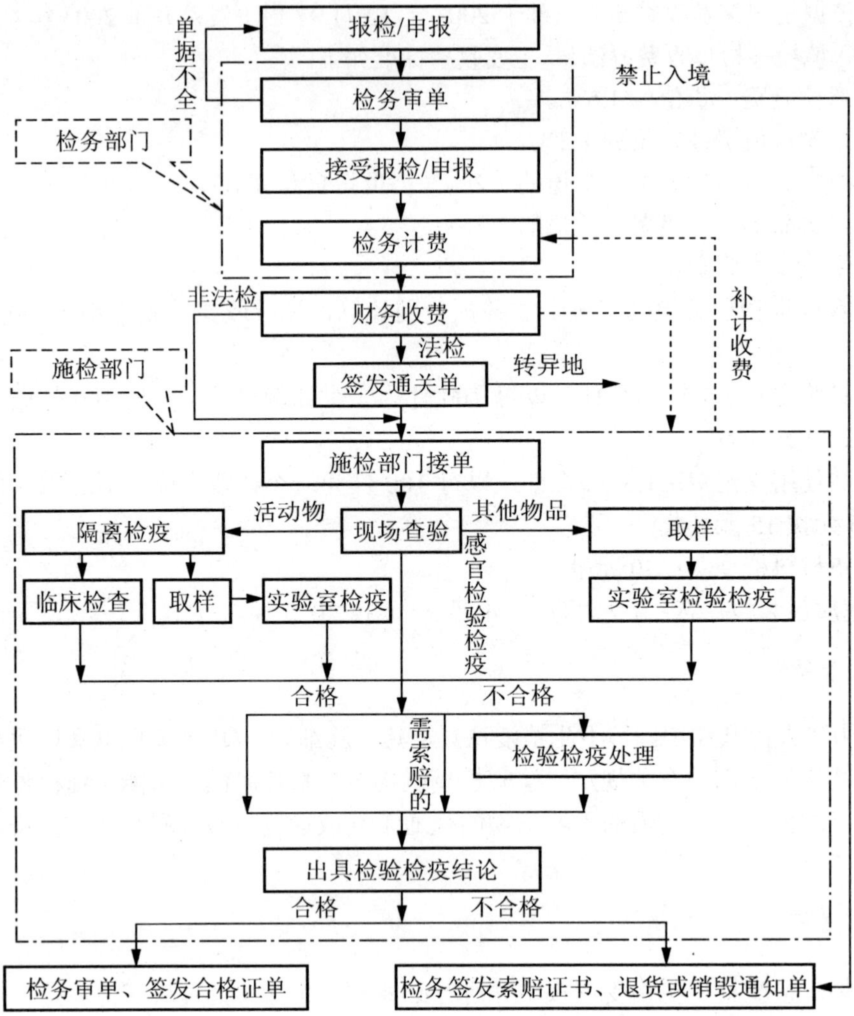

图 2.1 入境货物报检流程

二、出境商品的报检

（一）报检类别

出境货物报检可分为出境一般报检、出境换证报检、出境货物预检报检。

1．出境货物一般报检

出境一般报检是指法定检验检疫出境货物的货主或其代理人，持有关证单向产地检验检疫机构申请检验检疫以取得出境放行证明及其他证单的报检。对于出境一般报检的货物，检验检疫合格后，在当地海关报关的，由报关地检验检疫机构签发“出境货物通关单”，货主或其代理人持“出境货物通关单”向当地海关报关；在异地海关报关的，由产地检验检疫机构签发“出境货物通关单”或“换证凭条”向报关地的检验检疫机构申请换发“出境货物通关单”。

2．出境换证报检

出境换证报检是指经产地检验检疫机构检验检疫合格的法定检验检疫出境货物的货主或其代理人，持产地检验检疫机构签发的“出境货物换证凭单”或“换证凭条”向报关地检验检疫机构申请换发“出境货物通关单”的报检。对于出境换证报检的货物，报关地检验检疫机构按照国家质检总局规定的抽查比例进行查验。

3．出境预检报检

出境货物预检报检是指货主或其代理人持有关单证向产地检验检疫机构申请对暂时还不能出口的货物预先实施检验检疫的报检。预检报检的货物经检验检疫合格的，检验检疫机构签发“出境货物换证凭单”；正式出口时，货主或其代理人可在检验检疫有效期内持此单向检验检疫机构申请办理放行手续。申请预检报检的货物须是经常出口的、非腐烂变质、非易燃易爆的商品。

（二）报检流程

出境货物实施先检验检疫再通关放行的制度，包括申报、受理及计收费、检验检疫、签证 4 个环节。

1．申报

法定检验检疫的出境货物的报检人应在规定的时限内持相关单证向检验检疫机构报检。

（1）申报地点：法定检验检疫货物，除活动物需由口岸检验检疫机构检验检疫外，原则上实施产地检验检疫。

（2）申报时间：①出境货物最迟应在出口报关或装运前 7 天报检，对于个别检验检疫周期较长的货物，应留有相应的检验检疫时间；②需隔离检疫的出境动物在出境前 60 天预报，隔离前 7 天报检。

2．受理及计收费

检验检疫机构审核有关单证，符合要求的受理报检并计收费。

3．检验检疫

施检部门实施检验检疫，对于经检验检疫不合格的货物，检验检疫机构签发“出境货物不合格通知单”，不准出口。

4．签证

对产地和报关地相一致的货物，经检验检疫合格，检验检疫机构出具“出境货物通关单”供报检人在海关办理通关手续；对产地和报关地不一致的货物，报检人应向产地检验检疫机构报检，产地检验检疫机构对货物检验检疫合格后，出具“出境货物换证凭单”或将电子信息发送至口岸检验检疫机构并出具“出境货物换证凭条”，报检人凭产地检验检疫机构签发的“出境货物换证凭单”或“出境货物换证凭条”向口岸检验检疫机构报检。口岸检验检疫机构验证或核查货证合格后，出具“出境货物通关单”。

出境货物报检流程如图 2.2 所示。

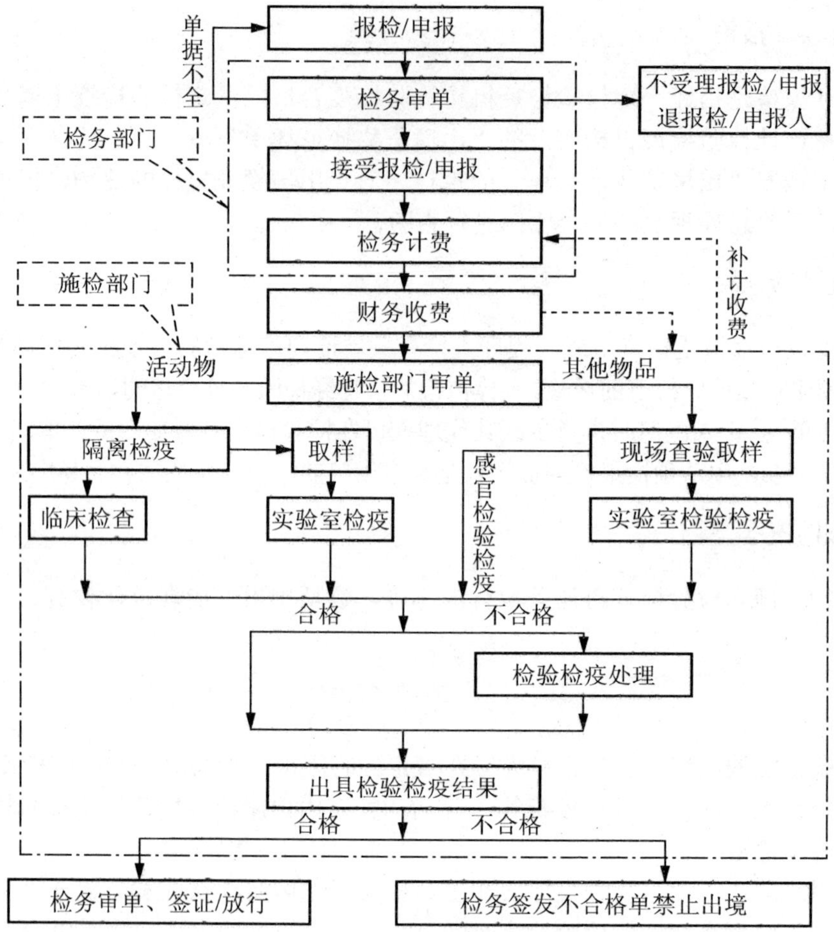

图 2.2　出境货物报检流程

技能训练和巩固

1．宁波华田公司于 2011 年 10 月 11 日出口一批全棉男士衬衫到美国，从上海港运出，目的港是洛杉矶，请以华田公司报检员的身份设计该批衬衫出口的报检流程。

2．宁波华田公司于 2012 年 1 月从浦东国际机场进口两批韩国产手机，共计 3.57 万台，价值 392.7 万元。

2012 年 1 月 28 日，华田公司委托中外运空运发展股份有限公司（以下简称中外运），向上海浦东机场局代理报检。电脑打印的报检单表明，该批货物的入境口岸为上海，目的地为宁波鄞州区，请以华田公司报检员的身份判断该笔手机进境报检的类别，并设计该批手机进口的报检流程。

任务三　准备报检单据

【任务目标】

(1) 根据任务导入案例背景完成出境报检单填制及出境报检单据准备。

(2) 根据任务导入案例背景完成进境报检单填制及进境报检单据准备。

【操作分析】

接上例，在进出境流程设计好，工作思路理清后，其中一项重要的工作任务就是填制进出境报检单，并准备其他的报检单据。

1．出境报检单的填制

第一，报检员小潘根据合同、箱单、发票，填制“出境货物报检单”，相关单据资料如下。

【单据 1】

SALES CONTRACT

卖方 SELLER:	NINGBO CONF IMP/EXP CO.LTD. **No.34 YANAN ROAD, SHANGHAI, CHINA**	**编号 NO.**	SHCO42115
		日期 DATE	JUN15,2010
买方 BUYER:	ABC TRADING CO., 305, JALAN STREET , NEWYORK, US	**地点 PLACE**	SHANGHAI

买卖双方同意以下条款达成交易：

This contract Is made by and agreed between the BUYER and SELLER , in accordance with the terms and conditions stipulated below.

1．品名及规格 Commodity & Specification	**2．数量 Quantity**	**3．单价及价格条款 Unit Price & Trade Terms**	**4．金额 Amount**
			CFR LONG BEACH
ELECTRIC SEARCHLIGHTS ORIGIN: SHENYANG PACKED IN CARTONS 50KGS EACH CARTON	10000KGS	USD 3.5/KG	USD35000

5．总值 Total Value	U.S.DOLLAR THIRTY FIVE THOUSAND ONLY.
6．包装 Packing	EXPORT CARTONS
7．唛头 Marks	ABC SHCO42115 LONGB NO. 1-200
8．装运期及运输方式 Time of Shipment & means of Transportation	Not Later Then JuL 08, 2007 BY VESSEL
9．装运港及目的地 Port of Loading & Destination	From : SHANGHAI PORT, P.R.CHINA To : LONG BEACH PORT,USA
10．保险 Insurance	TO BE COVERED BY THE BUYER.
11．付款方式 Terms of Payment	By T/T IN ADVANCE
12．备注 Remarks	1）Transshipment allowed, Partial shipment not allowed. 2）Shipment terms will be fulfilled according to the L/C finally.

The Buyer	**The Seller**
SAMAN AL-ABDUL KARIM AND PARTNERS CO.	DESUNSOFT CO.,LTD.

【单据 2】

Invoice

<table>
<tr><td colspan="2">CONSIGNOR:
NINGBO CONF IMP/EXP CO.LTD.
No.34 YANAN ROAD, SHANGHAI, CHINA</td><td colspan="2">No.:
24JFK5436J</td><td>DATE.:
JUN 27, 2010</td></tr>
<tr><td colspan="2">CONSIGNEE:
ABC TRADING CO., NEWYORK, US</td><td colspan="3" rowspan="2"></td></tr>
<tr><td>PORT OF LOADING:
SHANGHAI PORT,
P.R.CHINA</td><td>VESSEL:
STAR RIVER</td></tr>
<tr><td colspan="2">PORT OF DISCHARGE:
LONG BEACH PORT,USA</td><td colspan="3">CONTRACT NO:
SHCO42115</td></tr>
<tr><td>MARK
No.OF PKGS</td><td>DESCRIPTION OF GOODS</td><td>QUANTITY / UNIT</td><td>UNIT PRICE</td><td>AMOUNT</td></tr>
<tr><td>ABC
SHCO42115
LONGB
NO. 1-200</td><td>ELECTRIC SEARCHLIGHTS
ORIGIN: SHENYANG
PACKED IN CARTONS 50KGS EACH CARTON</td><td colspan="3">CFR LONG BEACH
USD 3.5/KG USD35000</td></tr>
<tr><td colspan="5">SHANGHAI CONF IMP/EXP CO., LTD.
SIGNED BY______________</td></tr>
</table>

【单据 3】

PACKING LIST

<table>
<tr><td colspan="2">CONSIGNOR:
NINGBO CONF IMP/EXP CO.LTD.
No.34 YANAN ROAD, SHANGHAI, CHINA</td><td colspan="2">No.:
24JFK5436J</td><td>DATE.:
JUN 27, 2010</td></tr>
<tr><td colspan="2">CONSIGNEE:
ABC TRADING CO., NEWYORK, US</td><td colspan="3" rowspan="2"></td></tr>
<tr><td>PORT OF LOADING:
SHANGHAI</td><td>VESSEL:
STAR RIVER</td></tr>
<tr><td colspan="2">PORT OF DISCHARGE:
LONG BEACH</td><td colspan="3">CONTRACT NO:
SHCO42115</td></tr>
<tr><td>MARK
No.OF PKGS</td><td>DESCRIPTION OF GOODS</td><td>QUANTITY / UNIT</td><td>NW</td><td>GW</td></tr>
<tr><td>ABC
SHCO42115
LONGB
NO. 1-200</td><td>ELECTRIC SEARCHLIGHTS
ORIGIN: SHENYANG
PACKED IN CARTONS 50KGS EACH CARTON</td><td colspan="3">10000KGS 10500KGS</td></tr>
<tr><td colspan="5">SHANGHAI CONF IMP/EXP CO., LTD.
SIGNED BY______________</td></tr>
</table>

【单据 4】

中华人民共和国出入境检验检疫

出境货物报检单

报检单位（加盖公章）：宁波华田国际贸易有限公司　　　　　　　　*编　　号__________

报检单位登记号：2506004514　　联系人：潘燕　　电话：0574-4325×××　　报检日期：　年　月　日

<table>
<tr><td rowspan="2">发货人</td><td colspan="8">（中文）宁波华田国际贸易有限公司</td></tr>
<tr><td colspan="8">（外文）NINGBO CONF IMP/EXP CO.LTD.</td></tr>
<tr><td rowspan="2">收货人</td><td colspan="8">（中文）***</td></tr>
<tr><td colspan="8">（外文）ABC TRADING CO., NEWYORK, US</td></tr>
<tr><td>货物名称（中/外文）</td><td>H.S.编码</td><td>产地</td><td colspan="2">数/重量</td><td colspan="2">货物总值</td><td colspan="2">包装种类及数量</td></tr>
<tr><td>探照灯</td><td>94054010</td><td>沈阳</td><td colspan="2">10000KGS</td><td colspan="2">35000 美元</td><td colspan="2">纸箱</td></tr>
<tr><td>运输工具名称号码</td><td colspan="2">星河号</td><td>贸易方式</td><td colspan="2">一般贸易</td><td>货物存放地点</td><td colspan="2">工厂仓库</td></tr>
<tr><td>合同号</td><td colspan="2">SHCO42115</td><td>信用证号</td><td colspan="2">***</td><td>用途</td><td colspan="2"></td></tr>
<tr><td>发货日期</td><td>2010 年 7 月 8 日</td><td colspan="2">输往国家（地区）</td><td>美国</td><td colspan="2">许可证 / 审批号</td><td colspan="2">***</td></tr>
<tr><td>启运地</td><td>上海</td><td colspan="2">到达口岸</td><td>长滩</td><td colspan="2">生产单位注册号</td><td colspan="2">***</td></tr>
<tr><td colspan="2">集装箱规格、数量及号码</td><td colspan="7">***</td></tr>
<tr><td colspan="2">合同、信用证订立的检验检疫条款或特殊要求</td><td colspan="3">标 记 及 号 码</td><td colspan="4">随附单据（划“✓”或补填）</td></tr>
<tr><td colspan="2">无</td><td colspan="3">ABC
SHCO42115
LONGB
NO. 1-200</td><td colspan="2">☑合同
☐信用证
☑发票
☐换证凭单
☑装箱单
☑厂检单</td><td colspan="2">☑包装性能结果单
☐许可/审批文件
☐
☐
☐
☐</td></tr>
<tr><td colspan="6">需要证单名称（划“✓”或补填）</td><td colspan="3">*检验检疫费</td></tr>
<tr><td colspan="3" rowspan="3">☐品质证书　__正__副
☐重量证书　__正__副
☐数量证书　__正__副
☐兽医卫生证书　__正__副
☐健康证书　__正__副
☐卫生证书　__正__副
☐动物卫生证书　__正__副</td><td colspan="3" rowspan="3">☐植物检疫证书　__正__副
☐熏蒸/消毒证书　__正__副
☑出境货物换证凭单　__正__副
☐
☐
☐
☐</td><td colspan="2">总金额
（人民币元）</td><td></td></tr>
<tr><td colspan="2">计费人</td><td></td></tr>
<tr><td colspan="2">收费人</td><td></td></tr>
<tr><td colspan="6" rowspan="3">报检人郑重声明：
1. 本人被授权报检。
2. 上列填写内容正确属实，货物无伪造或冒用他人的厂名、标志、认证标志，并承担货物质量责任。
签名：__________</td><td colspan="3">领 取 证 单</td></tr>
<tr><td colspan="2">日期</td><td></td></tr>
<tr><td colspan="2">签名</td><td></td></tr>
</table>

注：有“*”号栏由出入境检验检疫机关填写　　　　　　　　◆国家出入境检验检疫局制

第二，小潘将出口报检全套单据准备好，包括出境货物报检单、合同、发票、装箱单、厂检合格单、包装性能结果单。

2. 入境报检单的填制

第一，报检员小胡根据提单、箱单，填制“入境境货物报检单”，相关单据资料如下。

【单据 1】

BILL OF LADING

Shipper（发货人） Berlin International Trade CO. 8021 South 210TH Street，GERMANY TEL:（0049）211960×××	**Booking No.** **69557652-A**	**B/L No.** **MOLU69557652**
Consignee（收货人） NINGBO I/E CORP. 宁波华田进出口公司 220191×××× NO.86 JINGHONG ROAD,NINGBO,CHINA	**COMBINED TRANSPORT BILL OF LADING** **SHIP NO：5213332625**	
Notify party BEIJING DATONG COMMERCILA &TRAD CO.,LTD 宁波大通商贸有限公司 110125×××× NO.67 KEXUENANLU,NINGBO,CHINA		

Ocean Vessel （船名） M/V ALT BAOYING	Voy. No. V.151E	
Port of loading MARSEILLES-CY（马赛）	Port of Discharge NINGBO	Place of Delivery DALIAN-CY

Particulars furnished by the shipper

MARK	DESCRIPTIN OF GOODS	Gross weight	Net weight	Measurement
CMIE				
69557652-A	GERMANY ORIGIN GEARBOX（变速箱）	6,180.00KGS	6,000.00KGS	18.9CBM
DALIAN CHINA	HONGKONG ORIGIN BATTERY（蓄电池）	11,840.00KGS	11,600.00KGS	25.6CBM

1×20” SCZU78536571（60 WOODEN PALLETS） SEAL：2157
1×40” SCZU78536281（80 WOODEN CASES） SEAL：2081

TOTAL PACKAGES （IN WORDS）

Freight and charges	In witness whereof, the Carrier or his Agents has singed Bills of Lading all of this tenor and date, one of which being accomplished, the others to stand void.
	Dated MARSEILLES at 2010/8/10

【单据 2】

PACKING LIST

NVOICE & PACKING LIST

To: CHANGCHUN MACHINE I/E CORP. NO. : 639802

NO.86 JINGHONG ROAD DATE: JULY 19,2007

CHANGCHUN.CHINA

DESCRIPTION OF GOODS	UNIT PRICE	TOTAL ANOUNT	NET WEIGHT	GROSS WEIGHT
GEARBOX	@EUR300.00/UNIT	180,000.00	6.00 TONS	6.18 TONS
BATTERY	@EUR400.00/UNIT	320,000.00	11.60 TONS	11.84 TONS
TOTAL		500,000.00	17.60 TONS	18.02 TONS

COVERING:
GEARBOX EUR300 PER UNIT FCA BONN
PACKED IN CARTON OF ONE UNIT,10CARTONS TO A WOODEN PALLET
TOTAL 60 WOODN PALLETS TO ONE 20FT.CONTAINER.

BATTERY EUR400 PER UNIT FCA BONN
PACKED IN CARTON OF ONE UNIT,10CARTONS TO A WOODEN CASES
TOTAL 80 WOODN CASES TO ONE 40FT.CONTAINER.

FRIEIGHT CHARGES: EUR 5406.00
INSURANCE: 2.5‰
法定计量单位为“千克”

J AND B DEUTCHLAND GMBH

【单据 3】

中华人民共和国出入境检验检疫

入境货物报检单

报检单位（加盖公章）：宁波华田国际贸易有限公司　　*编　　号________

报检单位登记号：2506004514　　联系人：胡刚　　电话：0574-4325×××　　报检日期：　年　月　日

收货人	（中文）	宁波华田国际贸易有限公司
	（外文）	**NINGBO　CONF　IMP/EXP CO.LTD.**
发货人	（中文）	***
	（外文）	**Berlin International Trade CO.**

货物名称（中/外文）	H.S.编码	原产国	数/重量	货物总值	包装种类及数量
变速箱 GERMANY GEARBOX	ORIGIN 87084091	德国	6000KGS	18000 欧元	600 纸箱

运输工具名称号码	M/V ALT BAOYING		合同号		
贸易方式	一般贸易	贸易国别	德国	提单号	MOLU69557652
到货日期		起运国家	法国	许可证 / 审批号	***
卸毕日期		起运口岸	马赛	入境口岸	宁波
索赔有效期至		经停口岸		目的地	宁波
集装箱规格、数量及号码	SCZU78536571　　1×20”				
货物存放底单		用途		其他	

合同、信用证订立的检验检疫条款或特殊要求	标 记 及 号 码	随附单据（划“✓”或补填）	
无	ABC SHCO42115 LONGB NO. 1-200	☑合同 ☑提单 ☑发票 ☐兽医卫生证书 ☐植物检疫证书 ☐卫生证书	☐原产地证书单 ☐许可/审批文件 ☑装箱单 ☐ ☐ ☐

需要证单名称（划“✓”或补填）		*检验检疫费	
☐品质证书　__正__副 ☐重量证书　__正__副 ☐数量证书　__正__副 ☐兽医卫生证书　__正__副 ☐健康证书　__正__副 ☐卫生证书　__正__副 ☐动物卫生证书　__正__副	☐植物检疫证书　__正__副 ☐熏蒸/消毒证书　__正__副 ☐ ☐ ☐ ☐	总金额 （人民币元）	
		计费人	
		收费人	

报检人郑重声明：	领 取 证 单	
1．本人被授权报检。 2．上列填写内容正确属实，货物无伪造或冒用他人的厂名、标志、认证标志，并承担货物质量责任。 签名：________	日期	
	签名	

注：有“*”号栏由出入境检验检疫机关填写　　◆国家出入境检验检疫局制

第二，小胡将出口报检全套单据准备好，包括入境货物报检单、合同、发票、提单、国外检验证书等。

【知识链接】

要完成以上任务，需要掌握出入境报检单填制方法。

一、出境报检单的填制方法

（一）填制的原则及方法

报检单力求认真、准确、完整地填写，填写内容必须与随附单据相符，填写必须完整、准确、真实，不得涂改，对无法填写的栏目或无此内容的栏目，统一填写“***”。原则上一批货物填写一份报检单。“一批”货物是指同一合同，同一类货物，同一种运输工具，运往同一地点，特殊情况除外。填制完毕的报检单必须加盖报检单位公章或已经向检验检疫机构备案的“报检专用章”，报检人应在签名栏签名，注意必须是本人手签，不得代签。各栏目的填写方法如下。

1．报检单位（公章）

按报检单位全称填写，报检单位是已向检验检疫机构办理备案登记的自理报检单位或已向检验检疫机构办理注册登记的代理报检单位。报检单需加盖该报检单位的单位公章。

2．报检单位登记号

按报检单位在检验检疫机构所办理的登记注册代码填写。

3．联系人

填报检单位的报检员姓名。

4．电话

填报检单位报检员的电话号码。

5．报检日期

报检单位向检验检疫机关报检当天的日期。

6．发货人

按外销合同中卖方或信用证中受益人名称填写。若无外销合同，仅有购销合同，所作的报检只是预验报检，则发货人中文名称填购销合同中的买方名称（如外贸公司的名称），外文名则用“***”表示。

7．收货人

填外销合同中买方或信用证中的开证申请人名称。若无外销合同，仅有购销合同，所作报检只是预验报检，则收货人中文名称用“***”表示，外文名称则用“***”表示。

8．货物名称（中/外文）

按外销合同、信用证中所列货物的中/外文名称填写，根据需要还可填写型号、规格或牌号。若合同与信用证中的货物名称不一致，则可填信用证中所列货物名称。若所作的报检只是预验报检，则货物名称填购销合同中货物的中文名称。同一品名的货物在合同、发票及装箱单中分别列明的，需按合同、发票及装箱单中分别列明的分项填写。

9. H.S 编码

按《协调商品名称及编码制度》中的商品编码填写。以最新公布的商品税则编码分类为准。非法检货物带有木包装、集装箱或周转空集装箱的，按 00 类编码输入。

10. 产地

出境报检时，产地一栏需具体到区县级行政区，如宁波市海曙区（代码 330203）。对经过几个地区加工制造的货物，以最后一个对货物进行实质性加工的地区作为该货物的产地。异地货物口岸拼装的，以货值最大的货物产地作为整批货物的产地。难以判定具体行政区县级行政区名称的货物，如海洋资源，则可以输入“中国”（代码 990001）。进口货物复出口的情况，产地选“境外”（代码 990002）。宁波高新区货物产地输入“宁波市江东区”。

11. 数/重量

按实际报检货物的数量/重量填写，重量应填实际净重量。

12. 货物总值

按外销合同或商业发票中所列货物总值填写（FOB 价），还需注明币种。若所作的报检只是预验报检，则货物总值按购销合同中所列货物总值填写。

13. 包装种类及数量

按货物运输包装种类及件数填写。实际运输中应当方便装卸，保护外包装，常用托盘运输包装，这时除了填报托盘种类及数量以外，还应填报托盘上装的包装数量及包装种类。

14. 运输工具名称

填写装运本批货物的运输工具类型、名称及号码，如船舶填写船名、航次，飞机填写航班号等。实际报检申请时，若未定运输工具的名称及编号时，可以笼统填制运输方式总称，如填报“船舶”或“飞机”等。

15. 贸易方式

填写本批货物的贸易方式，根据实际情况选填一般贸易、来料加工、进料加工、易货贸易、补偿贸易、边境贸易、无偿援助、外商投资、对外承包工程进出口货物、出口加工区进出境货物、出口加工区进出区货物、退运货物、过境货物、保税区进出境仓储、转口货物、保税区进出区货物、暂时进出区货物、暂时进出口留购货物、展览品、样品、其他非贸易品、其他贸易性货物。

16. 货物存放地点

根据货物实际情况填写录入。出境报检时需注明具体的地点或厂库、联系人、联系电话。

17. 合同号

按外销合同号码、购销合同号码填写，或填形式发票的号码。

18. 信用证号

填国外开证申请人/买方开列给卖方的信用证号码。

19. 用途

从以下 9 个选项中选择：种用或繁殖；食用；奶用；观赏或演艺；伴侣动物；试验；药用；饲用；其他。

20. 发货日期

填该批货物拟发往国外的日期。预验报检可不填。

21. 输往国家（地区）

填写外贸合同中买方（进口方）所在国家或地区，或合同中注明的最终输往国家或地区。

22. 许可证/审批号

申报涉及许可/审批的货物应填写相应的许可证/审批号，如“出口产品质量许可证”、“出口生产企业卫生登记、注册证”、“出口食品标签审核证书”、“出口化妆品标签审核证书”、“出口电池产品备案书”、“出口商品型式试验确认书”及其他证书的编号。

23. 启运地

填写货物的报关出运口岸，即货物最后离境的口岸及所在地。对本地货物需运往其他口岸报关出境的，应注意申请签发出境货物换证凭单或电子转单。出境活动物的启运地应填写起始运输地点。

24. 到达口岸

填写货物运抵的境外口岸。

25. 生产单位注册号

申报货物涉及许可/审批食品卫生注册登记的，应填写该批货物的生产单位检验检疫登记备案号。

26. 集装箱规格、数量及号码

按装运该批货物的集装箱的规格、数量和集装箱号码填写。

27. 合同、信用证订立的检验检疫条款或特殊要求

按外销合同/信用证中订立的有关检验检疫的具体条款或特殊要求填写。

28. 标记及号码

按发票装箱单(出口货物明细单)上所列的运输标记填写。货物包装为裸装/散装时应填“N/M”。若此批报检只是预验报检，无法确定唛头时，则用“暂无”表示。标记栏不够填写的，可用附单填写。

29．随附单据（划"✓"或补填）

将报检实施所附单据按此栏所列名称勾划在小方格内，并可补填所附单据。

30．需要单证名称（划"✓"或补填）

将报检单位需要检验检疫机构出具的有关证单按此栏所列名称勾划在小方格内并填明正、副本的份数，但最多不得超过一正二副。特殊情况下可填两份正本，应申明原因经检验检疫机关同意后方可出具，也可补填所需的检验检疫机关可以出具的相关证单名称。

（二）出境报检需提交的整套单据

（1）出境货物报检时，应填写"出境货物报检单"，并提供外贸合同或销售确认书或订单；信用证、有关函电；生产经营部门出具的厂检结果单原件；检验检疫机构签发的"出境货物运输包装性能检验结果单"（正本）。

（2）凭样品成交的，须提供样品。

（3）经预检的货物，在向检验检疫机构办理换证放行手续时，应提供该检验检疫机构签发的"出境货物换证凭单"（正本）。

（4）产地与报关地不一致的出境货物，在向报关地检验检疫机构申请"出境货物通关单"时，应提交产地检验检疫机构签发的"出境货物换证凭单"（正本）或"换证凭条"。

（5）出口危险货物时，必须提供"出境货物运输包装性能检验结果单"正本和"出境危险货物运输包装使用鉴定结果单"（正本）。

（6）预检报检的，还应提供货物生产企业与出口企业签订的贸易合同。尚无合同的，需在报检单上注明检验检疫的项目和要求。

（7）按照检验检疫的要求，提供其他特殊单证。

二、入境报检单的填制方法

（一）填制的原则及方法

报检单必须按照所申报的货物内容填写，填写内容必须与随附单据相符，填写必须完整、准确、真实，不得涂改，对无法填写的栏目或无此内容的栏目，统一填写"***"。原则上一批货物填写一份报检单。"一批"货物是指同一合同，同一类货物，同一种运输工具，运往同一地点，特殊情况除外。各栏目的填写方法如下。

1．编号

由检验检疫机构报检受理人员填写，前 6 位为检验检疫机构代码，第 7 位为报检类代码，第 8、9 位为年代码，第 10～15 位为流水号。实行电子报检后，该编号可在受理电子报检的回执中自动生成。

2．报检单位

填写报检单位的全称。

3．报检单位登记号

填写报检单位在检验检疫机构备案或注册登记的代码。

4．联系人

填写报检人员姓名。电话：填写报检人员的联系电话。

5．报检日期

检验检疫机构实际受理报检的日期，由检验检疫机构受理报检人员填写。

6．收货人

填写外贸合同中的收货人，应中英文对照填写。

7．发货人

填写外贸合同中的发货人。

8．货物名称（中/外文）

填写本批货物的品名，应与进口合同、发票名称一致，如为废旧货物应注明。

9．H.S 编码

填写本批货物的商品编码（8 位数或 10 位数编码），以当年海关公布的商品税则编码分类为准。

10．原产国（地区）

填写本批货物生产/加工的国家或地区。

11．数/重量

填写本批货物的数重量，应与合同、发票或报关单上所列的货物数/重量一致，并应注明数/重量单位。

12．货物总值

填写本批货物的总值及币种，应与合同、发票或报关单上所列的货物总值一致。

13．包装种类及数量

填写本批货物实际运输包装的种类及数量，应注明包装的材质。

14．运输工具名称号码

填写运输工具的类型、名称及号码，如船舶填写船名、航次，飞机填写航班号等。如有转运应填写一、二程船名，此栏填写二程船名及航次，一程船名及航次请在备注栏体现。

15．合同号

填写对外贸易合同、订单或形式发票的号码。

16．贸易方式

填写本批货物进口的贸易方式，根据实际情况选填一般贸易、来料加工、进料加工、易货贸易、补偿贸易、边境贸易、无偿援助、外商投资、对外承包工程进出口货物、出口加工区进出境货物、出口加工区进出区货物、退运货物、过境货物、保税区进出境仓储、转口货物、保税区进出区货物、暂时进出口货物、暂时进出口留购货物、展览品、样品、其他非贸易性物品、其他贸易性货物等。

17．贸易国别（地区）

填写本批进口货物的贸易国别（地区）。

18．提单/运单号

填写货物海运提单号或空运单号，有二程提单的应同时填写。

19．到货日期

填写本批货物到达口岸的日期。

20．启运国家（地区）

填写装运本批货物的交通工具的启运国家或地区。

21．许可证/审批号

申报涉及需许可/审批的货物应填写相应的许可证/审批号；涉及进口食品标签审核证书、进口化妆品标签审核证书、进口电池产品备案书、进口其他证书（如进口旧机电产品免装运前预检验证明书、进口旧机电产品装运前预检验备案书、进口废物批准证书等）的货物应填写相应的证书号；涉及多个许可证/审批号、证书号无法填写完整的，在报检单的“合同订立的特殊条款以及其他要求”栏备注或以附页的形式申报。

22．卸毕日期

填写货物在口岸卸毕的实际日期。

23．启运口岸

填写装运本批货物的交通工具的启运口岸。

24．入境口岸

填写装运本批货物的交通工具进境时首次停靠的口岸。

25．索赔有效期至

按外贸合同规定的日期填写，特别要注明截止日期。

26．经停口岸

填写本批货物启运后，到达目的地前中途曾经停靠的口岸名称。

27. 目的地

填写本批货物预定最后到达的交货地。

28. 集装箱规格、数量及号码

货物若以集装箱运输应填写集装箱的规格、数量及号码。

29. 合同订立的特殊条款以及其他要求

填写在合同中特别订立的有关质量、卫生等条款或报检单位对本批货物检验检疫的特别要求。

30. 货物存放地点

填写本批货物存放的地点。

31. 用途

填写本批货物的用途。根据实际情况选填种用或繁殖、食用、奶用、观赏或演艺、伴侣动物、实验、药用、饲用、其他。

32. 随附单据

按实际向检验检疫机构提供的单据，在对应的“□”上打“√”或补填。

33. 标记及号码

填写货物的标记号码，应与合同、发票等有关外贸单据保持一致。若没有标记号码则填“N/M”。

34. 外商投资财产

由检验检疫机构报检受理人员填写。

35. 报检人郑重声明

由报检人员亲笔签名。

36. 检验检疫费

由检验检疫机构计费人员填写。

37. 领取单证

由报检人在领取单证时填写实际领证日期并签名。

（二）入境报检需提交的整套单据

（1）入境报检时，应填写“入境货物报检单”，并提供外贸合同、发票、提（运）单、装箱单等有关证单。

（2）按照检验检疫的要求，提供相关其他特殊证单。

① 实施安全质量许可、卫生注册或其他需审批审核的货物，应提供有关证明。

② 品质检验的还应提供国外品质证书或质量保证书、产品使用说明书及有关标准和技术资料。

③ 报检入境废物时，还应提供国家环保部门签发的“进口废物批准证书”和经认可的检验机构签发的装运前检验合格证书等。

④ 申请残损鉴定的还应提供理货残损单、铁路商务记录、空运事故记录或海事报告等证明货损情况的有关单证。

⑤ 申请重（数）量鉴定的还应提供重量明细单、理货清单等。

⑥ 货物经收、用货部门验收或其他单位检测的，应随附验收报告或检测结果以及重量明细单等。

⑦ 入境的动植物及其产品，在提供贸易合同、发票、产地证书的同时，还必须提供输出国家或地区官方的检疫证书；需办理入境检疫审批手续的，还应提供入境动植物检疫许可证。

⑧ 过境动植物及其产品报检时，应持货运单和输出国家或地区官方出具的检疫证书；运输动物过境时，还应提交国家检验检疫局签发的动植物过境许可证。

⑨ 报检入境运输工具、集装箱时，应提供检疫证明，并申报有关人员健康状况。

技能训练和巩固

以下为华田公司 2011 年 5 月的一票进口业务单据，请以华田公司报检员的身份，根据下列商业发票和装箱单，完成入境报检单填制。

【单据 1】

INVOICE

NINGBO HUATIAN CO.,LTD
HIGASHIKANDA CHO MECHIYODA-KU.TOKYO JAPAN
TEL:81-3-38662281　FAX:81-3-38647289

<table>
<tr><td colspan="3">CONTRACI NO.:8EOW3230167JP
INVOICE NO.:MM200718</td><td colspan="2">L/C NO.:3260980000049
MAY 12,2011</td></tr>
<tr><td colspan="3">CONSIGNOR
NINGBO HUATIAN CO.,LTD</td><td colspan="2"></td></tr>
<tr><td colspan="3">CONSIGNEE
NINGBO HUATIAN CO.,LTD</td><td colspan="2">TERMS OF PAYMENT
L/C AT SIGHT
L/C NO.3260980000049 ISSUED BY BANK OF CHINA</td></tr>
<tr><td>SHIPPED PER
DA QING HE</td><td>ON
Sept.18,2010</td><td>FROM
YOKOHAMA,JAPAN</td><td>TO
SHANGHAI,CHINA</td><td>VIA
PUSAN</td></tr>
<tr><td colspan="2">DISCRIPTION
BEEF/（JAPAN ORIGIN）
HS CODE 0202.2000</td><td>QUANTITY
（KG）
1710.8KGS</td><td>UNIT PRICE
（USD/KG）
USD2.65</td><td>AMOUNT
（FOB YOKOHAMA）
USD 4533.62</td></tr>
</table>

【单据 2】

PACKING LIST

INVOICE NO.:MM201018 CONTRACT NO.:8EOW3230167JP		Sept.18,2010 L/C NO.:3260980000049
FOR ACCOUNT OF NINGBO HUATIAN CO.,LTD		TERMS OF PAYMENT L/C AT SIGHT
SHIPPED PER DA QING HE		ON Sept.18,2010
PORT OF LOADING YOKOHAMA,JAPAN	PORT OF DISCHARGE SHANGHAI,CHINA	PLACE OF DELIVERY BEIJING
DISCRIPTION BEEF/（JAPAN ORIGIN）	NET WEIGHT 1710.8KGS	GROSSWEIGHT 1878.0KGS

【单据制作】

中华人民共和国出入境检验检疫

入境货物报检单

报检单位（加盖公章）： *编 号＿＿＿＿＿＿

报检单位登记号： 联系人： 电话： 报检日期： 年 月 日

发货人	（中文）	企业性质（划“√”）	□合资□合作□外资
	（外文）		
收货人	（中文）		
	（外文）		

货物名称（中/外文）	H.S 编码	原产国（地区）	数/重量	货物总值	包装种类及数量

运输工具名称号码				合 同 号	
贸易方式		贸易国别（地区）		提单/运单号	
到货日期		启运国家（地区）		许可证/审批号	
卸毕日期		启运口岸		入境口岸	
索赔有效期至		经停口岸		目 的 地	
集装箱规格、数量及号码					
合同订立的特殊条款以及其他要求				货物存放地点	
				用 途	

随附单据（划“√”或补填）		标 记 及 号 码	*外商投资财产（划“√”）	□是□否
☑合同	□到货通知	N/M	*检验检疫费	
☑发票	☑装箱单		总金额（人民币元）	
☑提/运单	□质保书		计费人	
□兽医卫生证书	□理货清单		收费人	
□植物检疫证书	□磅码单			
□动物检疫证书	□验收报告			
□卫生证书	□			
□原产地证	□			
□许可/审批文件	□			

报检人郑重声明： 1. 本人被授权报检。 2. 上列填写内容正确属实。 签名：＿＿＿＿＿＿	领 取 证 单	
	日 期	
	签 名	

注：有“*”号栏由出入境检验检疫机关填写 ◆国家出入境检验检疫局制

任务四 检验检疫证单的使用

【任务目标】

根据任务导入案例背景领取检验检疫证单并正确使用。

【操作分析】

报检员小胡分析了一下，明确探照灯出口需要从检验检疫领取的证单有品质证书和出口货物换证凭单，品质证书是作为交付货物凭证和结算凭证，出境货物换证凭单是到出境地口岸换取出境货物通关单作为通关使用。

报检员小潘分析了一下，明确变速箱进口需要从检验检疫机构领取的证单有品质证书、入境货物通关单。品质证书是作为交付货物凭证和结算凭证，入境货物通关单作为通关使用。

【知识链接】

要完成以上任务，需要熟悉检验检疫证单的种类及作用。

一、检验检疫证单的作用

检验检疫机构根据我国法律规定行使出入境检验检疫行政职能，按照有关国际贸易各方签订的契约规定或其政府的有关法规，以及国际惯例、条约的规定从事检验检疫工作，并据此签发证书。检验检疫证单的法律效用主要现在以下几个方面。

1. 出入境货物通关的重要凭证

凡列入《出入境检验检疫机构实施检验检疫的出入境商品目录》的进出口货物（包括转关运输货物），海关一律凭货物报关地检验检疫机构签发的“入境货物通关单”或“出境货物通关单”验放。

未列入《出入境检验检疫机构实施检验检疫的出入境商品目录》的进出口货物，国家法律、法规另有规定须时时检验检疫的，海关也凭检验检疫机构签发的“入境货物通关单”或“出境货物通关单”验放。

有些出境货物，尤其是涉及社会公益、安全、卫生、检疫、环保等方面的货物，入境国家海关根据国家法令或政府规定要求，凭检验检疫机构签发的证单（包括品质、植检、兽医、健康卫生、熏蒸消毒等证书）作为通关验放的重要凭证。

2. 海关征收和减免关税的有效凭证

有些国家海关在征收进出境货物关税时，不仅凭商业发票上的数/重量计收，还经常依据检验检疫证单上的检验检疫结果作为据以征税的凭证。有的海关还委托检验检疫机构对货物的品种、质量成分等进行鉴定，以检验检疫证单作为把关或计收关税的凭证。

因发货人责任造成的残损、短缺或品质等问题的入境货物，发生换货、退货或赔偿等现象时往往涉及免征关税或退税，检验检疫机构签发的证书可作为通关免税或者退税的重要凭证。

检验检疫机构签发的产地证书是进口国海关征收或减免关税的有效凭证。一般产地证是享受最惠国税率的有效凭证，普惠制原产地证书正式享受给惠国减免关税的有效凭证。

3．履行交接、结算及进口国准入的有效证件

在国际贸易中，大多凭证单进行交易，为确保所交易的货物符合合约规定，需要一个证明文件作为交接的凭证。检验检疫机构所签发的各种检验检疫证书，就是这种有效的凭证。

凡对外贸易合同、协议中规定以检验检疫证书为结算货款依据的进出境货物，检验检疫证书中所列的货物品质、规格、成分、公量等检验检疫结果是买卖双方计算货款的依据，检验检疫证书是双方结算货款的凭证。

有的国家法令或政府规定要求，某些入境货物需凭检验检疫机构签发的证书方可进境，如凭检验检疫出具的品质证书、木质包装的熏蒸证和植物检疫证、兽医证及农残证等证书入境，运输工具凭检验检疫机构出具的交通工具卫生证书及检疫证书入境等。

4．议付货款的有效证件

在国家贸易中，签约中的买方往往在合同和信用证中规定，以检验检疫证书作为交货付款的依据之一。议付银行收开户银行的委托，审核信用证规定需要的证单及其内容，符合条件的方予结汇。

5．明确责任的有效证件

承运人或其他贸易关系人申请检验检疫机构证明出入境货物的积载情况、验舱、舱口检视、水尺计重、证明液体商品的温度和密度、签封样品、对冷藏舱检温、冷冻货检温等，都是一种明确责任的证明文件。在发生商务纠纷或争议时，检验检疫机构签发的证书是证明事实状态、明确责任归属的重要凭证。

6．办理索赔、仲裁及诉讼的有效证件

对入境货物，经检验检疫机构检验检疫发现残损、短少或与合同、标准不符的，检验检疫机构签发检验证书。买方在合同规定的索赔有效期限内，凭检验检疫机构签发的检验证书，向卖方提出索赔或换货、退货，属保险人、承运人责任的，也可以凭检验检疫机构签发的检验证书提出索赔。有关方面也可以依据检验检疫机构签发的证书进行仲裁。检验检疫证书在诉讼时是有效证明文件。

7．办理验资的有效证明文件

外商投资企业及各种对外补偿贸易方式中，境外（包括港、澳、台地区）投资者以实物作价投资的，或外商投资企业委托国外投资者用投资资金从境外购买的财产，检验检疫机构

办理外商投资财产鉴定工作，按规定出具鉴定证书。其价值鉴定证书是证明投资各方投入财产价值量的有效依据。各地会计事务所凭检验检疫机构的价值鉴定证书办理外商投资财产的验资工作。

二、检验检疫证单的主要种类

（一）证书类

证书类证单分为出境货物检验类、出境货物卫生类、出境兽医类、出境动物检疫类、植物检疫类、检疫处理类、入境货物检验检疫类、国际旅行健康类、运输工具检疫类、空白证书类等类别。

1. 出境货物检验类

格式 C1-1“检验证书”适用于出境货物（含食品）的品质、规格、数量、重量、包装等检验项目。

2. 出境货物卫生类

格式 C2-1“卫生证书”适用于经检验符合卫生要求的出境食品以及其他需要实施卫生检验的货物。

3. 出境兽医类

格式 C3-1“兽医（卫生）证书”适用于符合输入国家或地区与中国有检疫规定、双边检疫协定以及贸易合同要求的出境动物产品。

4. 出境动物检疫类

格式 C3-1“动物卫生证书”适用于：①符合输入国家或者地区与中国有检疫规定、双边检疫协定以及贸易合同要求的出境动物；②出境旅客携带的符合检疫要求的伴侣动物；③符合检疫要求的供港澳动物。

5. 植物检疫类

格式 C5-1“植物检疫证书”适用于符合输入国家或地区以及贸易合同签订的检疫要求的出境植物、植物产品以及其他检疫物（指植物性包装铺垫材料、植物废弃物等）。

6. 检疫处理类

格式 C7-1“熏蒸/消毒证书”适用于经检疫处理的出入境动植物及其产品、包装材料、废旧物品、邮寄物、装载容器（包括集装箱）及其他需检疫处理的物品等。

“品质检验证书”样张如图 2.3 所示。

中华人民共和国出入境检验检疫

ENTRY-EXIT INSPECTION AND QUARANTINE

OF THE PEOPLE'S REPUBLIC OF CHINA

正 本

ORIGINAL

编号：No.

品质检验证书

INSPECTION CERTIFICATE OF QUALITY

发货人 Consignor NINGBO DONGYA IMP. AND EXP. CO.,LTD	
收货人 Consignee SIL INDUSTRIAL CO.,LTD	
品名 Description of Goods GARDEN TOOL SETS	
报检数量/重量 Quantity, Weight Declared 2000 SETS	标记及号码 Marks & No. N/M
包装种类及数量 Number and Type of Packages 200 WOODEN CASES	
产地 Place of Origin NINGBO,CHINA	
到达口岸 Port of Destination SINGAPORE	
运输工具 Means of conveyance s. s. BY VESSEL	检验日期 Date of Inspection JUNE 16,2012
检验结果 Results of Inspection WE HEREBY STATE THE RUSULTS OF INSPECTION ARE IN CONFORMITY WITH THE CHINESE STANDARD.	
签证地点 Place of Issue NINGBO	签证日期 Date of Issue 16/JUNE/2012
授权签字人 Authorized officer WANGLIN	签 名 Signature 王林

图 2.3 质量检验证书

“卫生证书”样张如图 2.4 所示。

中华人民共和国出入境检验检疫
ENTRY-EXIT INSPECTION AND QUARANTINE
OF THE PEOPLE'S REPUBLIC OF CHINA

正　本
ORIGINAL

卫 生 证 书
SANITARY CERTIFICATE

编号：No.310700110331784

收货人名称及地址 Name and Address of Consignee　宁波振华实业有限公司	
发货人名称及地址 Name and Address of Consignor　RUI PTY LTD	
品名 Description of Goods　金色玉液蜂蜜	
报检数量/重量 Quantity, Weight Declared　1560 瓶	标记及号码 Marks & No. N/M
包装种类及数量 Number and Type of Packages　1 天然木托	
产地 Place of Origin　澳大利亚	
合同号 Contract No. FH-MK-031032	
到货地点 Port of Arrived　宁波	到货日期 Date of Arrived 2012 年 7 月 13 日
启运地 Port of Departure　澳大利亚	卸毕日期 Date of completion of Discharge　2012 年 7 月 13 日
运输工具 Means of conveyance BY VESSEL	检验日期 Date of Inspection JULY 13,2012
检验结果 经检验，该批金色玉液蜂蜜（规格：500 克/瓶，数量：1560 瓶，生产日期：2012 年 3 月 8 日，保质期：5 年）所检项目符合国家卫生要求，标签检验合格，未加贴合格中文标签不得在中国境内销售。	
签证地点 Place of Issue　NINGBO	签证日期　Date of Issue 13/JULY/2012
授权签字人 Authorized officer　WANGLIN	签　名 Signature　王林

图 2.4　卫生证书

“熏蒸/消毒证书”样张如图 2.5 所示。

中华人民共和国出入境检验检疫

ENTRY-EXIT INSPECTION AND QUARANTINE
OF THE PEOPLE’S REPUBLIC OF CHINA

正　本
ORIGINAL

编号：No.441120208457790

熏 蒸 / 消 毒 证 书

FUMIGATION/DISINFECTION CERTIFICATE

发货人名称及地址 Name and Address of Consignor　NINGBO HENGHUA TRADING CO.LTD	
收货人名称及地址 Name and Address of Consignee　WORKENCH FURNITURE LTD	
品名 Description ofGoods　EURNITURE COMPONENT PARTS CHAIR TABLE SOFA BED FOOTSTOOL	产地 Place of Origin ZHEJIANG,CHINA
报检数量/重量 Quantity, Weight Declared　320PKGS	标记及号码 Marks & No. N/M
启运地 Port of Departure　NINGBO,CHINA	
到达口岸 Port of Destination　BRIDGE TOWN	
运输工具 Means of conveyance　BY VESSEL	

杀虫和/或灭菌处理 DISINFESTATION AND/OR DISINFECTION TREATMENT

日期 Date 06-sep-2012　　药剂及浓度 Chemical and Concentration MEITHYL BROMIDE 80g/ m³

处理方法 Treatment FUNIGATION　　持续时间及温度 Duration and Temperature 24h ，25℃

附加声明：
ADDITIONAL DECLARATION

签证地点 Place of Issue NINGBO　　签证日期 Date of Issue 13/JULY/2012

授权签字人 Authorized officer WANGLIN　　签 名 Signature 王林

图 2.5 熏蒸/消毒证书

7．入境货物检验检疫类

格式 C9-1“检验证书”适用于：①经检验不合格要求索赔的货物；②报检人要求或交接、结汇、结算需要的情况。

格式C9-2“卫生证书”适用于：①经卫生检验合格的入境食品、食品添加剂；②卫生检验不合格而要求索赔的入境食品、食品添加剂。

格式C9-3“兽医卫生证书”适用于经检疫不符合我国检疫要求的入境动物产品

格式C9-4“动物检疫证书”适用于经检疫不符合我国检疫要求的入境动物。

格式C9-5“植物检疫证书”适用于经检疫不符合我国检疫要求的入境动物、植物产品、植物性包装铺垫材料、植物性废弃物、土壤、毒种、菌种、生物材料等。

（二）凭单类

凭单类证单分为申请单类、通关类、结果类、通知类、凭证类等类别。

1. 申请单类

编号1-1“入境货物报检单”适用于对入境货物（包括废旧物品）、包装铺垫材料、装载法定检验检疫货物的集装箱，以及外商投资财产鉴定的申报。

编号1-2“出境货物报检单”适用于对出境货物（包括废旧物品）、包装铺垫材料、装载法定检验检疫货物的集装箱，以及外商投资财产鉴定的申报。

编号1-3“出境货物运输包装检验申请单”适用于对出境货物运输包装性等检验和危险货物包装使用鉴定的申请。

2. 通关类

编号2-1-1“入境货物通关单”适用于在本地报关并实施检验检疫的入境货物的通关，包括调离海关监管区。此单仅供通关用。

编号2-1-2“入境货物通关单”适用于本地报关，由异地检验检疫的入境货物的通关，包括调离海关监管区。此单仅供通关用。其2、3、4联名成为《入境货物调离通知单》，可单独使用，对动植物及其产品可作为运递证明。

编号2-2“出境货物通关单”适用于国家法律、行政法规规定必须经检验检疫合格的出境货物（包括废旧物品、集装箱、包装铺垫材料等）的通关。此单也是检验检疫机构对出境货物的放行单。

技能训练和巩固

请以华田公司报检员的身份绘制检验检疫证单领取及使用一览表（表2-2）。

表2-2 检验检疫证单领取及使用一览表

证单名称	签发部门	用途

小结

本项目主要介绍了进出境货物报检的基本知识，内容包括了报检范围的确定、报检流程的设计、报检单据的缮制、报检证单的使用。本项目操作要点在于理清报检的流程、掌握报检单据的填制方法、熟悉报检证单的种类及作用。

训练题

一、基础训练题

（一）单选题

1．对于报关地与目的地不同的进境货物，应向报关地检验检疫机构申请办理（　　），向目的地检验检疫机构申请办理（　　）。

A．进境流向报检；异地施检报检　　B．进境一般报检；进境流向报检

C．异地施检报检；进境流向报检　　D．进境一般报检；异地施检报检

2．新疆某外贸公司从韩国进口一批聚乙烯，拟从青岛口岸入境后转关至北京，最终运至陕西使用。该公司或其代理人应向（　　）的检验检疫机构申请领取《入境货物通关单》。

A．青岛　　B．北京　　C．新疆　　D．陕西

3．厦门一公司从德国进口一批货物，运抵香港后拟经深圳口岸入境并转关至东莞，该公司应向（　　）检验检疫局办理报检手续。

A．厦门　　B．深圳　　C．广东　　D．东莞

4．检验检疫机构对预检合格的出境货物签发（　　），对预检不合格的出境货物签发（　　）。

A．出境货物换证凭单；检验检疫处理通知书

B．出境货物换证凭单；出境货物不合格通知单

C．出境货物通关单；检验检疫处理通知书

D．出境货物通关单；出境货物不合格通知单

5．杭州一公司进口一批电脑显示器，从深圳口岸入境，拟在货物通关后运到上海再分销给无锡和南京的零售商。该公司在办理报检手续时，入境货物报检单的“目的地”一栏应填写（　　）。

A．深圳　　B．杭州　　C．无锡和南京　　D．上海

6．某公司进口一批已使用过的制衣设备，合同的品名是电动缝纫机，入境货物报检单的“货物名称”一栏应填写（　　）。

A．电动缝纫机　　B．制衣设备

C．电动缝纫机（旧）　　D．制衣设备（旧）

7．某企业进口一批货物（检验检疫类别为 M/N），经检验检疫机构检验后发现该批货物不合格，该企业可向检验检疫机构申请签发（　　），用于对外索赔。

A．入境货物通关单　　B．入境货物调离通知单

C．检验检疫证书　　D．入境货物处理通知书

8．入境一般货物报检时，应提供（　　）、报关单以及缮制完成的报检单。

A．外贸合同、提单或运单

B．国外发票、品质保证书、提单或运单

C．批文、装箱单、提单或运单

D．外贸合同、国外发票、装箱单、提单或运单

9．在填制“入境货物报检单”时，不能在“贸易方式”一栏中填写的是（　　）。

A．来料加工　　B．无偿援助

C．观赏或演艺　　D．外商投资

（二）判断题

1．法定检验检疫的出境货物，由于是先检验检疫再通关，所以应在产地先进行检验检疫，然后凭换证凭单或转单凭条到报关地检验检疫机构换发通关单；而对于入境货物，由于报关地检验检疫机构已出具了通关单，因此，一般来说都应当由报关地的检验检疫机构实施检验检疫。（　　）

2．须凭检验检疫机构签发的卫生注册证书报检的，申请人在填制出境货物报检单时，就将卫生注册证书号填在“许可证/审批号”一栏中，以供检验检疫机构受理报检人员审核。（　　）

3．出境货物报检单的“启运口岸”一栏填写货物最后离境的口岸。（　　）

4．出口危险货物的生产企业，必须向检验检疫机构申请包装容器的性能鉴定。（　　）

5．出入境法定检验检疫货物，也就是通常所说的法检货物就是指列入《出入境疫机构实施检验检疫的进出境商品目录》内的货物。（　　）

6．检验检疫机构只受理列入《出入境检验检疫机构实施检验检疫的进出境商品目录》内的进出口商品的报检业务。（　　）

7．在填制入境货物报检单时，进口货物的品名应与进口合同相一致，但废旧货物应在品名中特别注明。（　　）

8．法定检验检疫的入境货物转异地检验的，口岸检验检疫机构不做检疫处理。（　　）

9．在填制入境货物报检单时，如果合同、发票中所列的币种不是美元，申请人可以将货值换算成美元，也可以直接填制合同、发票中所列的货值和币种。（　　）

二、综合技能训练题

【技能训练题一】厂址在宁波的C企业从2010年1—3月期间出口了5批塑胶玩具。由于交货时间紧迫，该企业来不及送样至辖区检验检疫局作检验，便委托上海的货代公司以C企业的名义在当地的检验检疫局报检。货代公司在并未提供样品进行检验的情况下，直接取得了上海地检验检疫局出具的“出境货物换证凭单”，然后在宁波口岸换取“出境货物通关单”办理了出口。

请分析C企业的行为是否符合报检的规定。

【业务处理】____

____

____

【技能训练题二】宁波检验检疫局在执法中发现，某冷藏公司报检一批出口至韩国的水产品，经检验检疫合格后放行，后因国外客户对包装及数量提出要求，该公司将水产品包装由15kg/箱改为12.5kg/箱，并购买补充了1250kg水产品，向海关报关。

请分析该公司的行为有无违法？如违法，应该怎么做才合法？

【业务处理】______________________________

____

____

【技能训练题三】浙江杭州的“新风玩具制造企业”出口某种智力玩具到挪威，从上海港运出，目的港是奥斯陆。进口方是“DAFANG Trading Co.,Ltd”。该玩具企业具有进出口经营权。该企业应先向哪个出入境检验检疫局报检？报检时应提出什么单据？

【业务处理】______________________________

____

____

【技能训练题四】宁波工具厂生产的铰链（HINGE COLT,HS.CODE:8302.1000）委托上海机床进出口公司出口，上海机床进出口公司与德国CHR贸易有限公司签订的销售合同主要内容如下。

S/C No.:RT08342

The Seller: SHANGHAI MACHINE TOOL IMPORT & EXPORT CORPORATION 218 FENGXIAN ROAD,SHANGHAI 200041 CHINA

The Buyer: CHR TRADING CO.LTD.

LERCHENWEG 10 97522 SAND GERMANY

MARKS&NO.	DSCRIPTIONS OF GOODS	QUANTITY	UNIT PRICE	AMOUNT
CHR	HINGE BOLT		CFR HAMBUGE	
HAMBURG	HINGE BOLT,LEFT SIDE	30000PCS	EUR 0.33	EUR 9900.00
NO.1-UP	HINGE BOLT,RIGHT SIDE	30000PCS	EUR 0.33	EUR 9900.00

DESTINATION:HAMBURG

PARTIAL SHIPMENT:ALLOWED

TRANSSHIPMENT:NOT ALLOWED

PAYMENT:L/C AT SIGHT

上海机床进出口公司将货物存放于公司仓库（上海松江路2号），获得买方开来的信用证（L/C No.800804），订到 GOLDEN GATE BRIDGE V.10W 轮的舱位，取得提单（B/L No.COSU66089803;B/L DATE:JUN.01,2008），货物装箱情况如下。

PACKING	G.W/KGS	N.W/KGS	MEAS/（M）
HINGE BOLT,LEFT SIDE			
PACKED IN 1 WOODEN CASE	1380/case	1370/case	4/case
OF15000 PCS EACH			
HINGE BOLT,RIGHT SIDE			
PACKEN IN 1 WOODEN CASE	1030/case	1020/case	3/case
OF10000 PCS EACH			

PACKEN IN TWO 20’CONTAINER（集装箱号：TEXU2203979）

上海机床进出口公司2011年5月25日委托上海货运公司代理报检(登记号1254789653)，请根据上述资料和管理，填写出境货物报检单。

【单据制作】

中华人民共和国出入境检验检疫

出境货物报检单

报检单位（加盖公章）： *编　　号____________

报检单位登记号： 联系人： 电话： 报检日期： 年 月 日

发货人	（中文）					
	（外文）					
收货人	（中文）					
	（外文）					
货物名称（中/外文）	H.S 编码	产地	数/重量	货物总值	包装种类及数量	
运输工具名称号码		贸易方式		货物存放地点		
合同号		信用证号		用途		
发货日期	年 月 日	输往国家（地区）		许可证 / 审批号		
启运地		到达口岸		生产单位注册号		
集装箱规格、数量及号码						

合同、信用证订立的检验检疫条款或特殊要求	标 记 及 号 码	随附单据（划“✓”或补填）	
		☑合同	☑包装性能结果单
		□信用证	□许可/审批文件
		☑发票	□
		□换证凭单	□
		☑装箱单	□
		☑厂检单	□

需要证单名称（划“✓”或补填）		*检验检疫费	
□品质证书 __正__副	□植物检疫证书 __正__副	总金额（人民币元）	
□重量证书 __正__副	□熏蒸/消毒证书 __正__副		
□数量证书 __正__副	☑出境货物换证凭单 __正__副		
□兽医卫生证书 __正__副	□	计费人	
□健康证书 __正__副	□		
□卫生证书 __正__副	□	收费人	
□动物卫生证书 __正__副	□		

报检人郑重声明：	领 取 证 单	
1．本人被授权报检。 2．上列填写内容正确属实，货物无伪造或冒用他人的厂名、标志、认证标志，并承担货物质量责任。 签名：______________	日期	
	签名	

注：有“*”号栏由出入境检验检疫机关填写　　◆国家出入境检验检疫局制

项目三

具体商品报检业务办理

JUTI SHANGPIN BAOJIAN YEWU BANLI

【知识目标】

（1）了解法检商品（动检和植检）的报检要求。

（2）了解需标签、需认证、需鉴定商品（机电产品等）的报检要求。

（3）了解我国大宗交易商品（服装纺织品）的报检要求。

【能力目标】

（1）能办理动物产品和植物产品的报检。

（2）能办理需标签、需认证、需鉴定商品的报检。

（3）能办理服装纺织品的报检。

【任务导入】

2012 年上半年，宁波华田公司发生了以下进出口业务。

（1）2012 年 1 月 15 日，从澳大利亚进口一批羊毛，进口口岸在宁波。

（2）2012 年 2 月 1 日，向德国出口一批小家电，出口口岸在宁波。

（3）2012 年 2 月 20 日，向日本出口一批蔬菜，出口口岸在上海。

（4）2012 年 3 月 5 日，向法国出口一批童装，出口口岸在宁波。

（5）2012 年 3 月 16 日，从美国进口浓缩橙汁，进口口岸在宁波。

（6）2012 年 4 月 9 日，从韩国进口 BB 霜，进口口岸在宁波。

以上业务都由报检员小胡来负责。如果你是小胡，以上业务应该如何操作?

【任务目标】

（1）根据任务导入案例背景完成羊毛（动物产品/法检）进口报检操作。

（2）根据任务导入案例背景完成小家电（需认证/法检）出口报检操作。

（3）根据任务导入案例背景完成蔬菜（植物产品/法检）出口报检操作。

（4）根据任务导入案例背景完成童装（纺织品/法检）出口报检操作。

（5）根据任务导入案例背景完成橙汁（需标签/法检）进口报检操作。

（6）根据任务导入案例背景完成 BB 霜（需标签/法检）进口报检操作。

【任务分析】

在以上案例情景中，涉及动物产品的进境报检、植物产品的出境报检、机电产品的出境报检、纺织服装的出境报检、食品的进境报检、化妆品的进境报检。以上产品都是我国目前进出口商品结构里比重较大的产品。不管是操作什么产品的报检，报检员都必须把握一个工作原则：进出境商品的报检工作流程是基础。在熟悉基本流程的基础上，根据不同商品报检的特殊要求在流程中增添部分环节，然后判别不同商品需要提交的特殊单据。也就是说，大部分商品的报检流程基本上大的框架是一样的，所需提交的基本单据也是一样的，区别就在于流程的细节要求不同，提交的特殊单据不同。

对于承担多项报检业务的报检员而言，要完成以上情景的报检，必须要综合运用前几个项目所学到的知识及培养起来的技能，可以采用设计报检方案的方式。根据各个报检方案的指导来完成各商品的进出口报检，具体包括以下几个操作环节。

（1）判断商品是否属于报检范围。

（2）根据不同商品的特殊要求设计报检工作流程，理清思路。

（3）开展报检（包括填制报检单及准备相关单据、在规定时间规定地点提交单据报检、交费、配合检验检疫机构工作人员开展检验检疫等）。

（4）领取检验检疫证单。

在分析操作环节的基础上，将本项目的任务分解为以下 3 个部分：法检商品报检业务办理（动检和植检）→需认证和需标签审核商品报检业务办理→大宗交易商品报检业务办理（服装纺织品）。

任务一　法检商品报检业务办理——以动检和植检为例

【任务目标】

（1）根据任务导入案例背景完成进口羊毛报检方案设计。

（2）根据任务导入案例背景完成出口蔬菜报检方案设计。

【操作分析】

1．报检员小胡制定的进口羊毛报检方案

进口羊毛报检方案

报检人：

联系电话：1354503××××

报检流程

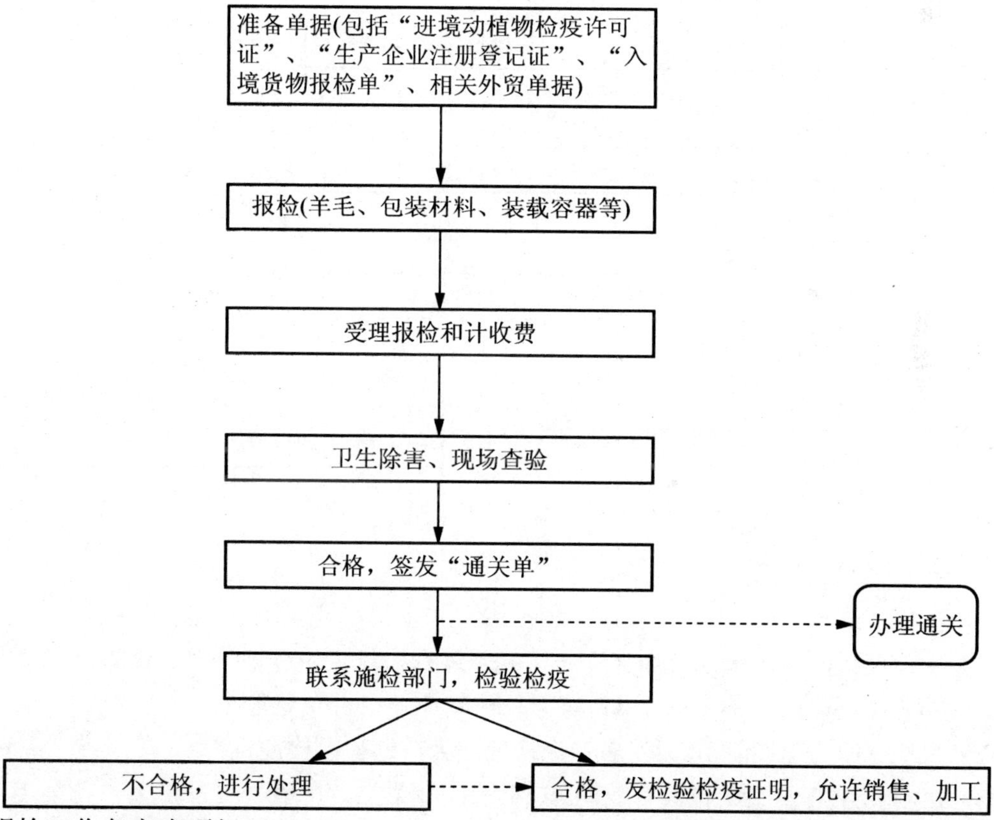

报检工作备忘事项如下。

（1）签合同前的检疫审批手续：在签订合同前要取得准许入境的“中华人民共和国进境动植物检疫许可证”。

（2）加工羊毛的企业必须到检验检疫局注册，取得“卫生注册登记证书”。

（3）报检时间为进境时；报检地点为北仑口岸检验检疫机构。

（4）现场查验时要配合检验检疫工作人员做好进口羊毛集装箱数量、箱号、铅封号和进出货物数量、唛头等信息的核对工作，并做好相应的记录；要对卫生消毒处理全过程进行监控，以检查是否达到要求；要协助工作人员提取货样送实验室进行检验检疫。

（5）检验检疫合格，领取“入境货物检验检疫证明”；不合格，要求检验检疫机构出具“兽医卫生证书”，用以索赔。

2. 报检员小胡制定的出口蔬菜报检方案

出口蔬菜报检方案

报检人：

联系电话：1354503××××

报检流程

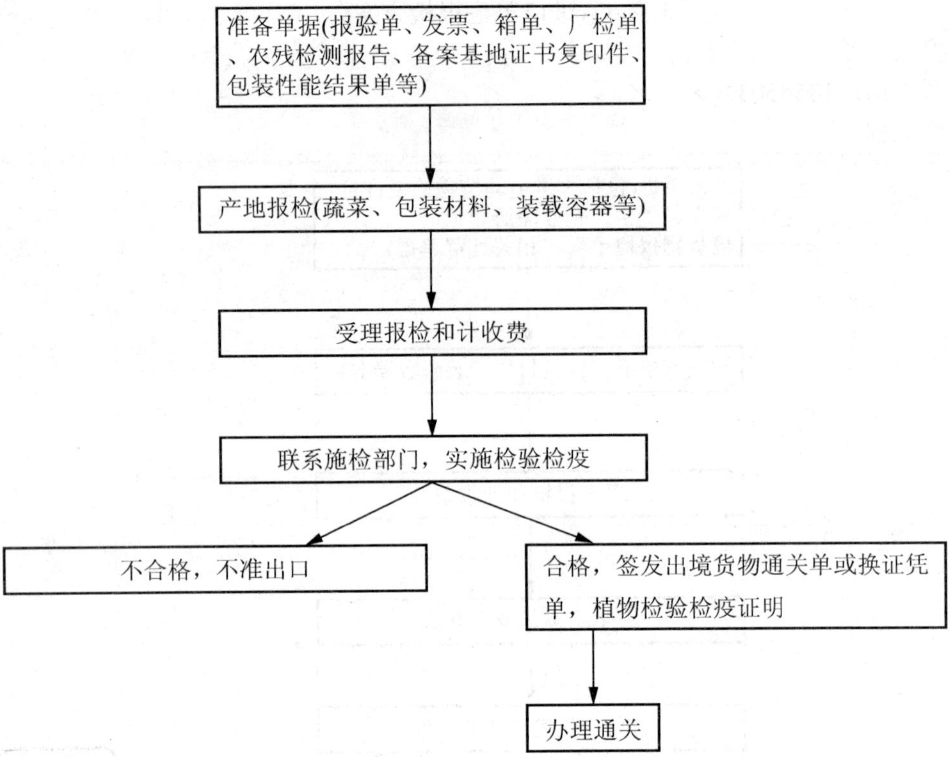

报检工作备忘事项如下。

（1）出口蔬菜的种植基地及加工厂（库）须进行检疫卫生登记备案，报检时提交出口蔬菜加工厂库的“登记备案证”及“出口蔬菜种植基地登记表”复印件。

（2）报检时间为出境前 10 天左右；报检地点为产地检验检疫机构。

（3）出境新鲜/保鲜蔬菜检验有效期为 14 天：叶菜类、食用菌类为 3 天；花菜类、豆类为 5 天；根茎菜类、瓜果菜类为 7 天；检疫有效期为 14 天。其他加工蔬菜（冷冻蔬菜、脱水蔬菜/干制蔬菜、盐渍蔬菜）的检验有效期为 60 天，检疫有效期一般为 21 天。超过有效期未出运的，要重新报检。

（4）出口蔬菜企业要对蔬菜有害生物、农药残留等进行自检，无自检能力的，应委托有资质的检验机构检验，并出具有效检验报告。

【知识链接】

要完成以上任务，需要掌握进出境动植物产品的报检知识。

一、动物产品的报检

（一）动物产品的定义

“动物产品”是指动物的肉、生皮、原毛、绒、脏器、脂、血液、精液、卵、胚胎、骨、蹄、头、角、筋以及可能传播动物疫病的奶、蛋等。

动物及动物产品与人的生活密切相关，许多疫病是人畜共患，据不完全统计，目前动物疫病中，人畜共患传染病已达196种。动物检疫对保护人民身体健康具有非常重要的现实意义。

（二）进境动物产品报检

1. 报检前审批

《中华人民共和国动植物检疫法》第十条规定：输入动物、动物产品、植物种子、种苗及其他繁殖材料的，必须事先提出申请，办理检疫审批手续。由于输出动物及其产品的国家与地区的动物疫情比较复杂，在引进动物及动物产品的同时，不可避免地伴随着传入动物疫情的风险，所以需事先进行风险分析，根据不同的情况决定是否准许进口经输出国检疫合格的产品，以保护我国人民生命和畜牧业的安全。因此，进口商在签订动物、动物产品的进口合同时应注意以下两点。

第一，在签订进口合同前应到检验检疫机构办理检疫审批手续，取得准许入境的“中华人民共和国进境动植物检疫许可证”后再签进口合同。

第二，应当在合同或者协议中订明中国法定的建议要求，并订明必须附有输出国家或者地区政府动植物检疫机构出具的检疫证书。

国家质检总局经过风险评估，取消了一部分风险较小的动物产品进境检疫审批规定。以下动物产品无须申请办理检疫审批手续：蓝湿（干）皮、已鞣质皮毛、洗净羽绒、洗净毛、碳化毛、毛条、贝壳类、水产品、蜂产品、蛋制品（不含鲜蛋）、奶制品（鲜奶除外）、熟制肉类产品（如香肠、火腿、肉类罐头、食用高温炼制动物油脂）。

2. 注册登记

入境动物产品如用于加工，货主或其代理人需申请办理注册登记。检验检疫机构检查考核其用于生产、加工、存放的场地，符合防疫条件的发给注册登记证。

3. 报检时间及地点

（1）报检时间：应在入境时向口岸检验检疫机构报检，约定检疫时间。

（2）报检地点：货主或其代理人应在检疫审批单规定的地点向检验检疫机构报检。入境动物产品一般向入境口岸检验检疫机构报检，由口岸检验检疫机构实施检疫。

4. 报检应提供的单据

货主或其代理人在办理进境动物、动物产品及其他检疫物报检手续时，除填写“入境货物报检单”外，还需按检疫要求出具下列有关证单。

（1）外贸合同、发票、装箱单、海运提单或空运/铁路运单、产地证等。

（2）输出国家或地区官方出具的检疫证书（正本）。

（3）“中华人民共和国进境动植物检疫许可证”。

（4）加工厂注册登记证书。

（5）以一般贸易方式进境的肉鸡产品报检时还需提供由外经贸部门（现为商务部）签发的“自动登记进口证明”；外贸投资企业进境的肉鸡产品，还需提供外经贸主管部门或省级外资管理部门签发的“外商投资企业特定商品进口登记证明”复印件。

（6）以加工贸易方式进境的肉鸡产品，还应提供由外经贸部门签发的“加工贸易业务批准证”。

5. 现场查验

查验该批货物的启运时间、港口、途经国家或地区，查看运行日志；核对集装箱号、封识与所附单证是否一致；核对单证与货物的名称、数重量、产地、包装、唛头标记是否相符；查验有无腐败变质，容器、包装是否完好。合格则允许卸货，出具“入境货物通关单”，同时根据有关规定采取样品，送实验室检验检疫；不合格，出具“检验检疫处理通知书”，作退回或销毁处理，现场检疫后应进行消毒处理。

6. 实验室检验及出证

实验室检验合格的，出具“入境货物检验检疫证明”，允许加工、使用；不合格的，出具“兽医卫生证书”及“检疫处理通知单”等，通知报检代理人或收货人进行检疫处理，经无害化处理合格后准予销售使用。无有效处理方法的，作退货或销毁处理。

（三）出境动物产品的报检

1. 卫生注册登记

国家对生产出境动物产品的企业（包括加工厂、屠宰厂、冷库、仓库）实施卫生注册登记制度。货主或其代理人向检验检疫机构报检的出境动物产品，必须产自经注册登记的生产企业并存放于经注册登记的冷库或仓库。

2. 报检时间及地点

（1）报检时间：出境动物产品，应在出境前 7 天报检；须做熏蒸消毒处理的，应在出境前 15 天报检。

（2）报检地点：出境动物产品一般向产地检验检疫机构报检，由产地检验检疫机构实施检疫。

3. 报检应提供单据

（1）按规定填写“出境货物报检单”并提供相关外贸单据：合同或销售确认书、发票、装箱单等。

（2）出境动物产品生产企业（包括加工厂、屠宰厂、冷库、仓库）的卫生注册登记证。

（3）特殊单证：如果出境动物产品来源于国内某种属于国家级保护或濒危物种的动物、

濒危野生动植物种国家贸易公约中的中国物种的动物，报检时必须递交国家濒危物种进出口管理办公室出具的允许出口证明书。

4．产地检疫

（1）现场检验检疫。

① 检查发货单位是否按合同要求将货配齐；唛头标识是否清晰；商品品名、规格、数量、重量、包装要求是否与单证相符。

② 检查出口动物产品的生产、加工过程是否符合相关要求。

③ 检查产品储藏情况是否符合相关规定。存储仓库应做到清洁干燥、保持通风、温度适宜，并有防腐、防虫措施。

④ 采样。

（2）实验室检验检疫。实验室检验项目应依据输入国家或地区和中国有关动物检验检疫规定、双边检疫协定以及贸易合同的要求确定。检验方法、操作程序及判定标准应执行国家标准、行业标准，无国标、行标的，可参照国际通行作法进行。进口方有明确要求并已订入有关协议或合同的，可按进口方要求进行。

5．出证

现场检验检疫和实验室检验检疫合格，出具出境货物通关单、兽医卫生证书等，货物离境口岸不在出证检验检疫机关所在地的，还须出具出境货物换证凭单。

二、活动物的报检

（一）进境活动物的报检

1．报检范围

报检范围为入境活动物。

2．报检前审批

同动物产品入境的要求。输入活动物（如猪、马、牛、羊、狐狸、鸵鸟等种畜、禽）的，国家质检总局根据输入数量、输出国家的情况和这些国家与我国签订的动物卫生检疫议定书的要求确定是否需要进行境外产地检疫。需要进行境外检疫的要在进口合同中加以明确。国家质检总局派出的兽医与输出国的官方兽医共同制订建议计划，挑选动物，进行农场检疫、隔离检疫和安排动物运输环节的防疫等。

3．报检时间

进境活动物应在入境 15 日前报检。

4．报检地点

向入境口岸检验检疫机构报检，由口岸检验检疫机构实施检疫。

5．报检应提供单据

（1）外贸合同、发票、装箱单、海运提单或空运/铁路运单、产地证等。

（2）输出国家或地区官方出具的检疫证书（正本）。
（3）“中华人民共和国进境动植物检疫许可证”。
（4）隔离场审批证明。

6. 检疫及出证

进境活动物必须现在口岸实施检疫，检疫合格发“入境货物通关单”和检验检疫证明。经检验检疫不合格的，签发“检验检疫处理通知书”，在检验检疫机构的监督下，作退回、销毁或者无害化处理。

（二）出境活动物的报检

1. 报检范围

根据《中华人民共和国进出境动植物检疫法》的规定，出境的动物依规定实施检疫。在这里，“动物”是指饲养、野生的活动物，如畜、禽、兽、蛇、龟、鱼、虾、蟹、贝、蚕、蜂等。

2. 报检时间和地点

（1）需隔离检疫的出境动物，应在出境前 60 天预报，隔离前 7 天报检。
（2）出境观赏动物，应在出境前 30 天到出境口岸检验检疫机构报检。

3. 报检提供的单据

（1）“出境货物报检单”，并提供合同或销售确认书或信用证（以信用证方式结汇时提供）、发票、装箱单等相关外贸单据。
（2）出境观赏动物，应提供贸易合同或者展出合约、产地检疫证书。
（3）输出国家规定的保护动物，应有国家濒危物种进出口管理办公室出具的许可证。
（4）输出非供屠宰用的畜禽，应有农牧部门品种审批单。
（5）输出实验动物，应有中国生物工程开发中心的审批单。
（6）输出观赏鱼类，应提供养殖场出具的“出口观赏鱼供货证明”、养殖场或中转包装场注册登记证和委托书等。
（7）实行检疫监督的输出动物，须出示生产企业的输出动物检疫许可证。

三、植物产品的报检

（一）植物产品的定义

“植物产品”是指来源于植物未经加工或者虽经加工但仍有可能传播病虫害的产品，包括粮谷类（包括粮食加工品）、豆类（包括各种豆粉）、木材类（包括各种木制品、垫木、木箱）、竹藤柳草类、饲料类、棉花类、麻类（包括麻的加工品）、籽和油类、烟草类、茶叶和其他饮料原料类、糖和制糖原料类、水果类，干果类、蔬菜类（包括速冻、盐渍蔬菜和食用菌）、干菜类、植物性调料类、药材类、其他类等。

（二）入境植物产品的报检

1. 检疫审批

进口植物和植物产品在签约前须先经过审批，获取“进境动植物检疫许可证”。

2．报检时间及地点

（1）报检时间：入境植物产品，应在入境时报检。

（2）报检地点：入境植物产品一般向口岸地检验检疫机构报检，由口岸地检验检疫机构实施检疫。

3．报检应提供单据

（1）植物检疫审批单。

（2）输出国官方植物检疫证书。

（3）产地证。

（4）贸易合同或协议。

（5）装箱单。

（6）发票。

（7）提单。

4．现场检疫

现场检疫是指检验检疫人员在船上、码头及检验检疫机关认可的场所实施检疫，并按规定抽取样品的过程。入境植物、植物产品的现场检疫一般在卸货前及卸货时进行。

检疫人员按照下列规定实施现场检疫。

（1）植物、植物产品，检查货物、包装物及运输工具上有无病、虫、杂草、土壤，并按规定采取样品。

（2）植物性包装、铺垫材料，检查是否携带病、虫、杂草籽、粘带土壤，并采取样品。

（3）其他检疫物，检查包装是否完好及是否被病虫污染。需实验室检验的货物，样品移送实验室作进一步检验。现场检疫是实验室检疫的基础，现场采集的检疫样品是否合理是影响实验室检疫结果准确性的主要因素之一。因此，现场检疫一定要仔细，扦取的样品要有代表性。经检疫发现病虫害并有扩散可能的，及时对该批货物、运输工具和装卸现场采取必要的防疫措施。

现场查验合格的签发“入境货物通关单”。

5．实验室检疫及出证

（1）植物检疫。对送检的样品和现场发现的可疑有害生物，分别情况并按生物学特性及形态学特性，进行检疫鉴定。

（2）安全卫生检验。对抽取的样品按卫生标准及国家有关规定进行安全卫生项目检验。

（3）品质检验。列入《实施检验检疫的进出境商品目录》的进口植物及其产品，按照国家技术规范的强制性要求进行检验；尚未制定国家技术规范强制性要求的，可以参照国家质检总局指定的国外有关标准进行检验。未列入目录的进出口商品申请品质检验的，按合同规定的检验方法进行，合同没有规定检验方法的按我国相关检验标准进行检验。

（4）样品保存。一般样品保存6个月（易腐烂的样品除外），需对外索赔的保存到索赔期满方可处理。

检疫合格的，出具“入境货物检验检疫证明”、“卫生证书”或“检验证书”。检疫发现疫情，或发现该批货物不符合合同规定，或不符合双边协定中的检疫要求时，出入境检验检疫机构签发“检验检疫处理通知书”，报检人要求或需对外索赔的，出具“植物检疫证书”。

（三）出境植物产品的报检

1．报检时间及地点

（1）报检时间：出境植物产品，应在入境前10天报检。

（2）报检地点：出境植物产品一般向产地检验检疫机构报检，由产地检验检疫机构实施检疫。

2．报检应提供单据

（1）报检单。

（2）贸易合同或协议。

（3）发票。

（4）箱单。

（5）信用证。

（6）生产企业检验报告或当地检疫部门出具的产地证书。

（7）国家濒危办或其授权的办事机构发的允许出境证明文件（出境濒危和野生动植物资源）。

3．现场检验检疫

（1）外观检查：打开货物包装，通过肉眼或手持放大镜，直接观察货物有无害虫、软体动物、杂草籽或病斑、蛀孔等有害生物的为害状；有无掺杂使假、发霉、腐败变质、土块及其他质量明显低劣的情况。

（2）倒包检查：按规定从抽样件中取一定数量进行倒包检查，仔细检查包装内货物的品质等情况，检查缝隙有无隐藏害虫等。

（3）过筛检查：根据不同的货物特点，采用不同孔径的规格筛进行筛检，在筛下物和筛上物中仔细检查有无害虫、菌瘿、杂草籽、掺杂物、杂质等，发现有害生物时，装入指形管，送实验室作进一步鉴定。

（4）剖开检查：需要时，可用解剖刀或剪子剖开受害的可疑部分，检查虫体、菌核、菌瘿或品质情况等。

（5）抽样调查：针对一批货物抽取样品作进一步检查。所谓“一批”货物，是指同一品名，同一商品规格，以同一运输工具，运往同一地点，同一收货、发货人的出境检疫物，应按每批进行检查、放行或处理。

4．实验室检验

（1）检疫鉴定。检疫鉴定是检疫物是否附带、混杂、污染有害生物，并对发现的有害生物进行种类鉴定，为判定检疫物是否合格或作为检疫处理提供科学依据。检疫鉴定主要对现场检疫取回的代表样品和病、虫、杂草籽样本，在实验室作进一步检验鉴定。检验鉴定的技术和方法，因不同病、虫、杂草的种类和不同的植物、植物产品而异，应结合有害生物的分布、寄生（为害对象）、主要鉴定特征、生活习性（生物学特征）、传播途径等。检疫鉴定力求准确、快速，这一工作的技术性、政策性强，必须认真按照有关检疫规程和鉴定技术的标准、方法进行。对送检的有害生物，有标准规定的，按照有关国家、行业标准进行检疫鉴定；无标准规定的，按生物学特性、形态特征及参照有关病虫杂草鉴定资料进行检疫鉴定。

（2）安全卫生项目及品质项目检验。依据输入国家或地区强制性检验要求、我国法律、行政法规和国家质检总局规定的检验要求及贸易合同或信用证约定的检验检疫依据对相关项目进行检验。

样品一般保存6个月（易腐易烂的样品除外）。

5．出证

现场检验检疫和实验室检验检疫合格的，签发“出境货物通关单”或出境货物换证凭单、植物检疫证书或检验证书、卫生证书、熏蒸/消毒证书等。

四、植物的报检

（一）入境植物的报检

1．种子、苗木

（1）检疫审批。入境植物种子、种苗，货主或其代理人应按照应按照我国引进种子的审批规定，事先向农业部、国家林业局、各省植物保护站、林业局等有关部门申请办理“引进种子、苗木检疫审批单”。入境后需要进行隔离检疫的，还要向检验检疫机构申请隔离场或临时隔离场。转基因产品需到农业部申领许可证。

（2）报检要求。在植物种子、种苗入境前，货主或其代理人应持有关资料向检验检疫机构报检，预约检疫时间。经检验检疫机构实施现场检疫或处理合格的，签发“入境货物通关单”。

（3）报检提供的单据。

①“入境货物报检单”并随附合同、发票、提单。

②“引进种子、苗木检疫审批单”及输出国官方植物检疫证书。

③ 产地证。

④ 来自美国、日本、韩国以及欧盟的货物，应按规定提供有关包装情况的证书或声明。

2．水果、烟叶和茄科蔬菜

（1）检疫审批。进口水果、烟叶和茄科蔬菜（主要有番茄、辣椒、茄子等）须事先提出申请，办理检疫审批手续，取得“进境动植物检疫许可证”。转基因产品需到农业部申领许可证。我国对进口水果原产国有明确的规定，详见《中国人民共和国允许进境水果种类及输出国家/地区名录》。

（2）报检要求。货物入境前货主或其代理人应持有关材料向口岸检验检疫机构报检，约定检疫时间，经口岸检验检疫机构检疫合格的，签发“入境货物通关单”准予入境。

（3）报检提供的单据。

①“入境货物报检单”并随附合同、发票、提单。

②“进境动植物检疫许可证”及输出国官方植物检疫证书。

③ 产地证。

④ 来自美国、日本、韩国以及欧盟的货物，应按规定提供有关包装情况的证书或声明。

3. 粮食和饲料

（1）报检范围：入境的粮食和饲料。“粮食”指禾谷类、豆类、薯类等粮食作物的籽实及其加工产品；“饲料”指粮食、油料经加工后的副产品。

（2）检疫审批。有些产品的疫病风险比较低，无须进行入境检疫审批。无须进行检疫审批的植物产品有：粮食加工品（大米、面粉、米粉、淀粉等）、薯类加工品（马铃薯细粉等）、植物源性饲料添加剂、乳酸菌、酵母菌。国家质检总局对其他入境粮食和饲料实行检疫审批制度。货主或其代理人应在签订进口合同前办理检疫审批手续。货主或其代理人应将“进境动植物检疫许可证”规定的入境粮食和饲料的检疫要求在贸易合同中列明。转基因产品需到农业部申领许可证。

（3）报检要求及应提供的单据。货主或其代理人应当在粮食和饲料入境前向入境口岸检验检疫机构报检，并提供以下单据。

①“入境货物报检单”并随附合同、发票、提单。

②“进境动植物检疫许可证”。

③ 输出国官方植物检疫证书。

④ 约定的检验方法标准或成交样品。

⑤ 产地证及其他有关文件。

（二）出境植物的报检

1. 报检范围

“植物”是指栽培植物、野生植物及其种子、种苗及其他繁殖材料等。其报检范围包括：贸易性出境植物；作为展出、援助、交换、赠送等的非贸易性出境植物；出境植物的装载容器、包装物及铺垫材料。

2. 报检提供的单据

（1）“出境货物报检单”和合同/销售确认书或信用证（以信用证方式结汇时提供）以及有关单证、函电等相关贸易单据。

（2）特殊单证：濒危和野生动植物资源须出示国家濒危物种进出口管理办公室或其授权的办事机构签发的允许出境证明文件。

（3）输往欧盟、美国、加拿大等国家或地区的出境盆景，应提供“出境盆景场/苗木种植场检疫注册证”。

技能训练和巩固

2012 年 3 月上旬，宁波华田报关公司接受了以下几笔进出境业务的委托报检和委托报关，请你以该公司报检员的身份设计这些业务的报检方案。

（1）台州某水产公司出口一批鲜贝，出境地在宁波。

（2）宁波某花圃从荷兰进口一批郁金香种苗，进境地在宁波。

（3）宁波某公司从泰国进口一批新鲜芒果，进境地在宁波。

任务二 需认证和需标签审核商品报检业务办理

【任务目标】

(1) 根据任务导入案例背景完成出口小家电产品报检方案的设计。
(2) 根据任务导入案例背景完成进口美国浓缩橙汁报检方案的设计。
(3) 根据任务导入案例背景完成进口日本化妆品报检方案的设计。

【操作分析】

1. 报检员小胡制定的出口小家电产品报检方案

出口小家电报检方案

报检人：
联系电话：1354503××××
报检流程

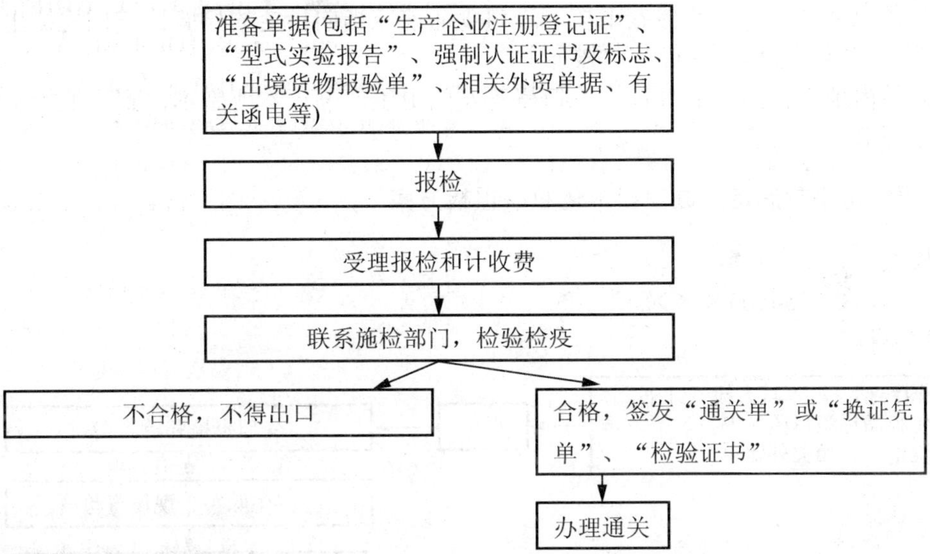

报检工作备忘事项如下。

(1) 生产并出口小家电产品的企业应到检验检疫机构注册登记，取得“注册登记证书”。

(2) 首次报检或登记的企业，其产品必须送往国家质检总局指定实验室进行型式测验，合格的，取得“型式测验报告”。

(3) 属于进口国要求进行强制性认证的，应该在报检前获得认证并在产品上加贴认证标志。

2. 报检员小胡制定的进口橙汁报检方案

进口橙汁报检方案

报检人：
联系电话：1354503××××

报检流程

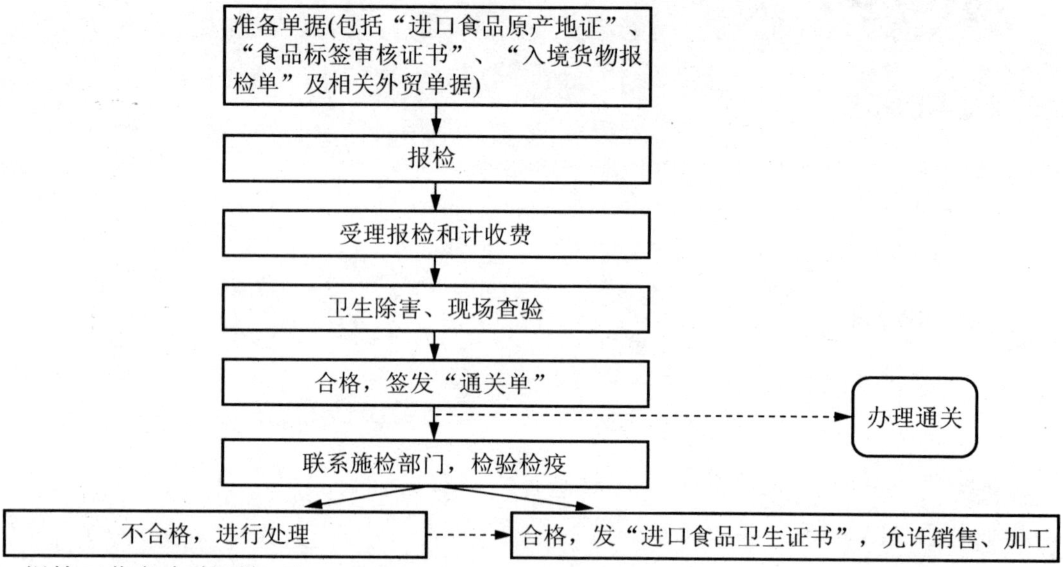

报检工作备忘事项如下。

（1）预包装食品进口前标签审核。进口食品前应当向指定的检验检疫机构提出食品标签审核申请，获得“进口食品标签审核证书”。

（2）转内地销售的换证办理。持口岸签发的卫生证书正本或副本，到当地检验检疫机构换发卫生证书。

3．报检员小胡制定的进口日本化妆品报检方案

报检人：

联系电话：1354503××××

报检流程

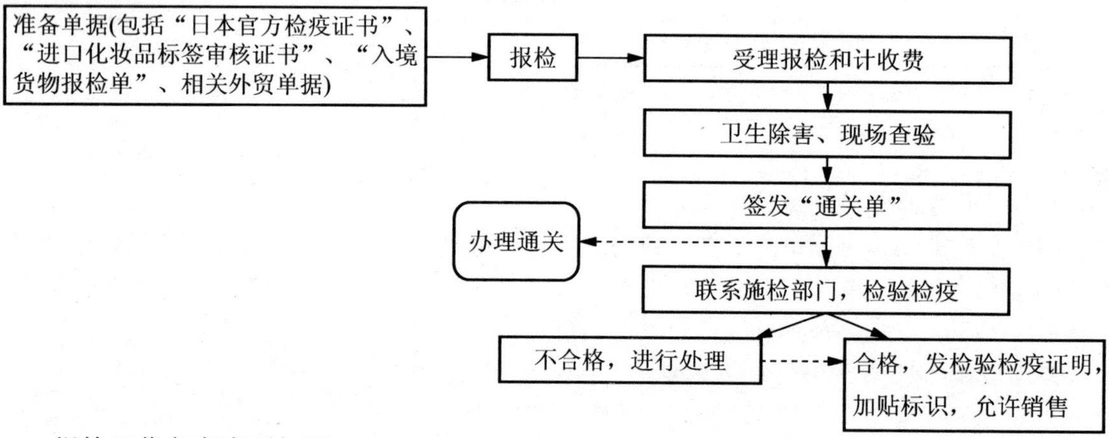

报检工作备忘事项如下。

（1）进口前标签审核。进口化妆品前向当地检验检疫机构提出标签申请，获得“进出口化妆品标签审核证书”。

（2）出口国官方检疫证书的获取。因本次进口化妆品含有牛羊动物源性原料，需要获取日本官方出具的检疫证书及风险分析报告。

【知识链接】

要完成以上任务，需要掌握进出境机电产品、食品及化妆品的报检知识。

一、机电产品的报检

（一）机电产品的报检范围

进出口机电产品的检验是指对列入《出入境检验检疫机构实施检验检疫的进出境商品目录》中检验检疫类别为 M 或 N 的进出口机电类产品实施法定检验。

（二）入境机电产品的报检

入境机电产品的报检范围包括列入《中华人民共和国实施强制性产品认证的产品目录》内的商品、旧机电产品、进口电池产品。

1. 强制性认证的相关规定

国家对涉及人类健康、动植物生命和健康，以及环境保护和公共安全的产品实行强制性认证制度。凡列入《中华人民共和国实施强制性产品认证的产品目录》（以下简称《目录》）内的商品，必须经过指定的认证机构认证合格、取得指定认证机构颁发的认证证书、并加施认证标志后，方可进口。实施强制性产品认证商品的收货人或其代理人在报检时除填写“入境货物报检单”并随附有关外贸证单外，还应提供认证证书复印件并在产品上加施认证标志。

【相关资料】

“3C”认证——中国强制性产品认证制度

“3C”认证，英文名称为 China Compulsory Certification，英文缩写为 CCC。凡列入强制性产品认证目录内的产品，必须经国家指定的认证机构认证合格，取得相关证书并加施认证标志后，方能出厂、进口、销售和在经营服务场所使用。截至目前，实施强制性认证的产品目录内产品种类已发展到 23 大类 172 种。第一批实施强制性认证的产品目录涉及电子电器、电信、汽车与摩托车、安全玻璃、消防、安防、农机、乳胶制品、轮胎 9 个行业。

《目录》中产品的生产者、销售者和进口商可以作为申请人、向指定认证机构提出《目录》中产品认证申请。申请人也可委托国家认监委注册的强制性产品认证代理申请机构代为申请。认证的程序一般包括：认证申请和受理；型式试验；工厂审查；抽样检测；认证结果评价和批准；获得认证后的监督。

申请时提供以下材料。

（1）申请人的证明文件。

（2）总装图、电气原理图、线路图。

（3）关键元器件和/或主要原材料清单。

（4）其他申请人需要说明的文件。

（5）申请人为销售者、进口商时，应当向指定认证机构同时提交销售者和生产者或者进口商和生产者订立的相关合同副本。

（6）申请人委托他人申请《目录》中产品认证的，应当与受委托人订立认证、检测、检查和跟踪检查等事项的合同，受委托人应当同时向指定认证机构提交委托书、委托合同的副本和其他相关合同的副本。

具体产品所需提交的技术文件可参见该产品的《强制性产品认证实施规则》的要求。

中国质量认证中心申请流程如图 3.1 所示。

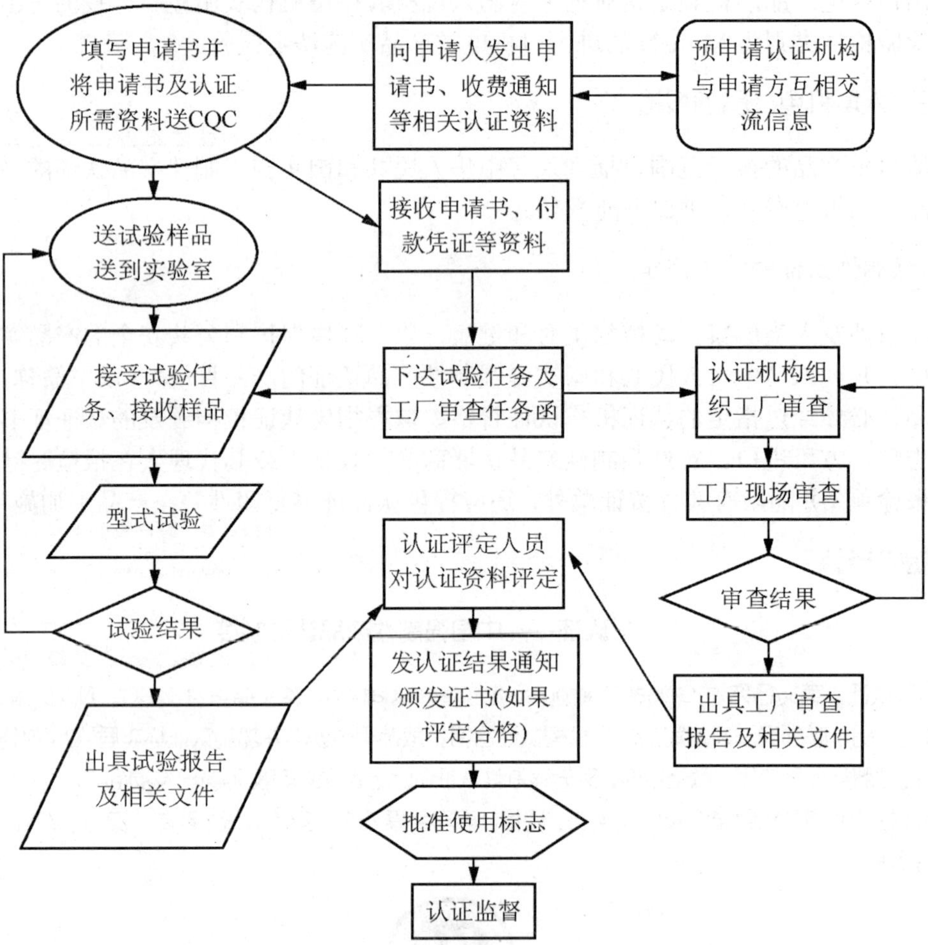

图 3.1　强制性产品认证流程

注：□ 表示认证机构和申请人共同完成；
□ 表示由认证机构完成；
○ 表示由申请人完成；
▱ 表示由实验室完成；
⬡ 表示由标志发放机构完成

2．进口许可证民用商品入境验证

民用商品入境验证是指对国家实行强制性产品认证的民用商品，在通关入境时由检验检疫机构核查其是否取得必需的证明文件。在《出入境检验检疫机构实施入境验证的进口商品目录》内检验检疫类别中，标有“L”标记的进口商品的收货人或其代理人，在办理进口报检时，应当提供有关进口许可的证明文件。口岸检验检疫机构对其认证文件进行验证，必要时对其货证的相符性以及认证标记进行查验。

3. 报检时间及地点

（1）报检时间：应在入境时向口岸检验检疫机构报检，约定检疫时间。

（2）报检地点：货主或其代理人应在入境口岸检验检疫机构报检，由口岸检验检疫机构实施检疫。但如果属于需要结合安装调试进行检验的成套设备、机电仪器产品，应在收货人所在地检验检疫机构报检并检验。

4. 报检应提供的单据

（1）报检单及外贸单据。

（2）强制性认证证书。

（3）有关进口许可的证明文件（进口许可证民用商品入境）。

（三）出境机电产品的报检

出境机电产品的报检范围包括小家电产品和电池产品。

小家电产品是人们日常生活中经常使用的产品。近年来，我国生产的小家电产品出口量越来越大，并已进入了欧美等世界各地市场。由于小家电产品直接涉及使用者的人身安全，各国政府都对此给予极大关注。我国自 2000 年起，对出口小家电产品实施法定检验。

【相关资料】

小家电产品的报检范围

编码为 84145110 的功率≤125 瓦的吊扇；84145120 的功率≤125 瓦的换气扇；84145130 的功率≤125 瓦具有旋转导风轮的风扇；84145191 的输出功率不超过 125 瓦的台扇；84145192 的输出功率不超过 125 瓦的落地扇；84145193 的输出功率不超过 125 瓦的壁扇；84145199 的功率≤125 瓦的其他风机、风扇；84212110 的家用型水的过滤、净化机器及装置；84213910 的家用型气体过滤、净化机器及装置；84213991 的静电除尘器；84221100 的家用型洗碟机；84248910 的家用型喷射、喷雾机械器具；85091000 的真空吸尘器；85092000 的地板打蜡机；85093000 的厨房废物处理器；85094000 的食品研磨机、搅拌器及果、菜榨汁器；85098000 的其他家用电动器具；85101000 的电动剃须刀、85102000 的电动毛发推剪；85103000 的电动脱毛器；85161000 的电热水器（指电热的快速热水器、储存式热水器、侵入式液体加热器）；85162100 的电气储存式散热器；85162990 的电气空间加热器；85163100 的电吹风机；85163200 的其他电热理发器具；85163300 的电热干手器；85164000 的电熨斗；85165000 微波炉；85166010 的电磁炉；85166030 的电饭锅；85166040 的电炒锅；85166090 的其他电炉、电锅、电热板、加热环等；85167100 的电咖啡壶或茶壶；85167200 的电热烤面包器；85167900 的未列名电热器具；90191010 的按摩器具；95069110 健康及康复器械。

1. 报检前的登记、型式试验管理与备案、检测制度

（1）国家对出口小家电产品企业实行登记制度。出口小家电产品生产企业实行登记制度，登记时应提交“出口小家电生产企业登记表”，并提供相应的出口产品质量技术文件如产品企业标准、国内外认证证书、出口质量许可证书、型式试验报告及其他有关产品获证文件。检验检疫机构对出口小家电产品的企业的质量保证体系进行书面审核和现场验证，重点审查其是否具备必需的安全项目（如抗电强度、接地电池、绝缘电阻、泄漏电流及特定产品特殊项目）的检测仪和相应资格的检测人员。

（2）国家对出口小家电产品实施型式试验管理。首次登记的企业，由当地的检验检疫机构派员从生产批中随机抽取并封存样品，由企业送至国家质检总局指定的实验室进行型式试验。凡型式试验不合格的产品，一律不准出口。合格的，出具合格产品的型式试验报告，其有效期为一年，逾期须重新试验。

2．报检时应提供的随附单据

（1）“出境货物报检单”并提供相关外贸单据（合同或销售确认书、发票、装箱单等）。
（2）检验检疫机构签发的产品合格的有效的型式试验报告（正本）。
（3）列入强制产品认证的还应提供强制认证证书和认证标志。

【相关资料】

国外与家电产品有关的强制性认证

美国“UL”认证：UL 是英文保险商试验所（Underwriter Laboratories Inc.）的简写。UL 安全试验所是美国最有权威的，也是界上从事安全试验和鉴定的较大的民间机构。进入美国市场产品均需获得 UL 认证，UL 标志是美国以及北美地区公认的安全认证标志。

欧盟“CE”认证：“CE”标志是一种安全认证标志，被视为制造商打开并进入欧洲市场的护照。CE 代表欧洲统一（Conformite Europeenne）。凡是贴有“CE”标志的产品就可在欧盟各成员国内销售，无须符合每个成员国的要求，从而实现了商品在欧盟成员国范围内的自由流通。 在欧盟市场“CE”标志属强制性认证标志，不论是欧盟内部企业生产的产品，还是其他国家生产的产品，要想在欧盟市场上自由流通，就必须加贴“CE”标志，以表明产品符合欧盟《技术协调与标准化新方法》指令的基本要求。

二、食品的报检

（一）食品的报检范围

食品是指各种供人食用或者饮用的成品和原料以及按照传统既是食品又是药品的物品，但不包括以治疗为目的的物品。

（二）出入境预包装食品标签审核制度

食品标签是指在食品包装容器上或附于食品包装容器上的一切附签、吊牌、文字、图形、符号说明物。预包装食品是预先定量包装或者制作在包装材料和容器中的食品。

进口预包装食品的经营者或其代理人在进口食品前应当向指定的检验检疫机构提出食品标签审核申请。经审核符合要求的食品标签，由国家质检总局颁发“进口食品标签审核证书”。进口食品的报检人在办理报检手续时，必须提供“进口食品标签审核证书”，否则检验检疫机构不受理报检。

申请食品标签审核应提供如下材料。
（1）食品标签审核申请书。
（2）食品标签的设计说明及适合使用的证明材料。
（3）食品标签所标示内容的说明材料。
（4）产品在生产国（地区）官方允许销售的证明文件或原产地证明（用于进口产品）。
（5）经销商或代理商的营业执照。
（6）如产品的配料为“纯天然”等，或产品为“高……”、“低……”或涉及年份、酒龄、荣誉证明等特征性指标的提供原产地有效说明材料（用于进口产品）。

（7）具有特殊功效的产品应提供实验证明材料（用于进口产品）。

（8）出口企业卫生许可证（用于出口产品）。

（9）食品标签的样张6套，难以提供样张的，可提供有效照片。

注："（1）～（8）"申请材料均为两份，装订成两套，受理机构和国家质检总局各持一套；"（9）"申请材料为6份，受理机构1份，国家质检总局5份；所有审核材料均需加盖申请人公章；所有外文内容均需翻译成中文。

食品标签审核申请书范本（进口）见表3-1。

表3-1 食品标签审核申请书范本（进口）

中华人民共和国国家质量监督检验检疫总局

进出口食品标签审核申请书

申请书编号：

<table>
<tr><td>申请单位名称</td><td colspan="5">宁波华田国际贸易有限公司</td></tr>
<tr><td>地　址</td><td colspan="5">宁波市鄞州区光华路8号东方大厦×××室</td></tr>
<tr><td>邮　编</td><td>315101</td><td>电　话</td><td>0574-8232××××</td><td>传　真</td><td>0574-8232××××</td></tr>
<tr><td>联系人</td><td>胡×</td><td>电　话</td><td>0574-8232××××</td><td>传　真</td><td>0574-8232××××</td></tr>
<tr><td>食品品牌/名称</td><td colspan="5">美国橙汁</td></tr>
<tr><td>生产厂商
（名称及地址）</td><td colspan="5">美国宾夕法尼亚州食品厂</td></tr>
<tr><td>经销单位</td><td colspan="2">宁波华田国际贸易有限公司</td><td>商品条形码</td><td colspan="2"></td></tr>
<tr><td>包装规格及材料</td><td colspan="5">PE 塑料袋　　500克/袋</td></tr>
<tr><td>原产国或地区</td><td>美国</td><td colspan="2">销售国或地区</td><td colspan="2">---------</td></tr>
<tr><td colspan="6">需提供的材料</td></tr>
<tr><td>编号</td><td>材料名称</td><td>√</td><td>编号</td><td>材料名称</td><td>√</td></tr>
<tr><td>1</td><td>食品标签的样张七套，难以提供样张的，可提供有效照片，或扫描打印样张</td><td>√</td><td>2</td><td>出口企业卫生许可证</td><td></td></tr>
<tr><td>3</td><td>产品生产商或经销商营业执照</td><td>√</td><td>4</td><td>如产品的配料为"纯天然"等，或产品为"高……"，"低……"，或涉及年份、酒龄、荣誉证明等特征性指标的提供原产地有效说明材料</td><td></td></tr>
<tr><td>5</td><td>该产品在生产国（地区）的官方允许销售的证明或原产地证明</td><td>√</td><td></td><td></td><td>√</td></tr>
<tr><td colspan="6">注：1. 提供材料的划"√"，需加盖申请单位公章；2. 外文内容须有中文译文；3. 材料要装订成册（两套）。</td></tr>
<tr><td>备注</td><td colspan="5"></td></tr>
<tr><td colspan="4">本产品申请单位保证：本申请表中所申报的内容和所附资料均真实、准确、可靠、科学。如有不实之处，我单位愿承担法律责任，及由此造成的一切后果。
申请单位代表签名（盖章）：　　　　日期：2004.7.10</td><td colspan="2">受理人：
日　期：</td></tr>
<tr><td colspan="6">（1）受理机构在本申请书上明确标注日期和盖章后证明其已正式受理申请。在申请受理之日起7个工作日内完成审查，并上报质检总局审核。
（2）申请材料不齐全或不符合要求的应当场告知，或在5个工作日内一次告知申请人须补正的全部内容，逾期不告知的，自收到申请材料之日起即为受理。
（3）申请人将需检验的样品寄至或送达中国检验检疫科学研究院食品部。（地址：北京市朝阳区高碑店北路甲3号，邮编：100025；）检测查询电话：010-85771629
（4）申请单位将标签审核费汇至指定的财政专户，每种300元人民币。
（5）查询网址：www.aqsiq.gov.cn。查询电话：010-85747792/85747795/85773355-2126/85773355-2128。</td></tr>
</table>

食品标签审核申请书范本（出口）见表 3-2。

表 3-2　食品标签审核申请书范本（出口）

中华人民共和国国家质量监督检验检疫总局

进出口食品标签审核申请书

申请书编号：

<table>
<tr><td>申请单位名称</td><td colspan="5">宁波华田国际贸易有限公司</td></tr>
<tr><td>地　址</td><td colspan="5">宁波市鄞州区光华路 8 号东方大厦×××室</td></tr>
<tr><td>邮　编</td><td>315101</td><td>电　话</td><td>0574-8232××××</td><td>传　真</td><td>0574-8232××××</td></tr>
<tr><td>联系人</td><td>胡×</td><td>电　话</td><td>0574-8232××××</td><td>传　真</td><td>0574-8232××××</td></tr>
<tr><td>食品品牌/名称</td><td colspan="5">康健牌纯天然牛奶</td></tr>
<tr><td>生产厂商
（名称及地址）</td><td colspan="5">宁波永久食品有限公司</td></tr>
<tr><td>经销单位</td><td colspan="2">宁波华田国际贸易有限公司</td><td>商品条形码</td><td colspan="2"></td></tr>
<tr><td>包装规格及材料</td><td colspan="5">塑料瓶　100 毫升/瓶</td></tr>
<tr><td>原产国或地区</td><td colspan="2">--------</td><td>销售国或地区</td><td colspan="2">日本</td></tr>
<tr><td colspan="6">需提供的材料</td></tr>
<tr><td>编号</td><td>材料名称</td><td>√</td><td>编号</td><td>材料名称</td><td>√</td></tr>
<tr><td>1</td><td>食品标签的样张七套，难以提供样张的，可提供有效照片，或扫描打印样张</td><td>√</td><td>2</td><td>出口企业卫生许可证</td><td>√</td></tr>
<tr><td>3</td><td>产品生产商或经销商营业执照</td><td>√</td><td>4</td><td>如产品的配料为“纯天然”等，或产品为“高……”,“低……”，或涉及年份、酒龄、荣誉证明等特征性指标的提供原产地有效说明材料</td><td>√</td></tr>
<tr><td>5</td><td>该产品在生产国（地区）的官方允许销售的证明或原产地证明</td><td></td><td></td><td></td><td>√</td></tr>
<tr><td colspan="6">注：（1）提供材料的划“√”，需加盖申请单位公章；（2）外文内容须有中文译文；（3）材料要装订成册（两套）。</td></tr>
<tr><td>备注</td><td colspan="5"></td></tr>
<tr><td colspan="3">本产品申请单位保证：本申请表中所申报的内容和所附资料均真实、准确、可靠、科学。如有不实之处，我单位愿承担法律责任，及由此造成的一切后果。

申请单位代表签名（盖章）：　　日期：2004.7.10</td><td colspan="3">受理人：

日　期：</td></tr>
<tr><td colspan="6">（1）受理机构在本申请书上明确标注日期和盖章后证明其已正式受理申请。在申请受理之日起 7 个工作日内完成审查，并上报质检总局审核。
（2）申请材料不齐全或不符合要求的应当场告知，或在 5 个工作日内一次告知申请人须补正的全部内容，逾期不告知的，自收到申请材料之日起即为受理。
（3）申请人将需检验的样品寄至或送达中国检验检疫科学研究院食品部。（地址：北京市朝阳区高碑店北路甲 3 号，邮编：100025；）检测查询电话：010-85771629。
（4）申请单位将标签审核费汇至指定的财政专户，每种 300 元人民币。
（5）查询网址：www.aqsiq.gov.cn。查询电话：010-85747792/85747795/85773355-2126/85773355-2128。</td></tr>
</table>

【相关资料】

各国对进口食品标签的要求

美国：最严格。要求销售的强化食品必须加附营养标签，要求大部分的食品必须标明14种营养成分的含量。

日本：标签要有消费者指导信息，包括产地、品牌、是否属于养殖品、天然品等信息。

澳大利亚：所有食品都必须贴有英文标签，禁标减肥功效等。

新加坡：日期标示时字迹要清晰，字符高度不小于3mm，其中日期用阿拉伯数字表达，1日—9日前面加零，月份用英文全称或缩写。但当日期在前，随后跟有月和年时，月数应用数字表达。

（三）入境食品的报检

除了食品，食品添加剂、食品容器、食品包装容器、食品包装材料、食品用工具及设备都属于报检范围。

1．报检需提交的单据

（1）报检单和外贸单据。

（2）进口食品原产地证书。

（3）预包装食品应提供“进口食品标签审核证书”。

（4）输出国使用的农药、化肥、除草剂、熏蒸剂及生产食品的原料、添加剂、加工方法等有关资料及标准。

2．进口食品换证

（1）进口食品经营企业（指进口食品的批发、零售商）在批发、零售进口食品时应持有当地检验检疫机构签发的进口食品卫生证书。

（2）进口食品在口岸检验合格取得卫生证书后再转运内地销售时，持口岸检验检疫机构签发的进口食品卫生证书正本或副本到当地检验检疫机构换取卫生证书。填写“入境货物报检单”，并在报检单合同其他要求一栏中注明需换领证书的份数。

3．进口食品包装容器、包装材料

进口食品包装容器、包装材料（以下简称食品包装）是指已经与食品接触或预期会与食品接触的进口食品内包装、销售包装、运输包装及包装材料。国家质检总局对食品包装进口商实施备案管理，对进口食品包装产品实施检验。

作为商品直接进口的与食品接触材料和制品及已盛装进口食品的食品包装，应向到货地口岸检验检疫机构报检。报检时应填写“入境货物报检单”，同时随单提供提单、合同、发票、装箱单等，还应提交“出入境食品包装备案书”（复印件）。经检验合格出具“入境货物检验检疫证明”。

（四）出境食品的报检

出境食品报检范围包括所有出口食品与用于出口食品的食品添加剂等，包括各种供人食用、饮用的成品和原料，以及按照传统习惯加入药物的食品。

1．出境食品生产企业卫生注册登记

在中华人民共和国境内生产、加工、储存出口食品的企业（以下简称出口食品生产企业），必须取得卫生注册证书或者卫生登记证书后方可生产、加工、储存出口食品。未经卫生注册或者登记企业的出口食品，出入境检验检疫机构不予受理报检。国家认证认可监督管理委员会主管全国出口食品生产企业卫生注册、登记工作。国家质检总局设在各地的直属出入境检验检疫局负责所辖地区出口食品生产企业的卫生注册、登记工作。

实施出口食品生产企业卫生注册登记管理的产品目录如下。

（1）食品卫生注册产品见表3-3。

表3-3　食品卫生注册产品

分类号	产品类别
Z01	罐头类
Z02	水产品类（不包括活品和晾晒品）
Z03	肉及肉制品
Z04	茶叶类
Z05	肠衣类
Z06	蜂产品类（不包括蜂蜡）
Z07	蛋制品类（不包括鲜蛋）
Z08	速冻果蔬类、脱水果蔬类（不包括晾晒品）
Z09	糖类（指蔗糖、甜菜糖）
Z10	乳及乳制品类
Z11	饮料类（包括固体饮料）
Z12	酒类
Z13	花生、干果、坚果制品类（不包括炒制品）
Z14	果脯类
Z15	粮食制品及面、糖制品类
Z16	食用油脂类
Z17	调味品类（不包括天然的香辛干料及粉料）
Z18	速冻方便食品类
Z19	功能食品类
Z20	食品添加剂类（专指食用明胶）

续表

分类号	产品类别
Z21	腌渍菜类

（2）食品卫生登记产品。除注册产品目录以外的食品。

（3）列入 HACCP 体系评审的产品目录。罐头类、水产品类（活品、冰鲜、晾品、腌制品除外）、肉及肉制品、速冻蔬菜、果蔬汁、含肉或水产品的速冻方便食品。

【相关资料】

HACCP 管理体系

HACCP 是一个国际认可的，保证食品免受生物性、化学性及物理性危害的预防体系。该体系可以保证食品的卫生、安全与质量，可以使餐饮服务、食品加工企业的从业人员更加有责任提供安全的食品广大消费者。HACCP 管理体系强调识别并预防食品污染的风险及隐患，改变食品安全控制方面仅仅通过检验的传统方法，采取对食物安全的预防措施，从而达到更经济更有效地保障食品安全的目的。

随着全世界人们对食品安全卫生的日益关注，食品工业及其消费者已经成为企业申请 HACCP 体系认证的主要推动力。在美国、英国、澳大利亚和加拿大等国家，越来越多的法规和消费者要求将 HACCP 认证变为市场的准入要求。

2002 年 3 月 20 日，国家认证认可监督管理委员会发布 2002 年 3 号公告，即《食品生产企业危害分析与关键控制点（HACCP）管理体系认证规定》，指出国家鼓励从事生产、加工出口食品的企业建立并实施 HACCP 管理体系，列入《出口食品卫生注册需要评审 HACCP 管理体系的产品目录》的企业必须建立和实施 HACCP 管理体系。

申请卫生注册登记的出口食品生产企业应向所在地直属检验检疫局提交“出口食品生产企业卫生注册登记申请书”一式三份，并随附企业法人营业执照复印件、卫生质量体系文件和厂区平面图、车间平面图、工艺流程图以及生产工艺关键部位的图片资料。直属检验检疫局组织评审组对申请材料和申请单位的出口食品生产、加工、储存条件进行现场评审，准予许可的，于 10 日内颁发“卫生注册证书”或“卫生登记证书”，有效期为 3 年。

直属检验检疫局对注册企业实施日常监督管理和定期监督检查。如发现有对产品安全卫生质量构成严重威胁的因素，包括原料、辅料和生产加工用水（冰）等，或经出口检验检疫发现产品安全卫生质量不合格，且情况严重的，直属检验检疫局应书面通知企业限期整改，并暂停其出口报检。

2．报检需提交的单据

（1）出境货物报检单。
（2）外贸合同（确认书或函电）或信用证（复印件）。
（3）申报食品的外销发票和装箱单（复印件）。
（4）生产企业卫生注册登记证。
（5）出口食品生产企业厂检单（原件）。
（6）预包装食品的标签审核证书。

（7）有外包装的需“出境货物包装性能检验结果单”（原件）；食品直接接触的内包装如果是木桶、罐子、瓶子或者塑料袋，则需要提供相应内包装的“出境货物包装性能检验结果单”（原件）。

三、化妆品的报检

（一）化妆品的报检范围

化妆品指以涂、擦散布于人体表面任何部位（皮肤、毛发、指甲、口唇等）或口腔黏膜，以达到清洁、护肤、美容和修饰目的的产品。

（二）出入境化妆品标签审核

化妆品标签审核，是指对进出口化妆品标签中标示的反映化妆品卫生质量状况、功效成分等内容的真实性、准确性进行符合性检验，并根据有关规定对标签格式、版面、文字说明、图形、符号等进行审核。进出口化妆品必须经过标签审核，取得“进出口化妆品标签审核证书”后方可报检。进出口化妆品的报检人报检时，应提供“进出口化妆品标签审核证书”。

进出口化妆品的经营者或其代理人应在报检前，并在行政许可规定的时限内向国家质检总局或任一检验检疫机构提出申请并提交如下资料。

（1）“进出口化妆品标签审核申请书”。

（2）产品成分表。

（3）标签所标注内容的说明材料。

（4）具有特殊功效的产品需提供有效的实验室证明材料。

（5）经公证的进口产品在生产国（地区）官方允许销售的证明文件或原产地证明。

（6）出口企业生产卫生许可证。

（7）进口产品经销商或代理商的营业执照。（以上申请材料均为2份，装订成两套，受理机构和国家质检总局各持一套。）

（8）标签样张6份（受理机构1份，国家质检总局5份）。

以上每份材料均需加盖申请单位公章；所有外文内容均须翻译成中文。

受理机构根据申请人提交的材料是否齐全、标签形式是否符合要求做出受理或不予受理的决定，并按规定出具书面凭证。受理同时，通知申请人将检验样品寄送中国检验检疫科学研究院进行符合性检验。中国检验检疫科学研究院收到样品后进行符合性检验，并将检验结果报送国家质检总局。国家质检总局根据规定对申请材料、审查意见及检验结果进行审核，做出准予许可或不予许可的决定。对准予许可的，于10个工作日内颁发“进出口化妆品标签审核证书”；不予许可的，书面说明理由，并书面通知申请人。

化妆品标签审核申请书范本（进口）见表3-4。

表 3-4 化妆品标签审核申请书范本（进口）

中华人民共和国国家质量监督检验检疫总局

进出口化妆品标签审核申请书

申请书编号：

申请单位名称	宁波华田国际贸易有限公司				
地　　址	宁波市鄞州区光华路 8 号东方大厦×××室				
邮　　编	315101	电　话		传　真	
联 系 人	王×	电　话	0574-8639××××	传　真	
产品品牌/名称	（中文）美丽人美白 BB 霜				
	（ENGLISH）MEILER WHITE CLEAR CREAM				
生产厂商名称/地址	MEILER BEAUTE CO.LTD/MINATOKU 5-7-17 FRANCE				
经销单位名称/地址	宁波华田国际贸易有限公司/宁波市鄞州区光华路 8 号东方大厦×××室				
包装规格及材料	50ml/玻璃瓶、纸盒		商品条形码		
原产国或地区	韩国	进口国或地区			

需 提 供 的 材 料

编号	材料名称	√	编号	材料名称	√
1	产品成分表	√	5	出口企业生产卫生许可证	
2	标签所标注内容的说明材料	√	6	进口产品经销商或代理商营业执照	√
3	具有特殊功效的化妆品需提供有效的实验室证明材料	√	7	标签样张 6 份	√
4	该产品在生产国（地区）的官方允许销售的证明或原产地证明				

注：（1）提供材料的划“√”，需加盖申请单位公章；（2）外文内容须有中文译文；（3）材料要装订成册（两套）；（4）出口产品提供符合销售国化妆品标签的证明材料。

备注：

本产品申请单位保证：本申请表中所申报的内容和所附资料均真实、准确、可靠、科学。如有不实之处，我单位愿承担法律责任，及由此造成的一切后果。 申请单位代表签名（盖章）：　　　日期：	受理人： 日　期：

（1）受理机构在本申请书上明确标注日期和盖章后证明其已正式受理申请。在申请受理之日起 7 个工作日内完成审查，并上报质检总局审核。

（2）申请材料不齐全或不符合要求的应当场告知，或在 5 个工作日内一次告知申请人须补正的全部内容，逾期不告知的，自收到申请材料之日起即为受理。

（3）申请人将未启封的、距限期使用日期不少于一年半的、有中文标签的检验样品寄送中国检验检疫科学研究院化妆品部。地址：北京市朝阳区高碑店北路甲 3 号，邮编：100025。

（4）申请单位将标签审核费汇至指定的财政专户，每种 300 元人民币。

（5）查询网址：www.aqsiq.gov.cn；查询电话/传真：010-85791064。

化妆品标签审核申请书范本（出口）见表 3-5。

表 3-5 化妆品标签审核申请书范本（出口）

中华人民共和国国家质量监督检验检疫总局

进出口化妆品标签审核申请书

申请书编号：

<table>
<tr><td>申请单位名称</td><td colspan="5">宁波华田国际贸易有限公司</td></tr>
<tr><td>地　　址</td><td colspan="5">宁波市鄞州区光华路 8 号东方大厦×××室</td></tr>
<tr><td>邮　　编</td><td>315101</td><td>电　话</td><td></td><td>传　真</td><td></td></tr>
<tr><td>联　系　人</td><td>王×</td><td>电　话</td><td>0574-8639××××</td><td>传　真</td><td>0574-8639××××</td></tr>
<tr><td rowspan="2">产品品牌/名称</td><td colspan="5">（中文）</td></tr>
<tr><td colspan="5">（ENGLISH）MEILER WHITE CLEAR CREAM</td></tr>
<tr><td>生产厂商名称/地址</td><td colspan="5"></td></tr>
<tr><td>经销单位名称/地址</td><td colspan="5">宁波华田国际贸易有限公司/宁波市鄞州区光华路 8 号东方大厦×××室</td></tr>
<tr><td>包装规格及材料</td><td colspan="2">50ml/玻璃瓶、纸盒</td><td>商品条形码</td><td colspan="2"></td></tr>
<tr><td>原产国或地区</td><td></td><td colspan="2">进口国或地区</td><td colspan="2">马来西亚</td></tr>
</table>

<table>
<tr><td colspan="6">需　提　供　的　材　料</td></tr>
<tr><td>编号</td><td>材料名称</td><td>√</td><td>编号</td><td>材料名称</td><td>√</td></tr>
<tr><td>1</td><td>产品成分表</td><td>√</td><td>5</td><td>出口企业生产卫生许可证</td><td>√</td></tr>
<tr><td>2</td><td>标签所标注内容的说明材料</td><td>√</td><td>6</td><td>进口产品经销商或代理商营业执照</td><td></td></tr>
<tr><td>3</td><td>具有特殊功效的化妆品需提供有效的实验室证明材料</td><td>√</td><td>7</td><td>标签样张 6 份</td><td>√</td></tr>
<tr><td>4</td><td colspan="5">该产品在生产国（地区）的官方允许销售的证明或原产地证明</td></tr>
<tr><td colspan="6">注：（1）提供材料的划“√”，需加盖申请单位公章；（2）外文内容须有中文译文；
（3）材料要装订成册（两套）；（4）出口产品提供符合销售国化妆品标签的证明材料。</td></tr>
<tr><td>备注</td><td colspan="5"></td></tr>
<tr><td colspan="4">本产品申请单位保证：本申请表中所申报的内容和所附资料均真实、准确、可靠、科学。如有不实之处，我单位愿承担法律责任，及由此造成的一切后果。
申请单位代表签名（盖章）：　　　　日期：</td><td colspan="2">受理人：
日　期：</td></tr>
<tr><td colspan="6">（1）受理机构在本申请书上明确标注日期和盖章后证明其已正式受理申请。在申请受理之日起 7 个工作日内完成审查，并上报质检总局审核。
（2）申请材料不齐全或不符合要求的应当场告知，或在 5 个工作日内一次告知申请人须补正的全部内容，逾期不告知的，自收到申请材料之日起即为受理。
（3）申请人将未启封的、距限期使用日期不少于一年半的、有中文标签的检验样品寄送中国检验检疫科学研究院化妆品部。地址：北京市朝阳区高碑店北路甲 3 号，邮编：100025。
（4）申请单位将标签审核费汇至指定的财政专户，每种 300 元人民币。
（5）查询网址：www.aqsiq.gov.cn；查询电话：010-85791064。</td></tr>
</table>

（三）出入境化妆品的分级监督检验管理制度

国家质检总局对进出口化妆品实施分级监督检验管理制度，按照品牌、品种将进出口化妆品的监督检验分为放宽级和正常级，并根据日常监督检验结果，动态公布《进出口化妆品分级管理类目表》。

检验检疫机构对 10%的报检批次的放宽级化妆品实施全项目检验，其余报检批次的仅检验标签、数量、重量、规格、包装、标记等项目，对所有正常级化妆品均实施全项目检验。

（四）进口化妆品的报检

1．需提交的单据

入境化妆品报检，需提交以下单据。

（1）“入境货物报检单”。

（2）相关外贸单据：合同、发票、装箱单、提（运）单等。

（3）“进出口化妆品标签审核证书”或“标签审核受理证明”。

（4）从发生疯牛病的国家或地区进口化妆品，有关进口商必须向口岸出入境检验检疫机构提供输出国或地区官方出具的动物检疫证书，说明该化妆品不含有牛、羊的脑及神经组织、内脏、胎盘和血液（含提取物）等动物源性原料成分。

从不同国家进口化妆品的单据要求如下。

（1）从法国进口的化妆品。进口不含任何牛羊动物源性原料成分的化妆品（A 类产品）时，须提供法国香水美容化妆品工业联合会化妆品证书（格式一）。

进口含有牛羊动物源性原料成分的化妆品（B 类产品）时，须提供法国香水美容化妆品工业联合会化妆品证书（格式二）及使用的牛羊动物源性原料（含提取物）的风险分析报告和加工工艺等相关材料（同一国家的产品在同一口岸报检时，相同原料的风险分析报告可只提供一次）。

（2）从以色列进口化妆品。进口不含任何牛羊动物源性原料成分的化妆品（A 类产品）时，须提供以色列卫生部药品管理局经妆品证书（格式一）。

进口不含任何牛羊动物源性原料成分的化妆品（B 类产品）时，须提供以色列卫生部药品管理局化妆品证书（格式二）及使用的牛羊动物源性原料（含提取物）的风险分析报告和加工工艺等相关材料（同一国家的产品在同一口岸报检时，相同原料的风险分析报告可只提供一次）。

（3）从日本进口化妆品原料。进口非禁用的牛羊动物源性化妆品原料时，须提供日本官方出具的检疫证书（格式一）和风险分析报告（相同原料的风险分析报告在同一口岸可提供一次）。

进口含非牛羊动物源性化妆品原料时，须提供官方出具的检疫证书（格式二）。

进口非动物源性的化妆品原料时，无须出口国出具证书，但要求生产厂商提供“非动物源性产品声明”。

2．检验出证

进口化妆品经检验合格的，由检验检疫机构出具合格证单，必须在检验检疫机构监督下加贴检验检疫标志。进口化妆品经检验不合格的，由检验检疫机构出具不合格证单。其中安全卫生指标不合格的，应在检验检疫机构监督下进行销毁或退货；其他项目不合格的，必须在检验检疫机构监督下进行技术处理，经重新检验合格后，方可销售、使用；不能进行技术处理或者经技术处理后，重新检验仍不合格的进口化妆品责令其销毁或退货。

3. 进口化妆品收货人备案管理制度

检验检疫机构对进口化妆品的收货人实施备案管理。进口化妆品的收货人应当如实记录进口化妆品流向，记录保存期限不得少于2年。

(五) 出口化妆品的报检

1. 出口化妆品生产企业备案管理制度

国家质检总局对出口化妆品生产企业实施备案管理。

2. 需提交的单据

出境化妆品报检，需提交以下单据。

(1)"出境货物报检单"。

(2) 相关外贸单据：合同或销售确认书、发票、装箱单等。

(3)"进出口化妆品标签审核证书"(原件或复印件) 或"标签审核受理证明"。

(4) 首次出口的化妆品必须提供生产、卫生许可证、安全性评价资料和产品成分表（包括特殊化妆品）以供检验检疫机构备案。

3. 检验出证

检验检疫机构对出口化妆品实施检验的项目包括标签、数量、重量、规格、标记以及品质卫生等。出口化妆品经检验合格的，由检验检疫机构出具合格证书；经检验不合格的，由检验检疫机构出具不合格证单。其中安全卫生指标不合格的，在检验检疫机构监督下销毁；其他项目不合格的，在检验检疫机构监督下进行技术处理，经重新检验合格方可出口；不能进行技术处理或者经技术处理后重新检验仍不合格的，不准出口。

技能训练和巩固

1. 宁波华田公司向日本出口花露水，拟从宁波港起运。公司报检员小张是第一次办理报检业务，当公司业务经理要求小张安排报检事宜时，小张认为，①报检时应提交"进出口化妆品标签审核申请书"以及相关资料；②申请标签审核时应提供产品配方；③产品经检验合格后，要加贴检验检疫标志；④公司在安徽检验检疫局取得通关单后，到宁波海关办理通关手续。你认为小张思考得正确吗？如果你是小张,该如何操作该笔报检业务？

2. 请登录中国国家认证认可监督管理委员会网站（http://www.cnca.gov.cn/cnca/），进入查询专区，查找宁波本地认证咨询机构，并制作名录（表3-6）。

表3-6 宁波认证咨询机构名录

序号	证书编号	机构名称	负责人	电话	传真	地址	邮编	批准业务范围	证书有效期限

任务三 大宗交易商品报检业务办理——以服装纺织品为例

【任务目标】

根据任务导入案例背景完成出口纺织品及纺织品标识报检方案设计。

【操作分析】

报检员小胡制定的服装出口报检方案如下。

出口服装报检方案

报检人：

联系电话：1354503××××

报检流程

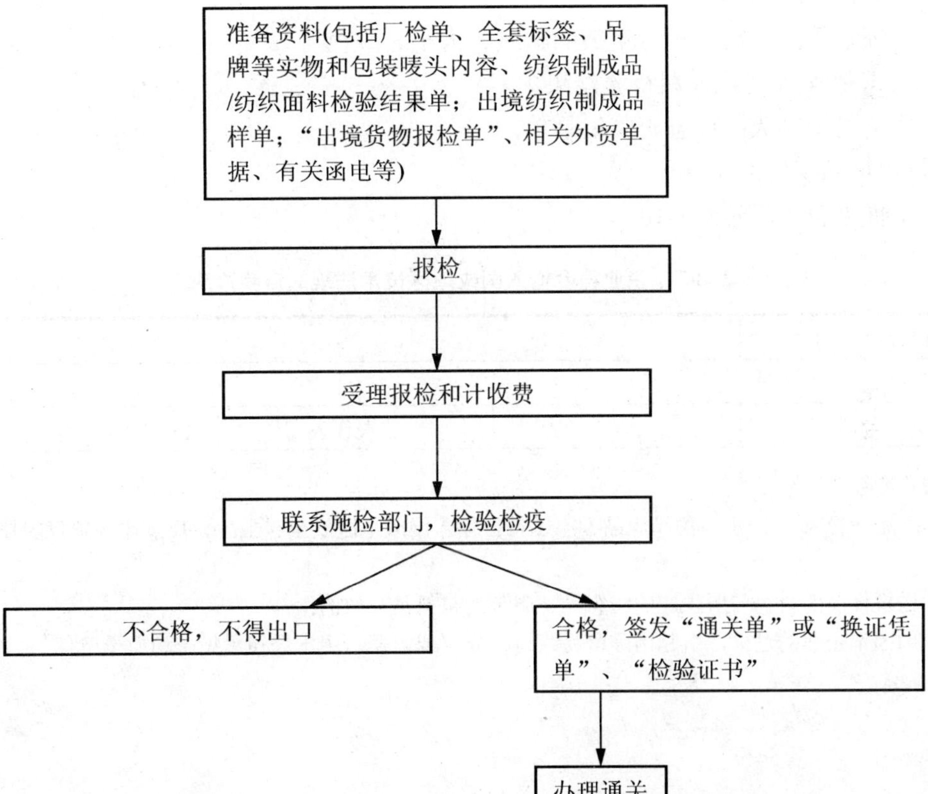

报检工作备忘事项如下。

（1）在备好货物或备货的同时，提前一个工作日以上向检验检疫机构纺检处工作人员预约检验时间，预约时应说明货物名称及数量。

（2）出口到进口国政府技术规范强制要求需要测试或者合同、信用证要求测试的，需提前5个工作日送面料到检测中心进行测试。

（3）纺织品标识报检时需提供标签、吊牌、唛头等实物。

（4）在内外包装上必须有“中国制造”字样的标志，若采用中性包装，需向当地省级商务主管部门申请批准。

【知识链接】

要完成以上任务，需要掌握出境服装及纺织品标志的报检知识。

一、出口纺织品的报检

1. 报检需提交的单据

（1）出境货物报检单。

（2）报检委托书（如有需要）。

（3）合同、发票、装箱单。

（4）企业符合输入国或地区技术法规的自我声明。

（5）儿童及婴儿服饰需附产品照片（各款式的正反面彩色照片，大小为A4放下4～6张）。

（6）包装性能结果单。

（7）详细装箱单（需注明每箱装的款式、大小、颜色等）。

（8）纺织制成品/纺织面料检验结果单。

（9）出境纺织制成品标志查验记录单。

（10）出境纺织制品贴样单。

相关单据见表3-7至表3-10。

表3-7 企业符合输入国或地区技术法规的自我声明

<table>
<tr><td>出口经营公司</td><td colspan="3"></td></tr>
<tr><td>生产企业</td><td colspan="3"></td></tr>
<tr><td>电　　话</td><td></td><td>法人代表</td><td></td></tr>
<tr><td colspan="4">企业自我声明：
（1）本企业经营/生产出口的纺织品、服装符合输入国或地区安全、卫生、反欺诈等项目的技术法规的要求；
（2）送检样品的材料与所生产的纺织品、服装的材料是一致的；
（3）如因本企业的过失，引起国际贸易纠纷、异议或索赔，由本公司承担一切质量责任。

企业名称（盖章）
日期：　　年　　月　　日</td></tr>
<tr><td colspan="4">备注：
（1）检测单号/检测日期；
（2）出口经营公司有委托书的，企业名称（盖章）处可由生产企业盖章；
出口经营公司无委托书的，企业名称（盖章）处由出口经营公司盖章。</td></tr>
</table>

表 3-8 出境纺织制成品检验结果单

（样本，该单用于出口服装和制成品）

生产单位（盖章）：宁波华田制衣厂　　　　　　　　　　　　　　　　　报检号：2-7235

<table>
<tr><td>发货人</td><td colspan="3">宁波华田国际贸易有限公司</td></tr>
<tr><td>品名</td><td colspan="3">涤纶女上衣、棉制女腰裙、棉制男式衬衫</td></tr>
<tr><td>H.S 编码</td><td colspan="3">6204330090、6204520000、6205200010</td></tr>
<tr><td>报检数量</td><td>106 箱　7250　件/套</td><td>标记及号码</td><td>见标志记录单</td></tr>
<tr><td>输往国家或地区</td><td>意大利</td><td>生产批号</td><td>33330121117080001</td></tr>
<tr><td rowspan="2">包装性能检验结果单号</td><td rowspan="2">33330005201235</td><td>生产日期</td><td>2012 年 3 月</td></tr>
<tr><td>合同/信用证号</td><td>DFWM008</td></tr>
<tr><td>检验依据</td><td>合同及 SN/T 0556-1996
标准 0557-1996</td><td>抽样标准</td><td>SN/T0553-1996 标准</td></tr>
<tr><td colspan="4">款式（款号）　数量　规格　颜色
女上衣　（BLS001）　3505 件　8、10、12、14、16　红色、黑色、白色、
腰　裙　（SKT002）　2000 件　S、M、L、XL　绿色、棕色
男式衬衫　（MST003）　1745 件　S、M、L、XL、XXL　棕色、灰色、米色</td></tr>
<tr><td>理化检测单号</td><td>理化检测结果</td><td>AZO 检测单号</td><td>AZO 检测结果</td></tr>
<tr><td>HP0603126</td><td>100%涤纶、100%棉</td><td>HP0603126</td><td>未检出</td></tr>
<tr><td colspan="2">检验结果（包括标识查验结果）：
合格
企业检验员/企业质量监督员：陈晓红
检验日期：2012 年 03 月 25 日</td><td colspan="2">检验检疫方式：☐ 自验　☐共验　☐认可
评定意见：　☐ 合格　☐ 不合格
检验检疫审核人员：
审核日期：　　年　　月　　日</td></tr>
<tr><td colspan="4">声明：上述产品符合输入国或地区技术法规要求。
企业负责人（签名）：李军</td></tr>
<tr><td colspan="4">备注：</td></tr>
</table>

表 3-9　出境纺织制成品标识查验记录单

（样本，该单用于出口服装和制成品）

<table>
<tr><td>生产单位
（盖章）</td><td>宁波华田制衣厂</td><td>生产批号</td><td>3333012111708001</td></tr>
<tr><td colspan="2">挂牌粘贴处：
E C I
NEW YORK</td><td colspan="2">箱唛（主唛）：
SLA DO IT
LV-1055
ART NO:
DESCRIPTION
MADE IN CHINA</td></tr>
<tr><td colspan="4">其他标识粘贴处（商标、水洗唛、成分唛等）：

SHELL:
100%POLYESTER
DRY CLEAN ONLY
DO NOT IRON TRIM
WARM IRON
UNDER CLOTH
LINING:
92%POLYESTER
8%ELASTANE
MADE IN CHINA

RN 28101
100%COTTON
HAND WASH
COLD
DO NOT BLEACH
LINE DRY

M
100%COTTON
MADE IN CHINA</td></tr>
<tr><td>标识来源</td><td colspan="3">客供</td></tr>
<tr><td colspan="4"></td></tr>
</table>

表 3-10 出境纺织制品贴样单

（样本，该单用于出口服装和制成品，除毛衫）

生产单位（盖章）	宁波华田制衣厂	生产批号	33330121117080001
款式及面料名称　花色数（贴样）			
女上衣　（BLS001）　3 色			
腰　裙　（SKT002）　2 色			
男式衬衫　（ MST003）　3 色			
声明：该批纺织品服装的款式、面料及其花型颜色均经合约买方确认。			

2．出口纺织品相关检验标准、规程

（1）SN 0026—1992《出口机绣抽纱品检验规程》。
（2）SN 0027—1992《出口手绣抽纱品检验规程》。
（3）SN 0028—1992《出口手编结抽纱品检验规程》。
（4）SN 0033—1992《出口抽纱品抽样检验规程》。
（5）SN/T 1023—2001《出口绒绣制品检验规程》。
（6）SN/T 10111—2001《出口被套检验规程》。
（7）FZ/T 62006—1993《毛巾》。
（8）FZ/T 62007—1994《床单》。
（9）FZ/T 62001—1991《涤棉床单》。
（10）FZ/T 62002—1991《涤棉床单检验规则》。
（11）FZ/T 60015—1993《毛巾、床单检验规则》。

上述标准为现行有效版本。所有标准都会被修订，当标准被修订时，请注意使用最新版本（表3-11）。

表3-11　服装产品检测标准

		类别	检验依据
1	梭织服饰	室内服装	SN/T 1932.3—2008
2		牛仔服装	SN/T 1932.4—2008
3		西服大衣	SN/T 1932.5—2008
4		羽绒服装及羽绒制品	SN/T 1932.6—2008
5		衬衫	SN/T 1932.7—2008
6		儿童服装	SN/T 1932.8—2008
7		便服	SN/T 1932.9—2008
8	针织服装	针织外衣	SN/T 0452.2—2008
9		针织内衣	SN/T 0452.3—2009
10		儿童、婴幼儿服饰	SN/T 1522—2005
11	毛毯	SN/T1663—2005	

3．服装出口检验内容

（1）安全卫生、环保和反欺诈项目检验。出口产品应符合我国国家技术规范的强制性要求（包括《消费品使用说明·纺织品和服装使用说明（GB 5296.4—1998）》、《纺织品甲醛含量的限定（GB 18401—2001）》），国家局针对进口国的有关法律法规要求而制定的有关规定；施检部门可根据强制性要求和国家局的有关规定对产品的安全、卫生、环保和涉及反欺诈项目进行测试。

报检后与检验检疫机构预约面料安、卫、环等理化项目抽样检测和成品检验（须至少80%成箱）日期。

安、卫、环等理化项目检测抽样由检验检疫工作人员现场抽样和企业送样相结合的方式进行，面料抽样检测也可报检前提前预约，检测样品应包含该合同中的全部品种和花色，服装面料检测项目主要包括：①面料成分检测：以合同批为单位，可分批核销；同时须提供洗唛和外销合同，填写检验委托（送样）单；②偶氮染料（AZO）：销往欧盟地区，同时填写输往欧盟产品情况登记表；③甲醛：销往日本，同时填写输往日本产品情况登记表；④燃烧性能：销往美国、加拿大地区，同时填写输往美国产品情况登记表。

服装等产品重点检测项目见表 3-12。

表 3-12 服装等产品重点检测项目

检测项目	输入国别或地区	输入国别或地区法规要求	技术要求标准
纤维成分标签（纤维定性、定量分析）	美国	（1）纺织品成分标签法 15U.S.C.§70 （2）羊毛产品标签法 15U.S.C.§68 （3）纺织品标签法规 16 CFR part 303 （4）羊毛产品标签法规 16 CFR part 300	SN/T 1649《进出口纺织品安全项目检测规范》
	欧盟	欧盟指令 96/74/EC	
	日本	家用产品质量标签法 Law 104 号法令	
	澳大利亚	商务（贸易解释）法案 Act1905 商务（进口）条例（纤维成分标签）	
	加拿大	纺织品标签法规	
	其他国家	GB 18401《国家纺织产品基本安全技术规范》	
甲醛	日本	（1）《日用品有害物质法规》Law 112 号法令 （2）日本厚生省 34 号令（1974）《关于日用品中有害物质含量法规的实施规则》	
	法国	官方公报 97/0141/F 规定	
	芬兰	纺织品中甲醛限量法令（210/1998）	
	挪威	环境部有关纺织品中化学物质的法规	
	德国	日用消费品法附录 9	
	奥地利	BGBL Nr.194/1990	
	荷兰	纺织品甲醛法规	
禁用偶氮染料	欧盟	欧盟指令：2002/61/EC	
燃烧性能	美国	易燃织物法 （1）服用织物法规 CFR Part1610 （2）儿童睡衣易燃性法规 CFR Part1615、CFR Part1616	
	加拿大	（1）易燃危险产品法令 （2）易燃危险产品（儿童睡衣）条例	

（2）包装检验。按相关标准或合同、信用证的规定执行。检查服装的内外包装箱盒质量、包装物料、挂牌、商标及装箱搭配，核查包装箱唛头标记。

（3）数量检验。核对总箱数、装箱件数、搭配是否与报检所附资料要求相符。

（4）尺寸规格检验。测量服装各部位的规格尺寸是否符合合同和有关标准。

（5）外观质量检验。核查服装的款式、折叠、包装、外观缺陷、缝制工艺质量、面辅料、整烫质量等。

（6）内在质量检验。根据被检产品的具体情况，按照相关标准和合同、信用证要求，对产品的色牢度、强力、尺寸变化率、成分、含绒量等物理化学性能进行检测。

（7）标志查验。根据《关于禁止纺织品非法转口的规定》，对服装的标签、挂牌和包装的产地标志进行查验。

4．出证

查验合格，检验检疫机构出具“出境货物通关单”；如产地与报关地不一致的出具“出境货物换证凭单”。

【相关资料】

欧盟发布最新纺织纤维标识法规

欧盟《官方公报》刊登第 1007/2011 号规例，内容涉及纺织纤维名称及纺织品标签及标记。规例为欧盟市场内所有纺织品订立标签及标记条款，并引入新条款，规定若纺织品含有源自动物非纺织部分，必须在标签内以特别字句说明。

新规例适用于所有纺织品，包括只含纺织纤维原材料、半加工品或制成品，因此涵盖各种各类服装。

此外，规例也适用于纺织纤维重量百分比一少达 80%产品；纺织部分一少占整体重量 80%家具、雨伞及遮阳伞；多层地毯上层、床垫覆盖物、露营用品覆盖物纺织部分，而该等纺织部分以重量计一少占上层或覆盖物 80%；包含在其他产品中，成为产品不可分割部分纺织品，也在规例规管范围。

第 1007/2011 号规例将于 2012 年 5 月 8 日在欧盟实施，但符合第 2008/121/EC 号指令纺织品名称规定并于 2012 年 5 月 8 日前已投放到欧盟市场的纺织品可获豁免。这些纺织品可于 2014 年 9 月 9 日前继续在市场出售。

二、出口纺织品标识报检

为履行我国与纺织品进口设限国签订的双边纺织品贸易协议，防止纺织品非法转品，维护我国的对外信誉和经济利益，原外经贸部、海关总署和原国家商检局发布了《关于禁止纺织品非法转口的规定》，指定由检验检疫机构对原外经贸部公布的目录内的纺织品，必须进行标签、挂牌和包装的产地标识的查验。

1．报检需提供的资料

报检纺织品的包装唛头、标签、吊牌等实物。

2．报检时间

报检时间与报检纺织品的品质检验的时间相同。

3．查验放行

检验检疫机构对出口纺织品的包装唛头内容和标签、吊牌进行核查，经查验符合《关于禁止纺织品非法转口的规定》的，如产地与报关地一致的，检验检疫机构出具“出境货物通关单”并在通关单上注明纺织品标识查验合格；如产地与报关地不一致的出具“出境货物换证凭单”并注明纺织标识查验合格。

技能训练和巩固

1. 2011 年 12 月，宁波华田国际贸易公司公司向德国出口一批婴幼儿服装（0～5 岁），该批婴幼儿服装在头部和颈部区域，设计了装饰束带，同时服装上采用了草莓样装饰扣，产品外包装是一个透明塑料袋。请分析该批服装能否通过商检，并说出依据，提出改进方案。

2. 请你以华田公司报检员的身份搜集各国进口服装纺织品的有关标准，并完成表 3-13 的填制。

表 3-13　各国服装检测项目参考表

检测项目	输入国别或地区	输入国别或地区法规要求	技术要求	适用范围	取样量

小结

本项目主要介绍了各类常见进出口商品如何报检，内容包括了动物产品报检、植物产品报检、机电产品报检、食品报检、化妆品报检、纺织品报检。本项目操作要点在理解进出境货物报检一般流程的基础上能设计不用商品的报检操作，熟悉各类商品报检应提交的单据。

训练题

一、基础训练题

（一）单选题

1. 某公司从澳大利亚进口一批羊毛，在马来西亚转船后运抵我国，报检不需提供（　　）。

A．进境动植物检疫许可证

B．澳大利亚官方出具的检疫证书

C．关于包装的证书或声明

D．产地证书

2．进出口食品标签审核适用于对进出口（　　）食品标签的审核。

A．内包装　　B．预包装

C．外包装　　D．固定包装

3．报检入境动物时，除提供合同、发票、装箱单等贸易单证外，还应按要求提供（　　）。

A．入境动植物检疫许可证

B．输出国（或地区）官方出具的检疫证书

C．产地证书

D．ABC

4．出境动物产品，应在出境前（　　）日报检。

A．5　　B．7　　C．10　　D．1

5．以下货物出口时，须由口岸检验检疫机构实施检验检疫的是（　　）。

A．活牛　　B．家用电器

C．冻鸡肉　　D．烟花爆竹

6．某公司向日本出口一批纸箱包装的羽绒服（检验检疫类别为/N），报检时无须提供的单据是（　　）。

A．合同、发票、装箱单

B．无木质包装声明

C．出境货物运输包装性能检验结果单

D．厂检结果单

7．出口小家电产品生产企业实行登记制度，首次登记的企业应将样品送至（　　）指定的实验室进行型式试验。

A．直属检验检疫局　　B．国家环保总局

C．国家认监委　　D．国家质检总局

8．下列关于出口化妆品表述错误的是（　　）。

A．出口化妆品应在产地检验

B．进口化妆品由进境口岸检验检疫机构检验

C．检验检疫机构对检验合格的化妆品实施后续监督管理

D．安全卫生指标不合格的化妆品，必须在检验检疫机构监督下进行技术处理，经重新检验合格后，方可销售、使用。

9．须进行标识查验的出口纺织品，货主或其代理人应在（　　）时提交标签和吊牌等实物。

A．报检　　B．联系检验检疫事宜

C．检验检疫机构实施现场查验　　D．领取证书

（二）多选题

1．某公司从巴西进口了一船大豆，报检时须提供（　　）。

A．国家质检总局签发的“进境动植物检疫许可证”

B．出口签发的品质和重量证书

C．巴西官方的植物检疫证书

D．进出口食品标签审核证书

2．某公司从比利时进口一批罐头，报检时提供的单据包括（　　）。

A．卫生证书　　B．进口食品标签审核证书

C．原产地证书　　D．合同、发票、装箱单

3．从日本进口动物及其产品报检时，除提供合同、发票、装箱单、各运程提单等贸易单证，还应按要求提供（　　）。

A．输出国官方检验检疫机构出具的检疫证书

B．“中华人民共和国进境动植物检疫许可证”

C．装船前检验证书

D．相关的木质包装声明或官方出具的“植物检疫证书”

4．进境动物及动物产品未经检验检疫机构实施检验检疫，不得（　　）。

A．报检　　B．加工　　C．使用　　D．销售

5．下列表述正确的是（　　）。

A．进口商在签订进口动物、动物产品的外贸合同时，在签订外贸合同前应到检验检疫机构办理检疫审批手续，取得准许入境的“中华人民共和国进境动植物检疫许可证”后再签外贸合同

B．进口商签订进口动物、动物产品的外贸合同，在合同或者协议中订明中国法定的检疫要求，并订明必须附有输出国家或者地区政府动植物检疫机关出具的检疫证书

C．输入动物产品进行加工的货主或者代理人需申请办理注册登记，经出入境检验检疫机构检查考核其用于生产、加工、存放的场地，符合规定防疫条件的发给注册登记证

D．输入动物、动物产品，经检验检疫机构实施现场检疫合格的，允许卸离运输工具，对运输工具、货物外包装、污染场地进行消毒处理并签发“入境货物通关单”，将货物运往指定存放地点

6．下列入境种子、种苗报检的表述是正确的（　　）。

A．入境植物种子、种苗，入境后需要进行隔离检疫的，要向出入境检验检疫机构申请隔离场或临时隔离场

B．入境植物种子、种苗，带介质土的不需办理特许审批

C．在植物种子、种苗入境前，货主或其代理人应持有关资料向出入境检验检疫机构报检，预约检疫时间

D．入境植物种子、种苗，属于转基因产品需到农业部申领许可证

7．下列表述正确的是（　　）。

A．进口预包装食品的经营者或其代理人在进口食品前应当向指定的检验检疫机构提出食品标签审核申请

B．申请食品标签审核时除提供申请书等有关证明文件外还须提供相应的检测样品

C．经审核符合要求的食品标签，由国家质检总局颁发“进口食品标签审核证书”

D．进口食品的报检人在办理报检手续时，必须提供“进口食品标签审核证书”

8．下列对进口化妆品表述正确的是（　　）。

A．进口化妆品必须经过标签审核，取得“进出口化妆品标签审核证书”后方可报检

B．国家质检总局对进出口化妆品实施分级监督检验管理制度

C．进口化妆品经营单位应到其营业地检验检疫机构登记备案

D．经检验合格的进口化妆品，必须在检验检疫机构监督下加贴检验检疫标志

9．下列需进行出境植物及其产品报检的有（　　）。

A．出口到日本的 30t 菠菜

B．参加法国农业博览会的 100g 优良大豆样品

C．通过快递方式向日本出口的 5g 种子

D．供应香港的 10t 蔬菜

10. 向日本出口家庭用微波炉（检验检疫类别为 LM/N），报检时须提交的单据包括（　　）。

A．出口产品质量许可证

B．厂检结果单

C．有关型式实验的证明文件

D．强制性产品认证证书

11．某公司办理一批出口至美国的番茄罐头（检验检疫类别为 R/Q）和一批出口至美国的鲜花（检验检疫类别为 P/Q）的报检手续，两批货物都以纸箱包装，（　　）是办理两批货物报检时都须提供的单据。

A．合同、发票、装箱单

B．进出口食品标签审核证书

C．无木质包装声明

D．卫生注册证书副本或复印件

12．下列关于出口玩具的表述，正确的有（　　）。

A．我国对出口玩具及其生产企业实行质量许可制度

B．我国对出口玩具及其生产企业实行注册登记制度

C．出口玩具检验不合格的，但符合双方合同要求也可先出口

D．检验检疫机构“出口玩具质量许可证”接受报检

13．外贸企业出口棉夹克到美国，申请标识查验时报检人应提供该批纺织品的（　　）等。

A．商标　　B．标签　　C．挂牌　　D．包装唛头

二、综合技能训练题

【技能训练题一】宁波某苗木公司拟从德国进口一批花卉苗木。该公司于 2011 年 7 月与外商签订合同，（A）合同签订后，该公司立即到检验检疫机构办理检疫审批手续，并（B）提交材料申请办理标签审核。同时，该公司通知外方公司；（C）即使货物是裸装的也需由出口商出具《无木质包装声明》，而且，（D）如果中苗上带有土壤，应立即清理干净。请分析该公司 A、B、C、D 四项做法是否符合检验检疫的有关规定。

【业务处理】____

____

____

【技能训练题二】宁波口岸自 2010 年 4 月被国家质检总局列入第一批进口植物种苗指定入境口岸。2012 年以来，随着城市建设和花木产业化的迅速发展，宁波口岸的进口苗木数量剧增，短短 4 个月，进口各类苗木、种球、花卉达到 56 批次、27177 株，货值高达 211 万美元。而去年同期宁波口岸进口的苗木仅有区区 3 批次。2012 年 5 月，首批来自意大利 20 个品种的进口苗木以及 2 批次来自日本的鸡爪槭种苗即将抵达宁波口岸苗木查验场地。请列出该批苗木的检验检疫内容。如果该批苗木经检疫发现有害生物，应如何处理？

【业务处理】____

____

____

【技能训练题三】宁波余姚某蔬菜生产企业拟申报出口植物源性食品种植基地，请你以该企业负责人的身份自查申报条件及要求，并完成基地的申报。

【业务处理】____

____

____

【技能训练题四】泉州是我国龙眼主要产区之一，其中仅南安市的龙眼种植面积就达18.3万亩，年产量在1.2～1.5万吨之间。根据中美两国签署的《中国龙眼输往美国的植物检疫工作计划》，龙眼要出口美国，必须至少符合以下条件：果园及加工厂注册（国家及出口注册备案）；龙眼要进行适当包装、标识及冷储；出口前必须实施特定的蒸汽与冷冻处理；果园病虫害（主要针对艾蚊细蛾）防治及农残要过关；加工厂最好有出口卫生注册，要有一定规模及良好的配套设施（加工）；出口前检疫；出具检疫证书；进境检疫等。为此，泉州出入境检验检疫局经实地考察与评估，认为南安市成功果蔬公司的龙眼出口前加工处理（蒸汽、冷冻）有关设施、加工规模、技术实力及南金果林场龙眼基地在病虫害防治等标准化管理方面已具备出口美澳的条件，并推荐这两家企业向省及国家质检总局申请备案。

请完成下列业务的办理。

（1）出口报检前，龙眼出口商应做哪些准备工作？

【业务处理】____

____

____

（2）报检时间的确定？

【业务处理】____

____

____

（3）经检疫合格后，应向检验检疫机构申领哪些证书？检疫证书有无有效期？

【业务处理】____

____

____

【技能训练题五】请到纺织产品生产企业参观调研，了解产品的品质及包装要求及进出口报检情况，并写出调研报告。

项目四

一般进出口货物的报关业务办理

YIBAN JINCHUKOU HUOWU DE BAOGUAN YEWU BANLI

【知识目标】

（1）了解报关流程基本知识。
（2）掌握外贸管制证件的相关知识。
（3）掌握商品编码的查找方法及编码查找规则。
（4）掌握进出口报关单的填制方法、申报的日期和地点的正确选择相关知识。
（5）了解配合检验的主要工作任务。
（6）掌握完税价格的确定、原产地的认定方法、税率的选择标准、税费的计算公式。

【能力目标】

（1）能进行进出境报关总体流程的设计，理清工作思路。
（2）能判断哪些商品需要申领外贸管制证件。
（3）能快速、准确地查找商品编码。
（4）能准确填制进出口报关单，同时准备齐全报关单证并完成申报。
（5）能配合海关工作人员完成检验工作。
（6）能准确计算各种所要缴纳的税费并完成税费的缴纳。

【任务导入】

2012年1月，宁波华田国际贸易有限公司业务部一有这样两笔进出口业务。一笔是2012年向美国出口全棉男士衬衫20000件，出口价格5美元/件，预计装船时间是2012年1月10日早上9点；一笔是从新加坡进口氨纶纱线10吨，进口价格6546美元/吨，装载该批氨纶纱线的货轮“皇后号”于1月12日进境。这两笔业务的报关分别由公司的两位报关员小李和小王负责。

【任务目标】

（1）根据任务导入案例背景完成氨纶纱线的进口报关操作。

（2）根据任务导入案例背景完成全棉男士衬衫的出口报关操作。

【任务分析】

在以上案例情景中，涉及一笔一般进出口货物进口报关操作（氨纶纱线进口）和一笔一般进出口货物（全棉男士衬衫）出口报关操作。不管是进口报关操作还是出口报关操作，大致要经过以下几个环节的操作。

（1）进行流程设计，从总体上理清工作思路。

（2）到相关主管部门申领相关的许可证件（非必要环节，如果进出口货物不涉及我国外贸管制的规定，可省略此步骤）。

（3）查找并确定进出口商品编码。

（4）填制进出口报关单并准备其他报关单据并进行申报。

（5）配合海关查验。

（6）缴纳税费。

（7）提取货物（进口）或装运货物（出口）。

在分析操作环节的基础上，将本项目的任务分解为以下5个部分：一般进出口货物报关流程设计→外贸管制证件申领→查找商品编码→准备申报单证及申报→税费缴纳及结关。

任务一　一般进出口货物报关流程设计

【任务目标】

（1）根据任务导入案例背景进行氨纶纱线进口报关流程的设计。

（2）根据任务导入案例背景进行全棉男士衬衫出口报关流程的设计。

【操作分析】

1．小王对氨纶纱线的进口报关工作设计

第一，小王判断氨纶纱线不属于国家外贸管制的范围，也不属于国家法检范围的商品，因此不需要事先去进行报检和申领相关的许可证件。

第二，装载氨纶纱线的货轮是2012年1月14日进境，1月14日是星期六，根据申报期限的规定，为不产生滞报金，小王认为这批氨纶纱线的进口申报应该在1月28日前进行。接着小王翻看了日历，发现1月28日正好也是星期六，根据规定，申报最迟可以1月30日前进行。

第三，确定了最迟申报期限后，小王认为接下来就是要准备整套报关单据，其中最重要的任务就是查找氨纶纱线的编码并根据单证员提供的发票、提单、箱单等资料规范填制进口报关单并进行电子申报。小王查看了自己的工作日程表，决定在1月16日进行电子申报，同时在备忘录上作了以下记录：电子申报成功后记得在10日内打印纸质报关单并备齐所有整套单证进行现场报关。

第四，小王还考虑到海关有可能对这批氨纶纱线进行查验，因此，他决定事先熟悉一下这批进口氨纶纱线的基本情况，以便配合海关查验。

第五，小王认为还要到中国海关总署相关网站去查看我国关税实施表，看看国家有没有对进口氨纶纱线的进口税率进行调整，并据此估算这批氨纶纱线应该要缴纳的进口关税和进口环节税，以便在接到海关的“税款通知书”后及时结清税款。查看后小王确认进口氨纶纱线的关税税率是70%，进口环节增值税率是17%。

第六，结清税款后，小王认为可以凭海关盖了放行章的提货单去提货了，提货后还要记得要海关签发进口付汇证明联以便进行进口付汇。至此，这票货物的进口报关完成。

2. 小李对全棉男士衬衫的出口报关工作设计

第一，根据自己对服装纺织品出口相关政策的了解，自2009年1月1日起将不再实行输美纺织品出口数量及许可证管理（2006年1月1日开始实施）和输欧纺织品出口许可证管理（2008年1月1日开始实施），因此，小李确认出口美国的全棉衬衫不需要领取纺织品出口许可证。另外，2012年浙江对出口服装纺织品的检验检疫力度增强，以避免遇到欧美国家的技术性贸易壁垒，所以，小李认为这批全棉男士衬衫出口报关前还要进行报检。

第二，这批衬衫预计装船时间是2012年1月17日早上9点（星期二），根据申报期限的规定，为不产生滞报金，小李认为这批衬衫最迟不得超过1月16日早上9点。

第三，确定了最迟申报期限后，小李认为接下来就是要准备整套报关单据，其中首先要到外管局去申领外汇核销单，其次要到商检局报检以换取出境通关单。另外一个重要的任务就是查找全棉男士衬衫的编码并根据单证员提供的发票、提单、箱单等资料规范填制出口报关单并进行电子申报。小李查看了自己的工作日程表，决定在1月10日去商检局报检，1月14日去领取外汇核销单，然后在1月15日进行出口电子申报。同时小李在备忘录上作了以下记录：电子申报成功后记得在10日内打印纸质报关单并备齐所有整套单证进行现场报关。

第四，小李还考虑到海关有可能对这批全棉男士衬衫进行查验，因此，他决定事先熟悉一下这批出口全棉男士衬衫的基本情况，以便配合海关查验。

第五，小李认为还要到中国海关总署相关网站去查看我国关税实施表，看看国家有没有调整服装纺织品出口关税政策，并据此确认是否应该缴纳出口关税。查看后小李确认我国目前对服装纺织品出口实行“零关税”。

第六，海关查验无误后，小李认为可以凭海关盖了放行章的出口装货凭证去装船了，货物离境后还要记得要海关签发出口收汇证明联和出口收回核销单以便进行出口收汇。至此，这票货物的出口报关完成。

【知识链接】

要完成以上任务，需要掌握一般进出口货物报关的基本知识。

一、一般进出口货物的含义

一般进出口货物是指在货物进出境环节缴纳了应征的进出口税费，并办结了所有必要的海关手续，海关放行后不再进行监管的进出口货物。

二、一般进出口货物的特征

1．在进出境时缴纳进出口税费

一般进出口货物的收发货人按规定缴纳税费。

2．进出口时提交相关的许可证

需要提交许可证的，要提交许可证。

3．海关放行即办理结关手续

对于一般进出口货物，海关放行即结关。

三、一般进出口货物的报关流程

一般进出口货物报关的程序包括 5 个环节：进出口申报—配合查验—缴纳税费—提取或装运货物—申请签发证明联。

1．进出口申报

（1）申报的地点。
① 进口货物应当在进境地海关申报。
② 出口货物应当在出境地海关申报。
（2）申报的期限。
① 进口货物：运载进口货物的运输工具申报进境之日起 14 天内（期限的最后一天是法定节假日或星期日的，顺延到节假日或星期日后的第一个工作日）。
② 出口货物：货物运抵海关监管区后、装货的 24 小时以前。
（3）滞报金的规定。没有按规定的期限申报的，由海关按规定征收滞报金。
① 计征起始日为运输工具申报进境之日起第 15 日，海关接受申报之日为截止日。
② 滞报金的日征收金额：按完税价格的 0.5‰征收。
③ 以元为单位，不足一元的部分免征。
④ 起征点：人民币 50 元。
（4）申报单证。有两类单证：主要单证、随附单证。
① 主要单证：报关单。
② 随附单证：基本单证、特殊单证、预备单证。
其中，基本单证包括货运单据和商业单据（报关必须要提交基本单证）。例如，进口提货

单、出口装货单、商业发票、装箱单等。

特殊单证主要涉及外贸管制、外汇管制、税率优惠等政策证明文件，例如进出口许可证、原产地证明、出口收汇核销单、进出口货物征免税证明等。

预备单证是海关审单、征税时可能需调阅或者收取备案的单证，例如贸易合同、进出口企业的有关证明文件。

（5）申报方式。目前主要采用电子数据申报和提交纸质报关单申报相结合的方式。

一般情况下，先以电子数据报关单形式向海关申报，后提交纸质报关单。具体为：报关员先手工填写一张报关单交预录入企业，由预录入企业生成报关单电子数据，传输至与之相连的海关计算机上，收到海关反馈的“现场交单”通知，表示申报成功。收到海关反馈的不接受申报的报文后，表示申报不成功，应根据报文提示的问题进行修改，并重新申报。电子申报成功后，预录入企业打印出多联报关单，报关员在报关单上签名盖章并随附单证（基本单证、特殊单证），在接到海关“现场交单”或“放行交单”通知之日起 10 日内，向海关提交书面单证，海关审核后，接受申报、转入查验、征税、放行环节。

【相关资料】

电子申报的常见方式

报关单电子数据录入方式有 4 种，前 3 种方式是目前经常使用的，第 4 种方式现正在个别海关试行，不久将可能成为电子报关的主要方式。以下是电子申报的 4 种方式。

（1）终端录入方式：进出口货物收、发货人或其代理人在海关规定的报关地点委托经海关登记注册的预录入企业使用连接海关计算机系统的电脑终端录入报关单电子数据。

（2）委托 EDI 方式：进出口货物收、发货人或其代理人在海关规定的报关地点委托经海关登记注册的预录入企业使用 EDI 方式录入报关单电子数据。

（3）自行 EDI 方式：进出口货物收、发货人或其代理人在本企业办公地点使用 EDI 方式自行录入报关单电子数据。

（4）网上申报方式：进出口货物收、发货人或其代理人在本企业办公地点连接因特网，通过“中国电子口岸”自行录入报关单电子数据。

2. 配合查验

（1）查验内容：主要是对进出境货物的性质、价格、数量、原产地、货物状况等是否与报关填报内容相符进行查验。

（2）查验地点。查验地点主要在海关监管区或装卸现场；因货物易受温度、静电、粉尘等自然因素影响，不宜在海关监管区内实施查验，或者因其他特殊原因，需要在海关监管区外查验的，经进出口货物收发货人或其代理人书面申请，海关可以派员到海关监管区外实施查验。

（3）查验方式。海关实施查验可以是彻底查验，也可以是抽查。彻底检查，即对货物逐件开箱（包）查验，对货物品种、规格、数量、重量、原产地货物状况等逐一与货物申报单具体核对。抽查，即按一定比例对货物有选择地开箱抽查，必须卸货。卸货程度和开箱（包）比例以能够确定货物的品名、规格、数量、重量等查验指令的要求为准。

查验操作可以分为人工查验和设备查验。海关可以根据货物情况以及实际执法需要，确定具体的查验方式。人工查验包括外形查验、开箱查验。外形查验是指对外部特征直观、易于判定基本属性的货物的包装、运输标志和外观等状况进行验核；开箱查验是指将货物从集装箱、货柜车箱等箱体中取出并拆除外包装后对货物实际状况进行验核。设备查验是指利用技术检查设备为主对货物实际状况进行验核。

（4）查验时间。当海关决定查验时，即将查验的决定以书面通知的形式通知进出口货物收发货人或其代理人，约定查验的时间。查验时间一般约定在海关正常工作时间内。

在一些进出口业务繁忙的口岸，海关也可接受进出口货物收发货人或其代理人的请求，在海关正常工作时间以外实施查验。

对于危险品或者鲜活、易腐、易烂、易失效、易变质等不宜长期保存的货物，以及因其他特殊情况需要紧急验放的货物，经进出口货物收发货人或其代理人申请，海关可以优先实施查验。

（5）复验。海关可以对已查验货物进行复验。

有下列情形之一的，海关可以复验。

① 经初次查验未能查明货物的真实属性，需要对已查验货物的某些性状作进一步确认的。

② 货物涉嫌走私违规，需要重新查验的。

③ 进出口货物收发货人对海关查验结论有异议，提出复验要求并经海关同意的。

④ 其他海关认为必要的情形。

已经参加过查验的查验人员不得参加对同一票货物的复验。

（6）径行开验。径行开验是指海关在进出口货物收发货人或其代理人不在场的情况下，对进出口货物进行开拆包装查验。

有下列情形之一的，海关可以径行开验。

① 进出口货物有违法嫌疑的。

② 经海关通知查验，进出口货物收发货人或其代理人届时未到场的。

海关径行开验时，存放货物的海关监管场所经营人、运输工具负责人应当到场协助，并在查验记录上签名确认。

【相关资料】

宁波海关查验模式

宁波海关查验指挥中心实行“一站式办公——365天两班制查验”模式，通过合理整合现有监管资源、搭建网络化视频监控平台、引入电子叫号排队系统，创建了机检查验、港务实货放行及缴费的“一站式”办公模式。同时，在机检报关大厅设置多媒体查询系统、丰富政务公开手段，并建立青年文明号服务台、业务咨询窗口，为企业提供便捷服务，提高查验效率。

据宁波海关统计，宁波海关查验指挥中心成立以来累计机检查验报关单2.8万票，查验自然箱5.2万个，折合标箱9.5万个，同比分别增长40.21%、30.39%、30.71%。日过机量从原来的120标箱提高到日均401标箱，同比增长234%，机检查验时效由原来的4.24小时缩减到2.13小时，同比减少49.76%。

3．缴纳税费

（1）经海关审核报关单，并查验货物无误后，海关根据申报的货物计算税费打印纳税缴款书和收费票据。

（2）凭海关签发的缴税通知书和收费单据在限定的时间内（收到缴款书后15日内）向指定银行缴纳税费，或在网上进行电子支付。

4．提取或装运货物

（1）凭加盖有海关放行章戳记的进口提货凭证（提单、运单、提货单等）提取进口货物。

（2）凭加盖有海关放行章戳记的出口装货凭证办理货物装上运输工具离境的手续。

注意：对于一般进出口货物来说，海关放行后，对进出口货物不再进行监管，放行即结关。

5．申请签发证明联

进出口货物收、发货人或其代理人，办理完毕提取进口货物或装运出口货物的手续以后，如需要海关签发有关的货物进口、出口证明的，均可向海关提出申请。常见的证明如下。

（1）进口付汇证明。对需要在银行或国家外汇管理部门办理进口付汇核销的进口货物，报关员应当向海关申请签发“进口货物报关单（付汇证明联）”。海关经审核，对符合条件的，即在“进口货物报关单”上签名，加盖“海关验讫章”，作为进口付汇证明联签发给报关员。同时，通过海关电子通关系统向银行和国家外汇管理部门发送证明联电子数据。

（2）出口收汇证明。对需要在银行或国家外汇管理部门办理出口收汇核销的出口货物，报关员应当向海关申请签发“出口货物报关单（收汇证明联）”。海关经审核，对符合条件的，即在“出口货物报关单”上签名、加盖“海关验讫章”，作为出口收汇证明联签发给报关员。同时，通过海关电子通关系统向银行和国家外汇管理部门发送证明联电子数据。

（3）出口收汇核销单。对需要办理出口收汇核销的出口货物，报关员还应当在申报时向海关提交由国家外汇管理部门核发的“出口收汇核销单”。海关放行货物后，由海关关员在“出口收汇核销单”上签字，加盖海关单证章。出口货物发货人凭“出口货物报关单（收汇证明联）”和“出口收汇核销单”办理出口收汇核销手续。

（4）出口退税证明。对需要在国家税务机构办理出口退税的出口货物，报关员应当向海关申请签发“出口货物报关单（出口退税证明联）”。海关经审核，对符合条件的，即在“出口货物报关单”上签名，加盖“海关验讫章”，作为出口退税证明联签发给报关员。同时，通过海关电子通关系统向国家税务机构发送证明联电子数据。

（5）进口货物证明。对进口汽车、摩托车等，报关员应当向海关申请签发“进口货物证明书”，进口货物收货人凭此向国家交通管理部门办理汽车、摩托车的牌照申领手续。

海关放行汽车、摩托车后，向报关员签发“进口货物证明书”。同时，将“进口货物证明书”上的内容通过计算机发送给海关总署，再传输给国家交通管理部门。

技能训练和巩固

2010 年 2 月，宁波华田国际贸易有限公司向阿联酋出口一批太阳能设备，型号：TY-056A；价格 USD378.00/PC FOB Ningbo；数量：1000 台；毛重：0.090KGS/PC；包装 1PC/CTN。生产厂家：宁波 NK 家具厂；最迟装运期：2010 年 2 月 8 日；起运港：宁波港；目的港：迪拜港；支付方式：不可撤销信用证。作为公司的报关员，请设计该批出口货物的报关流程，并指出报关注意事项。

任务二 外贸管制证件申领

【任务目标】

根据任务导入案例背景判断是否需要申领外贸管制证件并能顺利完成相关外贸管制证件的申领。

【操作分析】

接上例，氨纶纱线目前不属于我国外贸管制的范围，因此不需要申领相关外贸管制证件。而全棉男士衬衫的出口市场为美国，根据对服装纺织品出口相关政策的了解，自 2009 年 1 月 1 日起将不再实行输美纺织品出口数量及许可证管理（2006 年 1 月 1 日开始实施）和输欧纺织品出口许可证管理（2008 年 1 月 1 日开始实施），因此，小李确认出口美国的全棉衬衫不需要领取纺织品出口许可证。

【相关资料】

纺织品出口进入自由贸易阶段

根据我国加入世贸组织有关规定，纺织品特限措施于 2008 年底到期，中美、中欧双边纺织品谅解备忘录也将同时结束。根据规定，自 2009 年 1 月 1 日起不再实行输美纺织品出口数量及许可证管理（2006 年 1 月 1 日开始实施）和输欧纺织品出口许可证管理（2008 年 1 月 1 日开始实施），我纺织品出口将进入自由贸易阶段。

【知识链接】

要完成以上任务，需要掌握我国外贸管制制度的相关规定。

一、我国对外贸易管制制度的构成及目的

对外贸易管制又称为进出口贸易管制，即对外贸易的国家管制，是指一国政府从国家的宏观经济利益、国内外政策需要以及为履行所缔结或加入国际条约的义务出发，为对本国的对外贸易活动实现有效的管理而颁布实行的各种制度以及所设立的相应机构及其活动的总称，简称贸易管制。

我国对外贸易管制制度是一种综合制度，主要由海关制度、关税制度、对外贸易经营者的资格管理制度、进出口许可制度、出入境检验检疫制度、进出口货物收付汇管理制度以及贸易救济制度等构成。

实行对外贸易管制是保护和扶植我国的民族工业、建立与巩固我国社会主义经济体系、防止外国产品冲击国内市场、保障我国有限的外汇储备能有效地发挥最大作用等方面的有效手段；实行对外贸易管制可以集中力量对国际市场的价格波动及世界经济危机作出迅速反应，防止这些因素对我国经济建设产生不良影响；实行对外贸易管制有利于加强我国在国际市场竞争中的斗争能力，增强国际贸易中的谈判地位；实行对外贸易管制还有助于更好地实现国家职能，政府通过对外贸易管制，对外可以及时根据我国在国际斗争中的政策和策略，调整外贸结构和格局，全面发展与世界各国的贸易往来，为维护世界和平、促进全球经济繁荣作

出贡献，对内则可以达到维护正常的国内经济秩序，保障经济建设的顺利进行，不断提高人民生活水平，丰富人民不断增长的物质文化生活需要的目的。

二、对外贸易管制目标的实现

既然对外贸易管制是对外贸易的国家管制，因此它所涉及的法律制度，均属于强制性法律范畴，任何从事对外贸易活动者都必须无条件予以遵守。政府实现对外贸易管制目标就是以这些法律制度为保障，依靠有效的政府行政管理手段来最终实现的。

（1）海关监管是实现贸易管制的重要手段。海关执行国家贸易管制政策是通过对进出口货物的监督管理，即海关监管来实现。作为我国进出关境监督管理机关的海关，依据《中华人民共和国海关法》（以下简称《海关法》）所赋予的权力，代表国家在口岸行使进出境监督管理职能，这种特殊的管理职能决定了海关监管是实现我国这类贸易管制目标有效的行政管理手段。

海关执行国家进出口贸易管制政策是海关监管工作的重要组成部分。《海关法》赋予了海关在口岸实施贸易管制的基本权力，《海关法》第二十四条规定“进口货物的收货人、出口货物的发货人应当向海关如实申报，交验进出口许可证件和有关单证。国家限制进出口的货物，没有进出口许可证件的，不予放行。”该条款是海关对有关进出境货物、物品实施禁止性或限制性贸易管制措施管理程序条款，其意义旨在明确进出境货物、物品的禁止性或限制性规定的立法主体和立法程序，规范海关执行对进出境货物、物品的禁止性或限制性规定的执法行为，维护国家利益和保护当事人权益。该条款也是海关为执行国家贸易管制政策所制定的相关监督管理程序之法律依据条款。

（2）执行贸易管制政策海关监管方式。由于国家进出口贸易管制政策是通过外经贸及国家其他行业主管部门依据国家贸易管制政策发放各类许可证件，最终由海关依据许可证件及其他单证（提单、发票、合同等）对实际进出口货物合法性的监督管理来实现的，因此执行贸易管制海关管理也就离不开“单”即包括报关单在内务类报关单据、“证”即各类许可证件、“货”即实际进出口货物这三大要素。“单”、“证”、“货”互为相符，是海关确认货物合法进出口的充要条件，也就是说对进出口受国家贸易管制的货类，只有确认达到“单单相符”、“单货相符”、“单证相符”、“证货相符”的情况下，海关才可放行相关货物。

（3）报关是海关确认进出口货物合法性的先决条件。报关作为一种程序实际上是指进出口货物收发货人或其代理人依法向海关进行进出口申报并办理有关海关手续的过程，是履行海关手续的必要环节之一。执行贸易管制政策海关监管是通过对“单”、“证”、“货”这三要素来确认货物进出口的合法性，而这三要素中的“单”和“证”正是通过报关环节中的申报手续向海关递交的。从法律意义上来说，申报意味着向海关报告进出口货物的情况，申请按其申报的内容放行进出口货物。《海关法》第二十四条规定，“进口货物的收货人、出口货物的发货人应当向海关如实申报，交验进出口许可证件和有关单证。国家限制进出口的货物，没有进出口许可证件的，不予放行，具体处理办法由国务院规定；进口货物的收货人应当自运输工具申报进境之日起 14 日内，出口货物的发货人除海关特准的外应当在货物运抵海关监管区后、装货的 24 小时以前，向海关申报。”该条款是关于收发货人在办理进出口货物海关手续时关于申报环节法律义务的规定，也是前文所阐述的有关“单、证、货互为相符，是海关确认货物合法进出口的充要条件”之法律依据条款。因此，报关不仅是进出口货物收、发货人或其代理人必须履行的手续，也是海关确认进出口货物合法性的先决条件。

三、我国贸易管制的主要管理措施及报关规范

贸易管制措施有关报关规范由两大方面构成。一是如实申报，所谓如实申报是指进出口货物收发货人在向海关申请办理通关手续时，按照规定的格式（进出口货物报关单）真实、准确地填报与货物有关的各项内容。二是按照政策规定，主动向海关提交有关许可证件及其他有关证明文件，即通过进出口货物类别，准确认定其所应适用的国家贸易管制政策，对其中属于国家实行许可证件管理的货类，向海关申请办理通关手续时应主动递交相应的许可证件；对涉及多项国家贸易管制措施的货类，依据国家贸易管制措施相对独立的原则，应分别递交相应的许可证件。准确理解和执行上述两个规范，是做好报关工作的前提条件。

（一）禁止进出口管理

1. 禁止进口的货物

（1）列入《禁止进口货物目录》的商品。

①《禁止进口货物目录》第一批、第六批，根据我国是所缔结或者参加的国际条约、协定，需要禁止进口的货物。例如，四氯化碳、犀牛角、麝香、虎骨等。

②《禁止进口货物目录》第二批，旧机电产品类。

③《禁止进口货物目录》第三批、第四批、第五批，所涉及的是对环境有污染的固体废物类。

④《禁止进口货物目录》第六批：保护人的健康，维护环境安全，淘汰落后产品。例如，长纤维青石棉、二恶英等。

（2）国家有关法律法规明令禁止进口的商品。

① 来自动植物疫情流行的国家和地区的有关动植物机器产品和其他检疫物。

② 动植物病原及其他有害生物、动物尸体、土壤。

③ 带有违反“一个中国”原则内容的货物及其包装。

④ 以氯氟烃物质为制冷剂、发泡剂的家用电器产品和以氯氟烃物质为制冷工质的家用电器用压缩机。

⑤ 滴滴涕、氯丹等。

⑥ 莱克多巴胺和盐酸莱克多巴胺。

（3）其他。

① 以 CFC-12 为制冷工质的汽车及以 CFC-12 为制冷工质的汽车空调压缩机。

② 右置转向盘的汽车。

③ 旧衣服。

④ VIII 因子制剂等血液制品。

⑤ 氯酸钾、硝酸铵。

2. 禁止出口的货物

禁止出口货物主要包括以下几类。

（1）列入《禁止出口货物目录》的商品。

①《禁止出口货物目录》第一批、第三批，根据我国是所缔结或者参加的国际条约、协定，需要禁止出口的货物名称，是为了保护我国自然生态环境和生态资源，禁止出口的商品，如四氯化碳、犀牛角、虎骨、麝香等、有防风固沙作用的发菜和麻黄草等植物。

②《禁止出口货物目录》第二批：主要是为了保护我国的森林资源，例如禁止出口木炭。

③《禁止出口货物目录》第三批：保护人的健康，维护环境安全，淘汰落后产品，例如，长纤维青石棉、二恶英等。

④《禁止出口货物目录》第四批：主要包括硅砂、石英砂及其他天然砂。

⑤《禁止出口货物目录》第五批：包括无论是否经化学处理过的森林凋落物以及泥炭（草炭）。

（2）国家有关法律法规明令禁止出口的商品。

① 未定名的或者新发现并有重要价值的野生植物。

② 原料血浆。

③ 商业性出口的野生红豆杉及其部分产品。

④ 劳改产品。

⑤ 以氯氟烃物质为制冷剂、发泡剂的家用电器产品和以氯氟烃物质为制冷工质的家用电器用压缩机。

⑥ 滴滴涕、氯丹等。

⑦ 莱克多巴胺和盐酸莱克多巴胺。

（二）进出口许可证管理

1. 主管部门及发证部门

进出口许可证主管部门是商务部，进出口许可证发证部门是商务部配额许可证事务局、商务部驻各地特派员办事处、各省、自治区、直辖市、计划单列市以及商务部授权的其他省会城市商务厅（局）、外经贸委（厅、局）。

2. 管理范围

（1）2012 年实施进口许可证管理的货物为消耗臭氧层物质（47 个 10 位数海关编码；在京央企由配额许可证局发证，其他由各地外经贸委商务厅发证）和重点旧机电产品（11 类 88 个 10 位海关商品编码，由配额许可证事务局发证），具体实施内容和发证机关见表 4-1。

表 4-1　进口许可证实施内容和发证机关

具体内容		发证机关
消耗臭氧层物质	三氯氟甲烷 CFC-11、三氯二氟甲烷 CFC-12 等商品	进口许可证由各地三级发证机构发证；在京中央管理企业的进口，由配额许可证事务局签发
重点旧机电产品	旧化工设备类、旧水泥生产设备类、旧金属冶炼设备类、旧工程机械类、旧造纸设备类、旧电力电器设备类、旧农业机械类、旧纺织机械类、旧印刷机械类、旧食品加工包装设备、旧船舶类、旧硒鼓共 12 类	商务部配额许可证事务局负责进口许可证的发证工作

（2）2012 年实施出口许可证管理的货物。2012 年实行出口许可证管理的货物共 49 种，包括以下几类。

① 许可证局负责签发以下 6 种货物的出口许可证：玉米、小麦、棉花、煤炭、原油、成品油。

② 特办负责签发以下 26 种货物的出口许可证：大米、玉米粉、小麦粉、大米粉、锯材、活牛、活猪、活鸡、焦炭、稀土、锑及锑制品、钨及钨制品、锌矿砂、锡及锡制品、白银、铟及铟制品、钼、磷矿石；蔺草及蔺草制品、碳化硅、滑石块（粉）、镁砂、矾土、甘草及甘草制品；铂金（以加工贸易方式出口）、天然砂（含标准砂）。

③ 地方发证机构负责签发以下 17 种货物的出口许可证：冰鲜牛肉、冻牛肉、冰鲜猪肉、冻猪肉、冰鲜鸡肉、冻鸡肉、消耗臭氧层物质、石蜡、锌及锌基合金、部分金属及制品、汽车（包括成套散件）及其底盘、摩托车（含全地形车）及其发动机和车架、钼制品、柠檬酸、青霉素工业盐、维生素 C、硫酸二钠。

④ 在京中央企业的出口许可证由许可证局签发。

⑤ 镁砂项下产品“按重量计含氧化镁 70%以上的混合物”（HS 编码为 3824909200）的出口许可证由各特办签发，镁砂项下其他产品的出口许可证由大连特办签发；以陆运方式出口的对港澳地区活牛、活猪、活鸡出口许可证由广州特办、深圳特办签发。

3．进出口许可证办理程序

在组织该类进出口认证商品前，经营者应事先向主管部门申领进出口许可证，可通过网上（许可证联网申领系统）和书面（提交进（出）口商品的进（出）口合同复印件、加盖公章的进（出）口许可证申请表、企业首次领证时应出具“中华人民共和国进出口企业资格证书”）两种形式申领。具体办理程序如下。

（1）申请。由申领单位或个人（以下简称“领证人”）向发证机关提出书面申请函件。

申请的内容包括：出口商品（货物）名称、规格、输往国别地区、数量、单价、总金额、交货期、支付方式（即出口收汇方式）等项目。

同时，还须向发证机关交验有关证件或材料。

① 外贸公司凭合同正本（或复印件）。

② 非外贸单位凭主管部门（厅、局级）的批准件。

③ 文物，凭文物主管部门的批准料件。

④ 书刊，凭出版主管部门的批准件。

⑤ 名人字画（只限近代、现代），凭文化部的批准件。

⑥ 黄金白银（不含饰品），凭中国人民银行总行的批准件。

⑦ 专利、诀窍、传统技艺，凭国家专利局或主管部门的批准件。

属于下列情况的，还须提供有关证件或材料。

① 经批准享有出口经营权的外贸企业，第一次向发证机关申领出口许可证时应提交主管部门批准成立公司（企业）的批文、公司（企业）章程、营业执照以及出口商品经营目录等复印件一套。

② 经批准成立的外商投资企业，第一次向发证机关申领出口许可证时，应提交有关部门关于项目合同的批件、营业执照以及经国家对外经贸部认可的年度出口计划等复印件一套。

（2）审核、填表。发证机关收到上述有关申请材料后进行审核。经同意后，由领证人按规定要求填写“中华人民共和国进出口许可证申请表”。

（3）输入电脑。填好的进出口许可证申请表，由申请单位加盖公章后送交发证机关，经审核符合要求的，由发证机关将申请表各项内容输入电脑。

（4）发证。发证机关在申请表送交后的 3 个工作日内，签发“中华人民共和国进出口许可证”，一式四联，将第一、二、三联交领证人，凭以向海关办理货物出口报关和银行结汇手续。同时，收取一定的办证费用。

为方便企业申领许可证，降低企业经营成本，许可证局开发了企业联网申领系统，并于 2002 年开始推广使用。企业通过远程登录（专线、拨号）方式登录到许可证申领网站，在页面上直接填写申请表，提交（上报）后即可完成申领手续，同时可将申请表打印出来，作为发证机构的存档资料。进口许可证网上申请流程如图 4.1 所示。

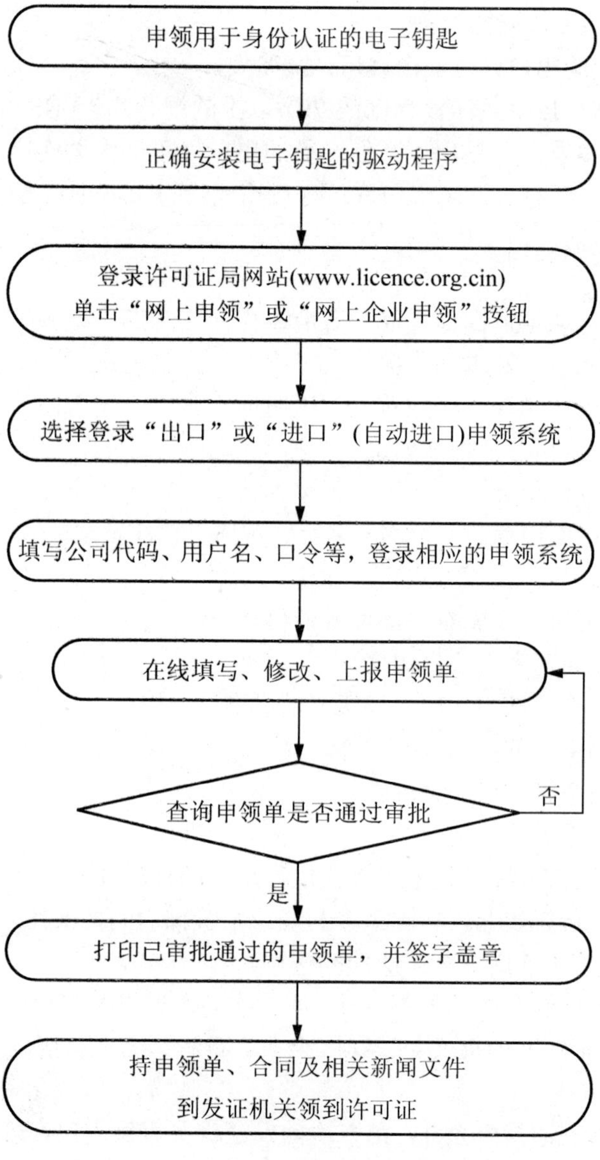

图 4.1　进出口许可证申请流程

（5）进出口许可证网上申领系统操作。

第一步，在浏览器的地址栏中输入 http://www.licence.org.cn/，进入中华人民共和国商务配额许可证事务局网站页面，单击“企业网上申领平台”按钮。

第二步，身份验证。

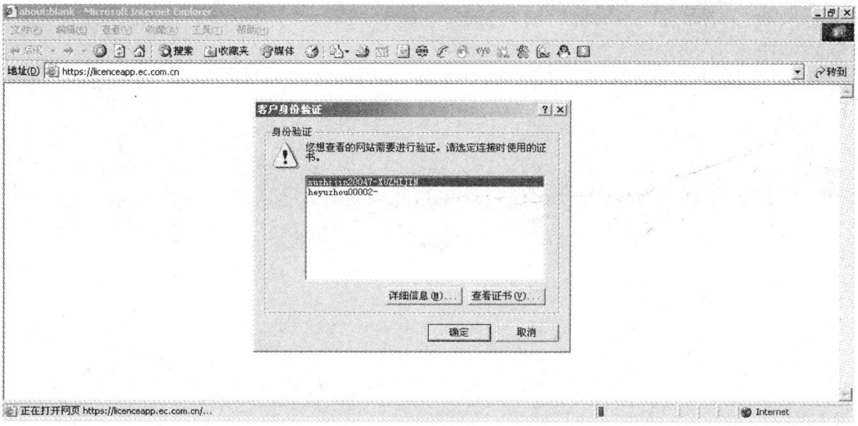

第三步，令牌登入。

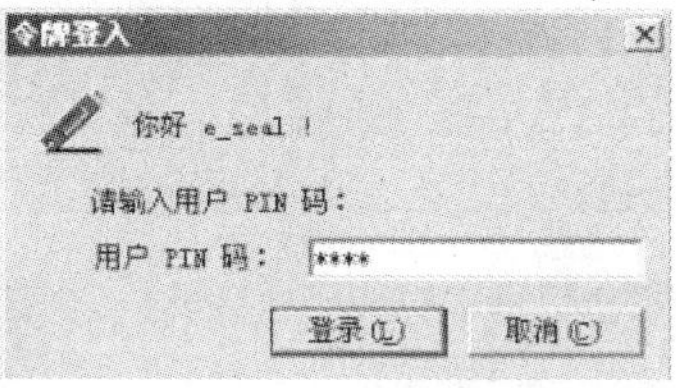

第四步，进入许可证申领系统。

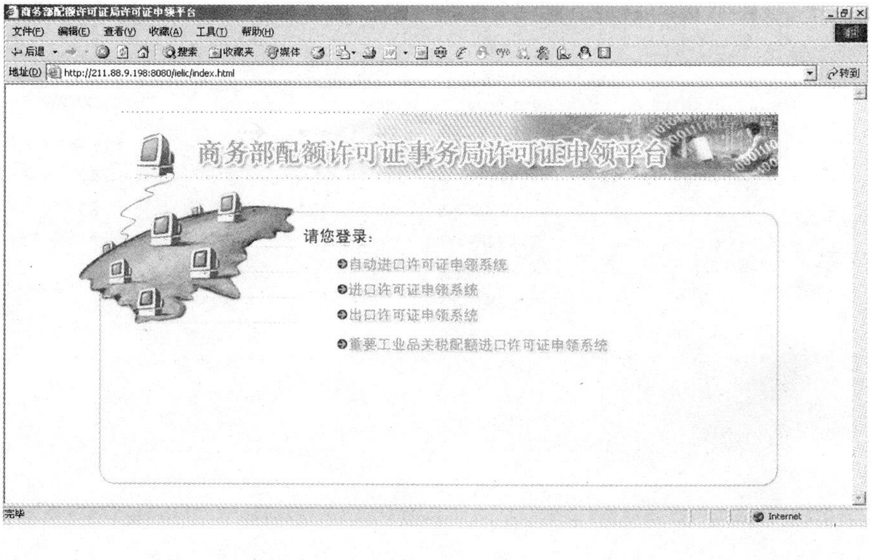

第五步，登录许可证申请系统。

第六步，进入申领系统页面。

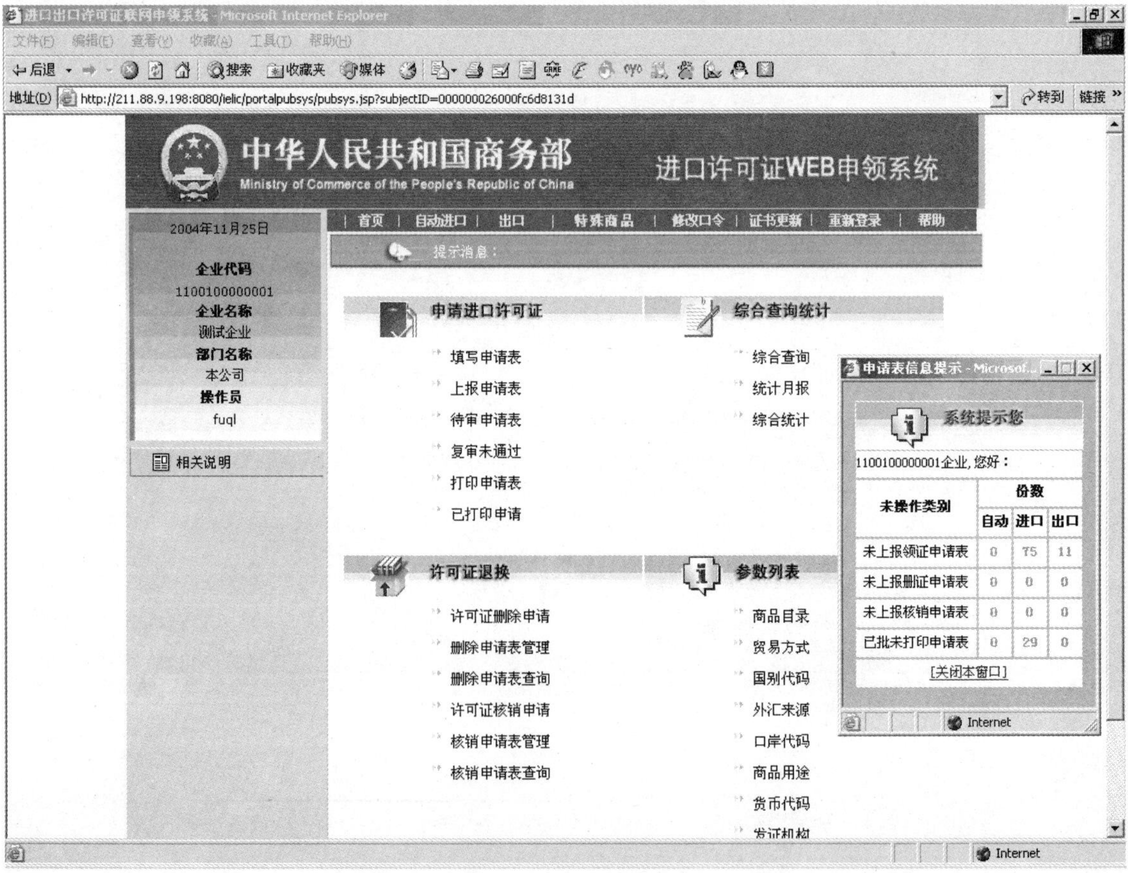

第七步，填写申请表。

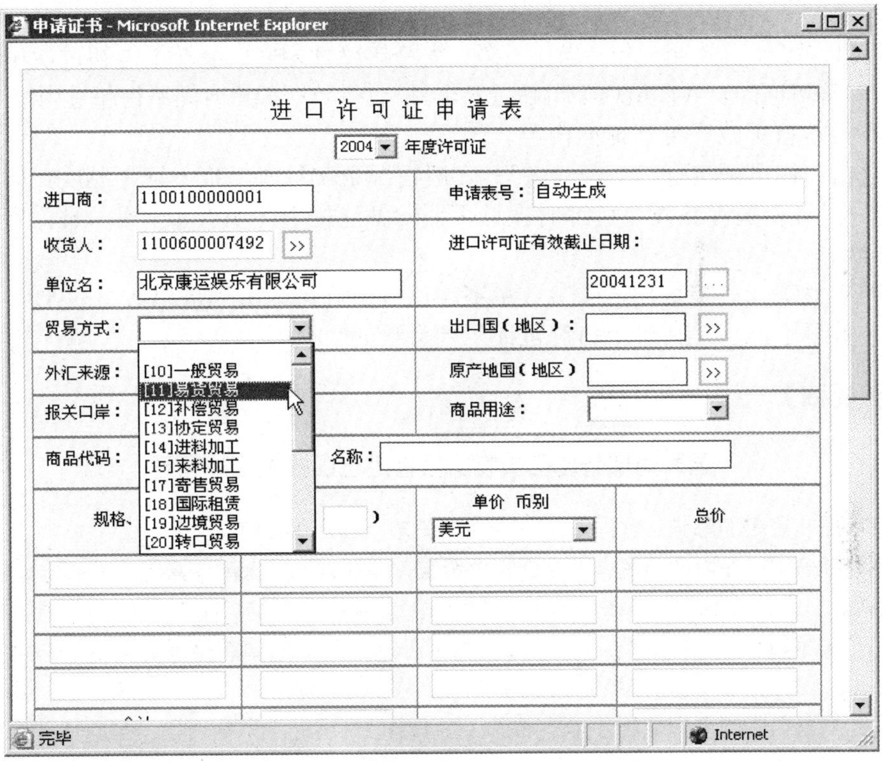

第八步，打印申请表。

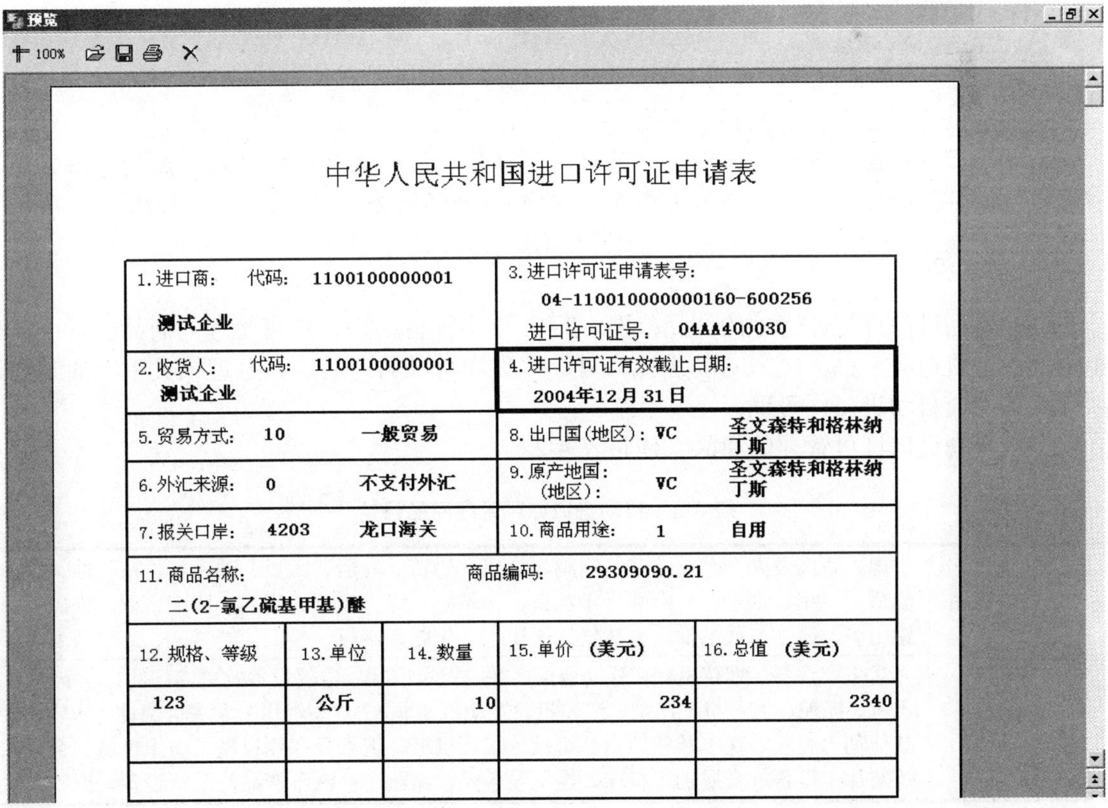

中华人民共和国进口许可证申请表

1. 进口商： 代码： 1100100000001 测试企业	3. 进口许可证申请表号： 04-11001000000160-600256 进口许可证号： 04AA400030
2. 收货人： 代码： 1100100000001 测试企业	4. 进口许可证有效截止日期： 2004年12月31日
5. 贸易方式： 10 一般贸易	8. 出口国(地区)： VC 圣文森特和格林纳丁斯
6. 外汇来源： 0 不支付外汇	9. 原产地国：(地区)： VC 圣文森特和格林纳丁斯
7. 报关口岸： 4203 龙口海关	10. 商品用途： 1 自用
11. 商品名称： 商品编码： 29309090.21 二(2-氯乙硫基甲基)醚	

12. 规格、等级	13. 单位	14. 数量	15. 单价 (美元)	16. 总值 (美元)
123	公斤	10	234	2340

4．报关规范

（1）进口许可证有效期一年，当年有效，需跨年度使用时，最长不得超过次年3月31日。

（2）出口许可证的有效期最迟不得超过6个月，且有效期截止时间不得超过当年12月31日。

（3）不得擅自更改许可证证面内容。

（4）进出口许可证实行“一证一关”、一般情况下实行“一批一证”制度。如要实行“非一批一证”，发证机关在签发许可证时在许可证的备注栏中注明“非一批一证”字样，但最多不超过12次。

（5）对于大宗、散装货物，溢装数量不超过进口许可证所列进口数量的5%，其中原油、成品油溢装数量不得超过其进出口许可证所列数量的3%。

【相关资料】

国家对部分出口货物实行指定出口报关口岸管理

锑及锑制品指定黄埔海关、北海海关、天津海关为出口报关口岸。

轻（重）烧镁出口许可证指定：由大连特办签发，指定大连、天津、青岛、天津、长春、满洲里为出口报关口岸。

甘草指定天津海关、上海海关、大连海关为出口报关口岸；甘草制品指定天津海关、上海海关为出口报关口岸。

以陆运方式出口的对港澳地区活牛、活猪、活鸡出口许可证由广州特办、深圳特办签发。

（三）自动进口许可证管理

1．主管部门及发证部门

自动进口许可证主管部门是商务部。

自动进口许可证发证部门是商务部配额许可证事务局、商务部驻各地特派员办事处、各省级以及商务部授权的其他省会城市商务厅（局）、外经贸委（厅、局）、各地机电办公室。

2．商品范围

（1）自动进口许可证管理的商品范围。2012年实施自动进口许可管理的商品包括：非机电类商品、机电类产品。列入自动进口许可管理货物目录的商品，在办理报关手续的时候，要向海关提交自动进口许可证。

实施自动进口许可管理的商品具体见表4-2。

表4-2　自动进口许可管理商品目录

非机电类商品	牛肉、猪肉及副产品、羊肉、肉鸡、鲜奶、奶粉、乳清、大豆、油菜籽、植物油、玉米酒糟、豆粕、烟草、二醋酸纤维丝束、铜精矿、煤、废纸、废钢、废铝、铜、铁矿石、铝土矿、原油、成品油、天然气、氧化铝、化肥、钢材
机电类商品	光盘生产设备、烟草机械、移动通信产品、卫星广播、电视设备及关键部件、汽车产品、飞机、船舶、游戏机、锅炉、汽轮机、发动机（非87章车辆用）及关键部件、水轮机及其他动力装置、化工装置、食品机械、工程机械、造纸及印刷机械、纺织机械、金属冶炼及加工设备、金属加工机床、电气设备、铁路机车、汽车产品、医疗设备、旧胶印机

（2）免交自动进口许可证的情形。

① 加工贸易项下进口并复出口的（原油、成品油除外）。

② 外商投资企业作为投资进口或投资额内生产自用的（酒机电产品除外）。

③ 货样广告品、实验品进口，每批次价值不超过 5000 元人名币的。

④ 暂时进口的海关监管货物。

⑤ 进入保税区、出口加工区等海关特殊监管区域及进入保税仓库、保税物流中心的属自动进口许可证管理的货物。

⑥ 国家法律、法规规定其他免领自动进口许可证的。

3．办理程序

（1）进口属于自动进口许可管理的货物，收货人在办理海关报关手续前，应向所在地或相应的发证机构提交自动进口许可证申请，并取得自动进口许可证。

（2）收货人可通过书面申请，也可通过网上申请。发证机构自收到符合规定的申请后，应当予以签发自动进口许可证，最多不超过 10 个工作日。

（3）对于已申领的自动进口许可证，如未使用应当在有效期内交回发证机构，并说明原因。

（4）自动进口许可证，如有遗失，应书面报告挂失。原发证机构经核实无不良后果的，予以重新补发。

（5）对于自动进口许可证自签发之日起 1 个月后未领证的，发证机构予以收回并撤销。

自动进口许可证申领事项见表 4-3。

表 4-3　自动进口许可证申领事项

<table>
<tr><th colspan="2">申请（领）形式</th><th>材料上交时间</th><th>申请材料</th><th>时效</th></tr>
<tr><td rowspan="2">自动进口许可证</td><td>网上</td><td>收货人应先到发证机构申领用于企业身份认证的电子钥匙，申请时，登录网站，填写资料，提交有关材料</td><td rowspan="2">（1）从事货物进出口的资格证书、备案登记文件或外商投资批准证书
（2）自动进口许可证申请表
（3）货物进口合同</td><td rowspan="2">（1）最多不超过 10 个工作日
（2）对于自动许可证签发之日起 1 个月后未领证的，发证机构可予以收回并撤销。</td></tr>
<tr><td>书面</td><td>收货人应可以到发证机构领取或从相关网站下载自动进口许可证申请表（可复印）等有关材料</td></tr>
</table>

4．报关规范

（1）自动进口许可证的有效期为 6 个月，仅限公历年度内有效。

（2）原则上实行“一批一证”管理，对部分可实行“非一批一证” 管理，在有效期内可以分批次累计报关使用，但累计使用不得超过 6 次。

（3）对于散装货物溢短装数量在货物总量正负 5%以内予以验放。

（4）对原油、成品油、化肥、钢材的散装货物，溢短装数量在货物总量正负 3%以内予以验放。

（四）两用物项和技术进出口许可证管理

1．主管部门及发证部门

主管部门是商务部。

发证机构是商务部配额许可事务局和受商务部委托的省级商务主管部门。

2. 管理范围

《两用物项和技术进出口许可证管理目录》内列明的商品，包括敏感物项（核、核两用品及相关技术、导弹及相关物项和技术、生物两用品及相关设备和技术、监控化学品、有关化学品及相关设备和技术）和易制毒化学品。

3. 办理程序

（1）经营者在进出口前获得相关行政主管部门批准文件后，凭批准文件到所在地发证机构申领两用物项和技术进出口许可证（在京的企业向许可证局申领）。

（2）两用物项和技术进出口许可证实行网上申领。

（3）发证机构收到相关行政主管部门批准文件和相关材料并经核对无误后，应在 3 个工作日内签发两用物项和技术进口或出口许可证。

4. 报关规范

（1）进出口时经营者应当主动向海关出具有效的两用物项和技术进出口许可证。

（2）当海关对于进出口的货物是否属于两用物项和技术提出质疑，经营者应按规定向主管部门申请进口或者出口许可，或者向商务主管部门申请办理不属于管制范围的相关证明。

（3）两用物项和技术进口许可证实行“非一批一证”和“一证一关”制。

两用物项和技术出口许可证实行“一批一证”和“一证一关”制。

（4）两用物项和技术进出口许可证有效期一般不超过 1 年，跨年度使用时，在有效期内只能使用到次年 3 月 31 日，逾期发证机构将根据原许可证有效期换发许可证。

（五）废物进口管理

1. 主管部门及发证部门

废物进口许可证归口管理及发证部门是国家环境保护部。

2. 管理范围

国家禁止进口不能用作原料的固体废物，对进口可用作原料的固体废物实行限制管理。环保部制定、调整并公布了《限制进口类可用作原料的废物目录》及《自动进口许可管理类可用作原料的废物目录》，对未列入目录内的固体废物禁止进口。

3. 办理程序

（1）向环境保护部提出废物进口申请获取“废物进口许可证”。

（2）进口废物运抵口岸后，口岸检验检疫机构凭环保部签发的废物进口许可证受理报检，合格的，向报检人出具“入境货物通关单”。

（3）海关凭“废物进口许可证”、“入境货物通关单”办理通关手续。

4. 报关规范

无论以何种方式进口列入上述管理范围的废物，均须事先申领“废物进口许可证”。

（1）向海关申报进口列入国家《限制进口类可用作原料的废物目录》的废物，报关单位应主动向海关提交有效的“废物进口许可证”、口岸检验检验机构出具的“入境货物通关单”及其他有关单据。

（2）向海关申报进口列入国家《自动进口许可管理类可用作原料的废物目录》的废物，报关单位应提交有效的“废物进口许可证”、口岸检验检验机构出具的“入境货物通关单”及其他有关单据。

（3）对未列入上述目录内的或虽列入上述目录内但未取得有效“废物进口许可证”的废物，一律不得进口和存入保税仓库。

（4）废物进口许可证实行“非一批一证”管理。

（5）进口废物不能转关，只能在口岸海关办理申报进境手续（废纸除外）。

（六）濒危物种进出口管理

1. 主管部门及发证部门

濒危物种进出口许可证的归口管理和发证部门是中华人民共和国濒危物种进出口管理办公室。

2. 非公约证明管理范围及报关规范

（1）管理范围：非公约证明是我国进出口许可管理中具有法律效力，用来证明对外贸易经营者经营列入《进出口野生动植物种商品目录》中属于我国自主规定管理的野生动植物及其产品合法进出口的证明文件。

（2）报关规范：无论以何种方式进口列入上述目录的野生动植物及其产品，均须事先申领非公约证明。非公约证明实行“一批一证”制度。

3. 公约证明管理范围及报关规范

（1）管理范围：公约证明是用来证明对外贸易经营者经营列入属于《公约》成员国应履行保护义务的物种合法进出口的证明文件。

（2）报关规范：无论以何种方式进口列入上述管理范围的野生动植物及其产品，均须事先申领非公约证明。公约证明实行“一批一证”制度。

4. 物种证明管理范围及报关规范

（1）管理范围：对于进出口列入《进出口野生动植物种商品目录》中除适用“非公约证明”、“公约证明”物种以外的其他野生动植物及相关货物或物品和含野生动植物成分的纺织品。

（2）报关规范。

① 一次使用的：有效期自签发之日起不得超过 6 个月。

② 多次使用的：只适用同一物种、同一货物类型、同一报关口岸多次进出口的野生动植物，有效期截至发证当年 12 月 31 日。持证者须于 1 月 31 日之前将上一年度使用多次“物种证明”进出口有关野生动植物标本的情况汇总上报发证机关。

③ 须按“物种证明”规定范围进出口野生动植物，超越许可范围的申报行为，海关不予受理。

④ 海关对进出口列入《目录》的商品以及含野生动植物成分的纺织品是否为濒危野生动植物种提出质疑的，经营者应按海关要求，申领“物种证明”；属于“公约证明”或“非公约证明”管理范围的，应申领“公约证明”或“非公约证明”。未能出具证明书或“物种证明”的，海关不予办理有关手续。

⑤ 对进出境货物或物品包装或说明中标注含有商品目录所列野生动植物成分的，经营者应主动、如实申报，海关按实际含有该野生动植物的商品进行监管。

（七）进出口药品管理

1. 主管部门及发证部门

进出口药品管理的主要部门是国家食品药品监督管理局。

2. 管理范围

进出口药品实行分类和目录管理，进出口药品从管理角度可分为进出口麻醉药品、进出口精神药品、进出口兴奋剂及进口一般药品。

3. 报关规范

（1）精神药品进出口管理范围及报关规范。《精神药品管制品种目录》所列药品进出口时，货物所有人或其合法代理人在办理进出口报关手续前，均须取得国家食品药品监督管理局核发的“精神药品进出口准许证”，“准许证”实行“一批一证”制度。

（2）麻醉药品进出口管理范围及报关规范。任何单位以任何方式进出口列入《麻醉药品管制品种目录》的药品，不论何种用途，均须取得国家食品药品监督管理局核发的“麻醉药品进出口准许证”，准许证实行“一批一证”制度。

（3）兴奋剂进出口管理范围及报关规范。列入《兴奋剂目录》的药品，包括蛋白质同化剂品种、肽类激素品种、麻醉药品品种、刺激剂（含精神药品）品种、药品类易制毒化学品品种、医疗用毒性药品品种、其他品种等 7 类。进出口兴奋剂时，须向国家食品药品监督管理局申领“进口准许证”或“出口准许证”并凭以向海关办理报关手续。

（4）一般药品进口管理范围及报关规范。国家对一般药品进口管理实行目录管理。国家食品药品监督管理局授权的口岸药品检验所以签发进口药品通关单的形式对列入目录管理的商品实行进口限制管理。向海关申报进口列入《进口药品目录》中的药品，应向海关提交“进口药品通关单”。进口药品通关单仅限在该单注明的口岸海关使用，并实行“一批一证”制度。一般药品出口目前暂无特殊规定。

【相关资料】

药品进口指定口岸管理

我国目前只有 19 个口岸可以进口药品：北京、天津、上海、大连、青岛、成都、武汉、重庆、厦门、南京、杭州、宁波、福州、广州、深圳、珠海、海口、西安、南宁。

（八）密码产品和含有密码技术的设备进口许可证管理

国家对密码产品和含有密码技术的设备实行限制进口管理。国家密码局会同海关总署公布了《密码产品和含有密码技术的设备进口管理目录》，以签发密码进口许可证的形式，对该类产品实施进口限制管理。

1. 管理范围

列入目录内以及虽暂未列入目录但含有密码技术的进口商品。

2010年列入目录内的包括有6类商品：加密传真机、加密电话机、加密路由器、非光通信加密以太网络交换机、密码机、密码卡。

2. 报关规范

在组织进口前应事先向国际密码管理局申领密码进口许可证。

免于提交密码进口许可证的情形：①加工贸易项下为复出口而进口的；②由海关监管，暂时进口后复出口的；③从境外进入特殊监管区域和保税监管场所的，或特殊区域保税监管场所之间进出的。

从海关特殊监管区域、保税监管场所进入境内区外，需交验密码进口许可证。

进口单位知道或者应当知道其所进口商品含有密码技术，但暂未列入目录的，也应当申领密码进口许可证。

在进口环节发现应当提交而未提交密码进口许可证的，海关按有关规定进行处理。

（九）美术品进出口管理

为加强对美术品进出口经营活动、商业性美术品展览活动的管理，促进中外文化交流，丰富人民群众文化生活，国家对美术品进出口实施监督管理。文化部负责对美术品进出口经营活动的审批管理，海关负责对美术品进出境环节进行监管。

美术品进出口管理是我国进出口许可管理制度的重要组成部分，属于国家限制进出口管理范畴。文化部委托美术品进出口口岸所在地省、自治区、直辖市文化行政部门负责本辖区美术品的进出口审批。文化部对各省、自治区、直辖市文化行政部门的审批行为进行监督、指导，并依法承担审批行为的法律责任。美术品进出口单位应当在美术品进出口前，向美术品进出口口岸所在地省、自治区、直辖市文化行政部门申领进出口批件，凭以向海关办理通关手续。

1. 管理范围

（1）艺术创作者以线条、色彩或者其他方式，经艺术创作者以原创方式创作的具有审美意义的造型艺术作品，包括绘画、书法、雕塑、摄影等作品，以及艺术创作者许可并签名的，数量在200件以内的复制品。

（2）批量临摹的作品、工业化批量生产的美术品、手工艺品、工艺美术产品、木雕、石雕、根雕、文物等均不纳入美术品进行管理。

（3）我国禁止进出境含有下列内容的美术品：违反宪法确定的基本原则的；危害国家统一、主权和领土完整的；泄露国家秘密、危害国家安全或者损害国家荣誉和利益的；煽动民族仇恨、民族歧视，破坏民族团结，或者侵害民族风俗习惯的；宣扬或者传播邪教迷信的；扰乱社会秩序，破坏社会稳定的；宣扬或者传播淫秽、色情、赌博、暴力、恐怖或者教唆犯罪的；侮辱或者诽谤他人、侵害他人合法权益的；蓄意篡改历史、严重歪曲历史的；危害社会公德或者有损民族优秀文化传统的；我国法律、行政法规和国家规定禁止的其他内容的。

2．办理程序

我国对美术品进出口实行专营，经营美术品进出口的企业必须是在商务部门备案登记，取得进出口资质的企业。美术品进出口单位应当在美术品进出口前，向美术品进出口口岸所在地省、自治区、直辖市文化行政部门提出申请，并报送以下材料。

（1）美术品进出口单位的企业法人营业执照、对外贸易经营者备案登记表。

（2）进出口美术品的来源、目的地、用途。

（3）艺术创作者名单、美术品图录和介绍。

（4）审批部门要求提供的其他材料。

文化行政部门应当自受理申请之日起 15 日内作出决定。批准的，发给批准文件，批准文件中应附美术品详细清单。申请单位持批准文件到海关办理手续。不批准的，文化行政部门书面通知申请人并说明理由。

3．报关规范

（1）向海关申报进出口管理范围内的美术品，报关单位应主动向海关提交有效的进出口批准文件及其他有关单据。

（2）美术品进出口单位向海关递交的批准文件不得擅自更改。如有更改，应当及时将变更事项向审批部门申报，经审批部门批准确认后，方可变更。

（3）文化行政部门的批准文件，不得伪造、涂改、出租、出借、出售或者以其他任何形式转让。

（4）同一批已经批准进口或出口的美术品复出口或复进口，进出口单位可持原批准文件正本到原进口或出口口岸海关办理相关手续，文化行政部门不再重复审批。上述复出口或复进口的美术品如与原批准内容不符，进出口单位则应当到文化行政部门重新办理审批手续。

技能训练和巩固

1．请以华田国际贸易公司报关员的身份绘制各类外贸管制证件使用一览表（表 4-4）。

表 4-4　各类外贸管制证件使用一览表

序号	证件名称	适用范围	发证部门	报关规范

2．请到许可证局查找各类许可证件申领的培训手册，制作培训 PPT，以华田国际贸易公司报关主管的身份在公司内部做一次讲座培训。

任务三 查找商品编码

【任务目标】

根据任务导入案例背景完成相关商品编码的查找，为填制报关单做准备。

【操作分析】

接上例，在申领到了相关的外贸管制证件后，小王和小李的下一步工作就是缮制进出口报关单并准备其他的报关单证。在缮制进出口报关单前，小王和小李首先要确定各自负责的货物的商品编码。

小王和小李拿出《中华人民共和国进出口税则》，开始查找商品编码。

1．氨纶纱线编码的查找

首先，小王根据自己的经验，判断氨纶纱线属于第十一类，即纺织原料及纺织制品；其次，这一类共有14章（50～63章），细心的小王还快速浏览了类注、章注，看看有无排他性条款的规定，确定没有排他性条款后小王接着判定氨纶纱线属于54章（化学纤维长丝）；再次，小王查找54章的品目条文，确认氨纶纱线属于合成纤维长丝纱线，由此确定编码前4个数字为5402；最后，小王在5402这一品目下依次确定一级、二级、三级和四级子目，最终，确认氨纶纱线的商品编码54026920。

2．男士全棉衬衫编码的查找

小李也采用相似的方法，即先确定商品所属的类、章，其次查阅类注和章注看看有无排他性条款，然后查阅相应章中的品目条文和品目注释，最后依次确定一级、二级、三级和四级子目。最后，查出来男士全棉衬衫的编码为62052000。

【知识链接】

要完成以上任务，需要掌握《商品名称及编码协调制度》的相关知识。

一、《商品名称及编码制度》的知识

（一）商品名称及编码协调制度的产生和发展

商品名称和编码协调制度（The Harmonized Commodity Description and Coding System），简称《协调制度》，也称H.S编码制度，是当今国际贸易中用途最广泛、应用国家最新、最完整的国际贸易商品分类体系。

H.S编码于1988年1月1日正式生效，经过两年的过渡期，于1990年1月1日起全面实施。现在世界上有100多个国家以其作为编制本国税则的基础。1988年，我国原进出口商品检验部门最早将这一编码制度应用于普惠制原产地证书的签发管理中，我国海关于1992年1月1日开始以H.S编码为基础编制《中华人民共和国进出口税则》。

世界海关组织（WCO）每四五年会对《协调制度》进行一次大范围的修订，以满足新生事物的发展需要。中国作为《协调制度公约》的缔约国之一，WCO调整《协调制度》后，我国也相应地需要进行新增（删减）或调整部分商品的 H.S 编码、税目等。目前，我国使用过的《协调制度》有 1992 年版、1996 年版、2002 年版、2007 年版。2012 年 1 月，2012 版《商品名称和编码协调制度》目录（以下简称 2012H.S 或 2012 海关编码）在全球贸易领域正式实施，我国也相应地对 2012 年税则做了调整，以适应 2012 年海关编码的变化。2012 版 H.S 目录是在 2007 版目录的基础上修订的。与 2007 版目录相比，新的 H.S 目录共有 220 处修订，涉及 2012 版目录 459 个 6 位数子目，主要包括：农业类 98 处、化工类 27 处、造纸类 9 处、纺织类 14 处、贱金属 5 处、机械类 30 处、其他各类 37 处。在 2012 版《协调制度》中，第 1～24 章是本次修订的重点，其中涉及的动、植物及食品类的部分章节修改数量总计逾总修订的三分之一。

（二）商品名称及编码协调制度的结构、内容及编排规律

1.《协调制度》的结构与内容

《协调制度》由归类总规则，类注、章注释及子目注释，商品名称及编码表三部分构成。《协调制度》主要由税（品）目和子目构成。前四位为税（品）号，第五位开始为子目号。为了避免各税（品）目和子目所列商品发生交差归类，在许多类、章下有类注、章注和子目注释，设在类、章之首，是解释类、章（品）目、子目的文字说明。协调制度设有归类总归则，作为指导整个分类目录商品归类的总原则。

《协调制度》将国际贸易涉及的各种商品按照生产部类、自然属性和不同功能用途等分为 21 类、97 章。内容结构安排如下。

第一类：活动物；动物产品（第 1～5 章）。

第二类：植物产品（第 6～14 章）。

第三类：动植物油、脂及其分解产品；精致的实用油脂；动、植物腊（第 15 章）。

第四类：食品；饮料、酒及醋；烟草及烟草代用品的制品（第 16～24 章）。

第五类：矿产品（第 25～27 章）。

第六类：化学工业及相关工业的产品（第 28～38 章）。

第七类：塑料及其制品；相交及其制品（第 39～40 章）。

第八类：生皮、皮革、毛皮及其制品；鞍具及挽具；旅行用品及类似容器；动物肠线（蚕胶丝除外）制品（第 41～43 章）。

第九类：木及木制品；木炭；软木及软木制品；稻草、秸干、针茅或其他编结材料制品；栏框及柳条制品（第 44～46 章）。

第十类：木浆及其他纤维装状纤维素浆；回收（废碎）纸和纸板；纸、纸板及其制品（第 47～49 章）。

第十一类：纺织原料及纺织制品（第 50～63 章）。

第十二类：鞋、帽；伞、杖、鞭及其零件；已加工过的羽毛及其制品；人造花；人发制品（第 64～67 章）。

第十三类：石料、石膏、水泥、石棉及类似材料的制品；陶瓷产品；玻璃及其制品（第 68～70 章）。

第十四类：天然或养殖珍珠，宝石或半宝石，贵金属，包贵金属及其制品；防真首饰；硬币（第 71 章）。

第十五类：贱金属及其制品（第 72～83 章）。

第十六类：机器、机械器具；电器设备及其零件；录音机及放声机、电视图像、声音的录制和重放设备及其零件、附件（第 84～85 章）。

第十七类：车辆、航空器、船舶及有关运输设备（第 86～89 章）。

第十八类：光学、照相、电影、计量、检验、医疗或外科用仪器及设备、精密仪器及设备；钟表；乐器；上述物件的零件、附件（第 90～92 章）。

第十九类：武器、弹药；及其零件、附件（第 93 章）。

第二十类：杂项制品（第 94～96 章）。

第二十一类：艺术品、收藏品和古物（第 97 章）。

《协调制度》的前 6 位数是 HS 国际标准编码，H.S 有 1241 个 4 位数的税目，5113 个 6 位数子目。由于商品种类和性质的复杂性，H.S 不可能穷尽所有的商品分类，所以，H.S 规定了“6 位码以上的海关编码及对应商品由各国自定”的兜底条款。由此，作为 H.S 公约的缔约方，我国根据关税、统计和贸易管理的需要加列了本国子目，在 8 位数分类海关编码的基础上，根据实际工作需要对部分税号又进一步分出了第 9、10 位数编码的 I-IS 编码制度。

2.《协调制度》的编排规律

所列商品名称的分类和编排是有一定规律的。

从类来看，它基本上按社会生产的分工分类的，将属于同一生产部类的商品归在同一类里，如农业产品在第一类、第二类；化学工业产品在第六类；冶金工业产品在第十五类；机电制造业在第十六类等。

从章来看，基本上按照商品的自然属性或用途（功能）来划分的。

第 1 章至 83 章（64 至 66 除外）基本上是按照自然属性来划分的，而每章的前后顺序是按照动物、植物、矿物质和先天然后人造的顺序排列的。如第 1～5 章是活动物产品；第 6～14 章活植物和植物产品；第 25～27 章是矿产品。又如第十一类包括了动、植物和化学纤维的纺织品原料及其产品。商品之所以按自然属性分类是因为其种类、成分或原材料比较容易区分，同时也因为商品价值的高低往往构成商品本身的原材料。

又如第 64～66 章和章第 84～97 章是按照用途或功能来划分的。

商品之所以按功能和用途来分，一是因为这些商品往往由多种材料构成，难以将这些物品作为某一种材料制成的物品来分类；二是因为商品的价值主要体现在生产该物品的社会必要劳动时间，如一台机器，其价值主要看生产这台机器所耗费的社会必要劳动时间，而不是机器用了多少贱金属。

从农、工业用品的划分来看：第 1～24 章为农业品，第 25～97 章为工业用品，第 98 章为特殊交易品。

【相关资料】

2012 年版商品编码《协调制度》修订情况

(1) 在 2012 版《协调制度》中，第 1～24 章是本次修订的重点，其中涉及的动、植物及食品类的部分章节修改数量总计逾总修订的三分之一。

(2) 2012 版《协调制度》更加关注环境问题，对此类内容的进出口商品进行了删除、修改或增加章注、子目注释、品目及子目。

(3) 对贸易中存在诸多争议的商品做了修改，对争议产品新增了子目。

(4) 对 40 个贸易量较小的品目及子目做了删除或合并除了。

(5) 具有中国特色的“百合花”、“普洱茶”、“旅客登机桥”等商品被列入 2012 版《协调制度》中。

二、H.S 编码查找基本方法

在查找商品的过程中，一定要先确定它的类，其次是章，再确定它的 1 级子目、2 级子目，依次类推。商品的 8 位数编码（例如 0105.9994）前两位表示项目所在章（01 指的是第一章的内容），3、4 位表示在该章的排列顺序号，第 5 位表示的是它的一级子目，第 6 位表示二级子目，依次类推。

在商品名称前面都有一个横杠。

“—”表示 1 级子目。

“——”表示 2 级子目。

“———”表示 3 级子目。

“————”表示 4 级子目。

商品编码查找方法可归纳如下。

(1) 确定所给出的商品名称的中心词，判断所归入的类、章（21 类 97 章）。

(2) 查阅类注、章注，尤其关注其中的排他性条款、定义性条款和优先性条款。

(3) 查阅相应章中品目条文和注释，如可见该商品则确定品目。接下来确定一级子目，有二级子目则继续往下查，依次确定二、三、四级子目。

(4) 如无规定则运用归类总规则来确定品目。

例如，重量为 1kg 的活火鸡，供食用。其编码查找过程如下。

第一步，找到所在的类、章。火鸡是活动物，归第一类第一章。

第二步，查阅类注、章注没做说明，即查阅第一类的类注和第一章的章注，不属于本章不包括的情形。因此可归入第一章。

第三步，查阅相应章中品目条文，如可见该商品则确定品目，即查阅第一章 4 位数品目号列及其黑体字。活火鸡属于家禽类，在 0105 就可以找到家禽。

第四步，再进一步确定它的 8 位数编码，0105.9994。

三、H.S 归类总规则

归类总规则是《协调制度》中所规定的最为基本的商品归类规则。归类总规则规定了 6 条基本原则。

1. 规则一

具体条文：类、章及分章的标题，仅为查找方便而设。具有法律效力的归类，应按税（品）目条文和有关类注或章注确定，如税（品）目、类注或章注无其他规定，按以下规则确定。

从规则一可以看出：规则一解决的是类、章、分章的标题，对商品归类没有法律效力，而对商品归类有法律效力的注释，首先是税（品）条文（子目注释），其次是章注及类注。

例如，第一类的标题是“活动物；动物产品”，按标题它应包括所有的活动物、动物产品，但第一类中不包括税（品）号 9508 中的流动马戏团、动物园或其他类似巡回展出用的活动物，也不包括第八类中的生皮、毛皮、第十一类的蚕丝、羊毛、动物细毛或粗毛，第十四类中的天然养殖珍珠。

2. 规则二

规则二（一）具体条文：税（品）目所列货品，应视为包括该项商品的不完整品，只要在进口或出口时该不完整品或未制成品具有完整品或制成品的基本特征；还应视为包括该项货品的完整品或制成品（或按本款可作为完整品或制成品归类的货品）在进口或出口时的未组装件或拆散件。

规则二（一）规定，税目条文不仅仅限于税目条文本身，还应扩大到以下内容。

（1）不完整品（缺少某些部分，不完整）。例如，缺少轮子的轿车。

（2）未制成品（尚未完全制成，需进一步加工才成为制成品）。例如，做手套用已剪成手套形状的针织棉布 6116.9200。

（3）未组装件或拆散件（尚未组装或已拆散）通过简单组装即可装配起来。例如，多功位组合机床 8457.3000。

规则二（二）具体条文：税（品）目中所列材料或物质，应视为包括该种材料或物质与其他材料或物质混合组合的物品，税（品）目所列某种材料或物质构成的货品，应视为包括全部或部分由该种材料或物质的货品，由一种以上材料或物质构成的货品，应按规则三归类。规则二（二），规定税目所列材料或物质，还应该扩大到该材料或物质中可以加入其他材料或物质；但条件是加入材料或物质并不改变原来材料或物质或其所构成货品的基本特征。

例如，4503 是天然软木制品，对于外边包纱布的热水瓶塞子，热水瓶塞子虽然包了纱布，但是并没有改变这个瓶塞的基本特征，因此还是归入 4503.1000 的品目。

3. 规则三

当货品按规则二（二）或由于其他原因看起来可归入两个或两个以上品目时，应按以下规则归类。

规则三（一）具体条文：列名比较具体的税（品）目，优先于列名一般的税（品）目。但是，如果两个或两个以上税（品）目都仅述及混合或组合货品所含的某部分材料或物质，或零售的成套货品中的某些货品，即使其中某个税（品）目对该货品描述的更为全面、详细，这些货品在有关品目的列名应视为同样具体。

规则三（一）概括为：具体列名优先于一般列名（简称“具体列名原则”）。

一般来说，列出品名的比列出类名更为具体，例如，塑料碗就比塑料制品更为具体；又如，汽车用电动刮雨器比汽车零件更为具体。

规则三（二）具体条文：混合物、不同材料构成或不同部件组成的组合物以及零售的成套货品，如果不能按照规则三（一）归类时，在本款可适用的条件下，应按构成货品基本特征的材料或部件归类。

规则三（二）概括为“基本特征原则”。

例如，“碗装的方便面，由面饼、调味包、塑料小叉构成”，在这个商品中，就属于混合物，由于面饼构成了这个商品的基本特征，所以应该按面饼归类。

适用于规则三（二）的四种情况：①混合物；②不同材料的组合物品；③不同部件的组合物品；④零售的成套物品。

规则三（二）“零售成套货品”，必须同时具备 3 个条件：①零售包装；②由归入不同税目号的货品组成；③用途上相互补充、配合。

例如，一个成套的理发工具，由一个电动理发推子（8510）、一把梳子（9615）、一把剪子（8213）、一把刷子（9603）及一条毛巾（6302），装于一个皮匣子（4202）组成，按照本规则该货品应该归入税品目号 8510。

规则三（三）具体条文：货品不能按照规则三（一）、（二）归类时，应按号列顺序归入其可归入的最末一个税（品）目。

规则三（三）概括为“从后归类”原则。

例如，“由 200g 的奶糖和 200g 巧克力糖果混和而成的一袋 500g 的糖果”，由于其中奶糖和巧克力糖果的含量相等，“基本特征”无法确定，所以呢，应从后归类，奶糖是归入 1704，巧克力糖果是归入 1806，那么就归入后一个税目 1806。

在规则三里面一共有三款，需要注意是：①只有规则一和规则二都不能用的时候才用规则三；②在运用规则三时，必须按其中（一）、（二）、（三）款的顺序逐条运用。

4．规则四

具体条文：根据上述规则无法归类的货品，应归入与其最相类似的货品的品目。

对某个未列名的商品（无论是一种或多种材料混合制作），根据上述规则无法归类的，按此商品的类似品的编码归类。

例如，手推购物车。

（1）可归入 87 章车辆。

（2）由于此章注释并无相关解释，所以查阅税（品）目标题。

（3）可归入非机械驱动车辆 8716。

（4）此目录中又没有具体列名。

所以“手推购物车”归入“其他车辆”8716.8000。

5．规则五

除上述规则外，本规则适用于下列货品的归类。

规则五（一）具体条文：制成特殊形状仅适用于盛装某个或某套物品并适合长期使用的照相机套、乐器盒、枪套仪器、绘图仪器盒、项链盒及类似容器，如果与所装物品同时进口或出口，并通常与所装物品一同出售的，应与所装物品一样归类。但本款不使用于本身构成整个货品基本特征的容器。

例如，装有金首饰的木制首饰盒归入税（品）目 7113，其品目条文是“贵金属或包贵金属制的首饰及其零件”，即首饰盒与所装首饰一并归类。

但本款规则不适用于已构成了物品基本特征的容器。

例如，装有茶叶的银制茶叶罐，银罐本身价值昂贵，已构成了整个货品的基本特征，应按银制品归入税（品）目号 7114，而不是和茶叶一并归类。

规则五（二）具体条文：除规则五（一）规定的以外，与所装货品同时进口或出口的包装材料或包装容器，如果通常是用来包装这类货品的，应与所装货品一并归类。但明显可重复使用的包装材料和包装容器不受本款限制。

规则五（二）实际上是对规则五（一）的补充，它适合于明显不能重复使用的包装材料和包装容器，当货物开拆后，包装材料和容器一般不能再作原用途使用。例如，包装大型机械的木板箱，装着玻璃器皿的纸板箱等。但本款不适用于明显可重复使用的包装材料或包装容器，例如装压缩或液化气体的钢铁容器。

6. 规则六

具体条文：货品在某一税（品）目项下各子目的法定归类，应按子目条文或有关的子目注释以及以上各条规则来确定，但子目的比较只能在同一数级上进行。除《协调制度》另有规定的以外，有关的类注、章注也适用与本规则。

规则六包括两层含义。

（1）子目归类首先按子目条文和子目注释确定，在子目条文和子目注释没有规定的情况下，才按类注、章注的规定进行归类。如第 71 章注释四（二）和子目注释所包含的范围不同，前者比后者范围大，在解释子目 7110.11 和 7110.19 的“铂”的范围时，应采用子目注释二的规定而不是章注四（二）的规定。

（2）比较哪个子目描述的更为详细具体时，只能在同一级子目上相互比较，不能在不同级别的子目上比较。

例如，中华绒螯蟹种苗。

（1）先确定一级子目：冻的、未冻的。

（2）再确定二级子目：龙虾、大螯虾、小虾及对虾、蟹，其他。

（3）然后确定三级子目：种苗、其他。

因此，“中华绒螯蟹种苗”应归入种苗三级子目 0306.2410，而不能归入其他里面的四级子目中华绒熬蟹 0306.2491。

四、“商品归类方法”举例详解

1. 列名优先原则：有列名归列名

根据《归类总规则》规则三（一）所示，列名比较具体的税（品）目，优先于列名一般的税（品）目，即本节所称的列名优先的原则。列名优先的原则是进出口商品归类的第一原则，也是首选的归类方法。

因此，在进行商品归类时，首先要根据所归类商品的特征，如商品的主要成分、加工方式、规格、用途、等级、包装方式、功能作用等进行综合分析，再根据分析结果找出其相适合的品目，最后以“列名优先”的原则进行归类。

例如，纯棉妇女用针织紧身胸衣。

归类步骤如下。

（1）商品分析。

成分：纯棉。

用途：妇女用。

加工方式：针织。

品名：紧身胸衣。

（2）品目归类。根据对成分及加工方式的分析，可能会将该项商品归人第 61 章：针织或钩编的服装及衣着附件。但仔细阅读第 61 章章注释二（一），可以发现本章不包括 62.12 品目的商品。62.12 品目条文：胸罩、束腰带、紧身胸衣、吊裤带、吊袜带……因此，可以初步将“紧身胸衣”归入 62.12 品目。

(3)简易方法适用。根据“列名优先”的原则，查看 62. 12 品目中所包含的子目 6212. 3090，可以看出，该税号符合所需归类商品的特定意义。因此，“纯棉妇女用针织紧身胸衣”应归入税号 6212.3090。

2. 没有列名归用途

所谓没有列名，是指所需归类商品的语言不能与《税则》中品目、子目条文所列名的内容相吻合。在这种情况下，应将归类方法顺序转为第二种方法——按用途归类的方法，即按照该商品的主要用途进行归类。该归类方法应从对商品的用途分析入手，使之产生《税则》所认可的语言。这种方法特别适用所归类商品已构成商品的基本特征的各类商品，如动植物类、机器、电气、仪器仪表类。例如，第一章：活动物，如归类的商品是马戏团表演用的马，分析商品得知，虽然马戏团的马肯定是活动物，理该归人第一章，但由于第一章所述马的用途仅限定在种用或食用、服役马，而马戏团的马其用途在于表演，因此不能将该种活动物——马戏团的马归入第一章，而应根据其章注归入第九十五章，税号 9508.1000。

例如，盥洗用醋（美容盥洗用，带香味）。

归类步骤如下。

（1）商品分析。

成分：醋、香味剂。

用途：盥洗用。

（2）品目归类。根据成分和用途，该种醋可能会被归入税号 2209.0000，其为醋及用醋制得的醋代用品。根据海关总署关税征管司、全国海关进出口商品归类中心编写的《海关进出口税则——统计目录、商品及品目注释》：醋及其代用品可用于食物的调味和腌制，也可用调味香料增加香味，同时注明：本品目不包括品目 33.04 的“盥洗用醋”。显然，其应当归入品目 33.04。

（3）简易方法适用查阅品目 33.04 条文，并没有具体的“盥洗用醋”列名。此时，应当按照没有列名归用途的方法进行归类。根据该商品最大的用途特征为：盥洗用，也就是保护皮肤用，将其归入“护肤品”，即税号 3304.9900。

3. 没有用途归成分

成分一般是指化合物或组合物中所含有物质（元素或化合物）的种类。“没有用途归成分”的归类方法，是指当某种商品的归类语言无法与《税则》相吻合，既没有具体列名，并且用途特征也不明显时，应按其主要“成分”归类。也就是要按照《归类总规则》二（二）、三（二）所示规则进行归类，并且应当按照“列名”、“用途”、“成分”归类方法的先后次序归类。

按照“成分”归类时，应充分理解《归类总规则》中关于材料或物质的定义。“税（品）目中所列材料或物质，应视为包括该种材料或物质与其他材料或物质混合或组合的物品。税（品）目中所列某种材料或物质构成的货品，应视为包括全部或部分由该种材料或物质构成的货品”；“混合物，不同材料构成或不同部件组成的组合物以及零售的成套货品，如果不能按照规则三（一）归类时，在本款可适用的条件下，应按构成货品基本特征的材料或部件归类”。

在实际操作中，可以按照成分归类的商品基本分为两大类。

其一，由某种材料制的商品，如针叶木制、阔叶木制、钢铁制、铝制、铜制、塑料制、纸制、化学纤维制、天然动物纤维制、天然植物纤维制等。对于这一类的商品，应当理解为完全由该类物质加工而成，或以该类物质占有绝对比例的物质构成，如木制门窗、钢铁制螺母、塑料制螺母、铝制牛奶桶、化纤制香烟过滤嘴等。

其二，按重量计含有某种材料与其他材料混合的制成品。举例如下。

（1）女式针织毛衣（按重量计，含羊毛 70%、兔毛 20%、腈纶 10%）。

（2）含铅 99.9%、含银 0.01%、含其他金属 0.09%的精炼铅。

（3）按重量计含棉 90%、含化学短纤维 10%的棉纱线。

但是，在运用该方法归类时，不可打乱“列名”、“用途”、“成分”三者的先后次序，而应按序使用。也就是在“列名”、“用途”的归类方法无法找到商品编码时，才能使用按“成分”的方法归类，而不可将按“成分”的归类方法，优先于其他两种方法使用。如塑料制中国象棋，若未按先后次序选择使用归类方法，而优先选择按材料归类，即会产生错误的商品归类语言，误将其归入第 39 章——塑料制品。正确方法应按“列名优先”的原则，将其归入税号 9504.9030。又如不锈钢制外科手术用锯，经对其分析得知，该商品的最大特征是外科手术时所使用的锯。其虽然从结构上与普通钳工所使用的锯相同，但从其加工工艺材料的选择上又不同于普通钳工锯。若按序列一，“列名优先”的原则进行选择时，很可能会归入税号 8202.1000。但是，税号 8202.1000 条文显示的是“金属制的手工锯”，与需要归类的商品不相吻合，也就是子目条文与商品归类语言不相吻合。若按序列三，“归成分”的方法进行选择时，仍会将其错误归入税号 8202.1000。若按序列二，“归用途”的方法进行选择时，会将其正确归入税号 9018.9090。从而可知，简易商品归类方法的适用，必须按照“列名”、“用途”、“成分”的先后顺序进行，千万不可颠倒。否则，将无法产生正确的归类，也就是无法产生子目条文与商品归类相吻合的语言。

例如，一次性纸制厨师帽。

归类步骤如下。

（1）商品分析。

成分：纸。

特征：一次性使用。

品目：厨师帽。

（2）品目归类。通过对商品的分析得知，该项商品是由纸制成的，并且是供厨师一次性使用的专用帽子。通观《税则》得知，《税则》中包含各种帽类的章分别是：第 48 章的“纸制衣着附件”、第 63 章的“旧帽类”、第 68 章的“石棉制的帽类”及第 95 章的“玩偶帽类或狂欢节用的帽类”。“一次性纸制厨师帽”在以上各章均无具体列名，所以，不能依第一顺序“列名优先”的方法归类。依次按第二顺序“按用途”归类。由于该商品的用途特征仅为“厨师用的帽子”，虽然已经显示出该商品的专用性特征，但其中缺少“成分”内容，所以，并未完全表达出需要归类的商品全部定义，也就是归类语言不完整。再依次按第三顺序“按成分”归类。该商品的成分为纸，这时商品归类语言可以表述为：用纸制成的厨师用的帽子。需要归类的商品是“一次性纸制厨师帽”，“一次性纸制厨师帽”与“用纸制成的厨师用的帽子”之间的区别，仅仅在于是否是一次性使用。一次性使用或者多次性使用，只是使用方法问题，并且《归类总规则》中并没有关于商品进出口后使用方式的限定，因此，应当忽略不计。根据“一次性纸制厨师帽”的特定含义可知，该帽子应该是与厨师的职业服装同时使用的，因此，应将其归入纸制的衣着附件类。根据第 48 章章注释二（十一）：本章不包括第 64 章或第 65 章的物品。这时可以在第 48 章中查找与之相适应的品目，品目 48.18：衣服及衣着附件。因此，“一次性纸制厨师帽”应该归入该品目。

（3）简易方法适用。根据“列名”、“用途”、“成分”的先后顺序，“一次性纸制厨师帽”应该以其成分归类，归入纸制品类。查找品目 48.18，“一次性纸制厨师帽”应归入税号 4818.5000。

不同成分比多少，相同成分要从后将在后面的归类总规则三（二）、（三）中进行详细介绍。

【相关资料】

查找商品编码的网上资源

常用的查询 H.S 编码的网站有下面几类：

第一类，首推海关官方提供的查询地址：http://service.customs.gov.cn/default.aspx?tabid=9409。可以用品名进行查询，但不支持模糊查询。

第二类，补充型查询网站，比如 http://ts.acsoft.cn/tslcx.aspx。这是一个查询退税率及 H.S 编码的网址，这类网站的特点是在海关原有查询功能的基础上行增加了可以查询的内容，比如这个网址能够方便地查询 H.S 编码的监管条件、增值税率及退税率，也能进行一部分模糊查询。但是缺点依然存在，查询的品名需要比较规范才行。

第三类，综合型查询网站，比如 http://www.likelic.com:80/tools/hsCode.html。对于新手来说，算是很适合的一个网址，可以进行模糊查询，可以进行不规范品名的查询，基本上一二类网站能查询到的，这里也都可以查询。

技能训练和巩固

请以宁波华田国际贸易公司报关员的身份完成下列商品的归类。

（1）粮油食品类。

燕麦片、大豆粉、人造黄油、实用调和油（豆油 70%、菜油 20%、棕榈油 10%）、食品罐头（牛肉 15%、茄子 55%、鱼块 25%、猪肉 5%）、雀巢咖啡、啤酒、未加糖的可可粉、猪肉松、马铃薯淀粉。

（2）矿产品类。

锰精矿、辰砂、高岭土、润滑油、白水泥、云母片、药材用琥珀、无烟煤、食用盐。

（3）机电产品类。

立式数控机床、多头自动绣花机、静电纺纱机、塑料注塑机、真空吸尘器、纸浆干燥器、轿车空调用压缩机、激光打印机、制燕麦片机、面包房用烤炉。

（4）纺织类。

混纺漂白撒纱线（60%棉、30%亚麻、30%萱麻）、凡立丁、聚氯乙烯涂布织物后制成的成匹人造革、套头羊毛衫、全棉制针织婴儿服装、棉制男士 T 恤、棉条、山羊绒原料、涤纶长丝丝束、宽 4mm 的丙纶长扁条。

任务四　准备申报单证及申报

【任务目标】

根据任务导入案例背景完成进出口报关单的填制，并准备全套报关单证进行申报。

【操作分析】

接上例，小王和小李下一步就是准备全套报关单证进行申报。小王要准备的全套报关单证包括进口报关单、商业发票、装箱单、进口提货单据。小李要准备的全套报关单据包括出口报关单、出境货物通关单、商业发票、装箱单、出口装货单据、外汇核销单。除了进出口报关单，其他的单证已准备好，因此，小王和小李下一步的工作就是缮制进出口报关单，并通过电子报关系统进行电子申报。

1．进口报关单的填报

以下是本票氨纶纱线进口的发票、提单和箱单，小王以这 3 张单据为基础填报了进口报关单。

【单据 1】发票

COMMERCIAL　INVOICE

<table>
<tr><td colspan="2">Seller:
SINGARPORE INERNATIONAL TRADE CO.
8021 SOUTH 210 TH STREET</td><td colspan="3">Invoice No. and Date:
EX80320 5th JAN. 2008
L/C No. and Date</td></tr>
<tr><td colspan="2">Consignee:
NINGBO HUATIAN INERNATIONAL TRADE CO.
112 ZHONGSHANRD.HAISHU NINGBO,CHINA</td><td colspan="3">Buyer
AS PER CONSIGNEE</td></tr>
<tr><td colspan="2">Departure Date:
ETD:6 th JAN 2012</td><td colspan="3">Terms of Deliver and Payment:
T/T NINGBO
T/T 60 DAYS FROM B/L DATE</td></tr>
<tr><td colspan="2">Vessel: Queen's 229
From: SINGARPORE　　To: NINGBO</td><td colspan="3">Other Reference:
CONTRACT NO. SPEC/KCC803-01</td></tr>
<tr><td>Shipping Marks</td><td>Goods Description</td><td>Quantity</td><td>Unit Price</td><td>Amount</td></tr>
<tr><td>N/M</td><td>Spandex Yarns
Not for Retail Sale
Origin:SINGAPORE
（计量单位：千克）</td><td>5000 KG</td><td>USD 6.546
FOB
SINGERPORE</td><td>USD32,730</td></tr>
</table>

【单据 2】提单

BILL OF LADING

Shipper: SINGARPORE INERNATIONAL TRADE CO. 8021 SOUTH 210 TH STREET	**B/L No. :**MISC200000537
Consignee of Order: NINGBO HUATIAN INERNATIONAL TRADE CO. 112 ZHONGSHANRD.HAISHU NINGBO,CHINA	**Carrier:** AMERICAN PRESIDENT LINES
Notify Party/Address: SAME AS CONSIGNEE	**Place of Receipt:** SINGAPORE CY
Vessel and VOY No: Queen's 229 **Port of Loading:** SINGAPORE	**Place of Delivery:** NINGBO CY
Port of Transhipment:	**Port of Discharge:** NINGBO

Marks & Nos.	Number & Kind of Packages	Description of Goods	Gross Weight	Measurement
N/M	Spandex Yarns, Not for Retail Sale TOTLE PAKED IN 250 CARTONS		5020KG	

【单据 3】装箱单

PACKING LIST

Seller: SINGARPORE INERNATIONAL TRADE CO. 8021 SOUTH 210 TH STREET	**Invoice No. and Date:** EX80320 5th JAN. 2008
Consignee: NINGBO HUATIAN INERNATIONAL TRADE CO. 112 ZHONGSHANRD.HAISHU NINGBO,CHINA	**Buyer** AS PER CONSIGNEE
Departure Date: ETD:6 th JAN 2012 **Vessel:** Queen's 229 **From:** SINGARPORE **To:** NINGBO	**Other Reference:** CONTRACT NO. SPEC/KCC803-01

Shipping Marks	Number & Kind of Packages	Goods Description	Quantity	N.W	G.W	Measurement
N/M	250 CARTONS	Spandex Yarns ot for Retail Sale	5000KG	5020KG		

【单据 4】报关单

中华人民共和国海关进口货物报关单

预录入编号： 海关编号：

进口口岸 宁波海关 3100	备案号	进口日期 20120112	申报日期
经营单位 宁波华田国际贸易有限公司 3312961121	运输方式 2	运输工具名称 Queen' s /229	提运单号 MISC200000537
收货单位 3312961121	贸易方式 0110	征免性质 101	征税比例

许可证号	起运国（地区） 132	装货港 新加坡	境内目的地 33129

批准文号	成交方式 FOB	运费 502/1800/3	保费	杂费
合同协议号 CONTRACT NO. SPEC/KCC803-01	件数 20	包装种类 2	毛重（千克） 5020	净重（千克） 5000

集装箱号 0	随附单据	用途 04

标记唛码及备注

项号	商品编号	商品名称、规格型号	数量及单位	原产国（地区）	单价	总价	币值	征免
1	54026920	氨纶纱线，非零售	5000 千克	新加坡	6.546	32730	502	1

税费征收情况

录入员 录入单位	兹证明以上申报无讹并承担法律责任	海关审单批注及放行日期（签章） 审单 审价
报关员	申报单位（签章）	征税 统计
单位地址 邮编 电话	填制日期	查验 放行

2. 出口报关单的填报

以下是本票全棉男士衬衫出口的发票、提单和箱单，小李以这 3 张单据为基础填报了出口报关单。

【单据 1】发票

COMMERCIAL INVOICE

Seller: NINGBO HUATIAN INERNATIONAL TRADE CO. 205 ZHONGSHANRD.HAISHU NINGBO,CHINA	**Invoice No. and Date:** EX80320 15th NOV. 2007 **L/C No. and Date** 1820SL802158 20 th NOV.2007
Consignee: WASHINGTON INERNATIONAL TRADE CO. 8021 SOUTH 210 TH STREET KENT WASHINGTON 98032 USA	**Buyer** AS PER CONSIGNEE
Departure Date: ETD:10th JAN 2012	**Terms of Payment:** L/C
Vessel: STELLA FAIRY 106 **From:** NINGBO **To:** LOS ANGELES	**Other Reference:** CONTRACT NO. ABC-1001

Shipping Marks	Goods Description	Quantity（PCS）	Unit Price	Amount
N/M	Men's cotton shirts TMTW5106	24000	USD 5 FOB NINGBO	USD120,000

【单据 2】提单

BILL OF LADING

Shipper: NINGBO HUATIAN INERNATIONAL TRADE CO. 205 ZHONGSHANRD.HAISHU NINGBO,CHINA	**B/L No. :**LAXSHP643105
Consignee of Order: WASHINGTON INERNATIONAL TRADE CO. 8021 SOUTH 210 TH STREET KENT WASHINGTON 98032 USA	**Carrier:** COSCO CONTAINER LINES
Notify Party/Address: SAME AS CONSIGNEE	**Place of Receipt:** NINGBO CY
Vessel and VOY No: STELLA FAIRY 106 **Port of Loading:** NINGBO	**Place of Delivery:** LOS ANGELES CY
Port of Transhipment:	**Port of Discharge:** LOS ANGELES

Marks & Nos.	Number & Kind of Packages	Description of Goods	Gross Weight	Measurement
N/M	Men's cotton shirts TMTW5106 2000 dozes TOTLE PAKED IN 800 CARTONS		500KG	

【单据 3】装箱单

PACKING LIST

Seller: NINGBO HUATIAN INERNATIONAL TRADE CO. 205 ZHONGSHANRD.HAISHU NINGBO,CHINA				**Invoice No. and Date:** EX80320 15th NOV. 2007		
Consignee: WASHINGTON INERNATIONAL TRADE CO. 8021 SOUTH 210 TH STREET KENT WASHINGTON 98032 USA				**Buyer** AS PER CONSIGNEE		
Departure Date: ETD:10th JAN 2012				**Other Reference:** CONTRACT NO. ABC-1001		
Vessel: STELLA FAIRY 106						
From: NINGBO To: LOS ANGELES						
Shipping Marks	**Number & Kind of Packages**	**Goods Description**	**Quantity**	**N.W**	**G.W**	**Measurement**
N/M	800 CARTONS	Men's cotton shirts TMTW5106	24000PCS 2000 dozes	9500KG	10000KG	

【单据 4】报关单

中华人民共和国海关出口货物报关单

预录入编号： 海关编号：

出口口岸 宁波海关 3100	备案号		出口日期		申报日期
经营单位 宁波华田国际贸易有限公司 3312961121	运输方式 2	运输工具名称 STELLA FAIRY /106			提运单号 LAXSHP643105
发货单位 3312961121	贸易方式 0110		征免性质 101		结汇方式 6
许可证号 79513-2006-64954	运抵国（地区） 502	指运港 洛杉矶		境内货源地 33129	
批准文号 32C199255	成交方式 FOB	运费	保费		杂费
合同协议号 CONTRACT NO. ABC-1001	件数 800	包装种类 2	毛重（千克） 1000		净重（千克） 9500
集装箱号 0	随附单据 B: 310300104195876			生产厂家	
标记唛码及备注					

续表

项号	商品编号	商品名称、规格型号	数量及单位	原产国（地区）	单价	总价	币值	征免
1	62052000	全棉男士衬衫	24000 件	142	5	120000	502	3
		TMTW5106	9500 千克					
			2000 打					
税费征收情况								

录入员 录入单位	兹证明以上申报无讹并承担法律责任	海关审单批注及放行日期（签章） 审单 审价
报关员 申报单位（签章） 单位地址 邮编 电话 填制日期		征税 统计 查验 放行

【知识链接】

要完成以上任务，需要掌握报关单证填制的相关知识。

一、报关要准备的单证

申报单证分主要单证和随附单证两大类，其中随附单证中包括基本单证、特殊单证、预备单证。主要单证就是报关单。

基本单证主要是进口提货单据、出口装货单据、商业发票、装箱单等。

特殊单证主要是指进出口许可证件、加工贸易登记手册、特定减免税证明、原进出口货物报关单证、出口收汇核销单、原产地证明书等。

预备单证主要是指贸易合同、进出口企业的有关证明文件等，海关在审单、征税是可能要调阅或者备案。

不同的货物出口所要求的单据不同；不同的贸易方式所需要的单据也是不同的；各地的海关对同一种贸易方式的单据要求也是不同的（如深圳出口时合同是必须提交的，但大连港一般不用）。

具体而言，要提交以下单证。

（1）进出口货物报关单。一般进口货物应填写一式二份；需要由海关核销的货物，如加工贸易货物和保税货物等，应填写专用报关单一式三份；货物出口后需国内退税的，应另填一份退税专用报关单。

（2）货物发票。要求份数比报关单少一份，对货物出口委托国外销售，结算方式是待货物销售后按实销金额向出口单位结汇的，出口报关时可准予免交。

（3）陆运单、空运单和海运进口的提货单及海运出口的装货单。海关在审单和验货后，在正本货运单上签章放行退还报关单，凭此提货或装运货物。（可选）

（4）货物装箱单。其份数同发票。但是散装货物或单一品种且包装内容一致的件装货物可免交。

（5）出口收汇核销单。一切出口货物报关时，应交验外汇管理部门加盖“监督收汇”章的出口收汇核销单，并将核销编号填在每张出口报关单的右上角处。

（6）根据海关对出口商品的监管条件，还须提供相应证明，如商检证、出口许可证、熏蒸证等。

（7）代理报关委托书。

（8）出口货物明细单。

（9）海关认为必要时，还应交验贸易合同、货物产地证书等。

（10）其他有关单证，包括：经海关批准准予减税、免税的货物，应交海关签章的减免税证明；北京地区的外资企业需另交验海关核发的进口设备清单；已向海关备案的加工贸易合同进出口的货物，应交验海关核发的“登记手册”。

二、报关主要单证——报关单的简介

纸质进口货物报关单一式五联，分别是：海关作业联、海关留存联、企业留存联、海关核销联、进口付汇证明联。

纸质出口货物报关单一式六联，分别是：海关作业联、海关留存联、企业留存联、海关核销联、出口收汇证明联、出口退税证明联。

海关作业联在海关的审单、征税、查验、放行各部门间流转，各部门需要在该联上作必要的签注和盖章。

报关单各联的用途如下。

（1）海关作业联：报关员配合海关查验、缴纳税费、提取或装运货物的重要凭证，也是海关的重要凭证。海关作业联是统计部门收集整理进出口统计数据的原始凭证。

（2）海关留存联：同海关作业联。

（3）海关核销联：海关对实际申报进口的货物所签发的证明文件，是海关办理加工贸易合同核销结案手续的重要凭证。

（4）进口付汇证明联：海关对已实际进出境的货物所签发的证明文件，是银行和国家外汇管理部门办理售汇、付汇和收汇及核销手续的重要依据之一。

（5）出口收汇证明联：同进口付汇证明联。

（6）出口退税证明联：属于出口退税范围的货物海关予以签发，是海关对已实际申报出口并已装运离境的货物所签发的证明文件，是国家税务部门办理出口货物退税手续的重要凭证。

为了便于海关的监管，提高办理海关手续的效率，海关根据不同贸易性质和不同性质企业规定了应填写不同颜色的进口或出口报关单。具体式样如下。

（1）一般贸易进出口货物报关时，填写白色报关单。

（2）进料加工的进出口货物报关时，填写粉红色报关单。

（3）来料加工装配和补偿贸易进出口货物报关时，填写浅绿色报关单。

（4）外商投资企业进出口货物报关时，不论贸易性质如何，均填写浅蓝色报关单。

（5）需国内退税的出口货物，另增填写浅黄色报关单一份。

除白色报关单外，其他带有颜色的报关单的右上角都标明“××××专用”字样用以标明何种贸易性质或企业性质专用此种报关单，报关员在填写时应注意正确使用不同颜色的报关单。

【相关资料】

各类报关单颜色顺口溜

四种颜色报关单，
白色单据最常见，
来料加工为绿色，
出口货物要退税，
请用黄色报关单，
进口一试五联单，
出口一试六联单。

三、报关单的填制方法

（一）填制进出口报关单涉及的单证——发票、装箱单、提单

1．发票

（1）发票的出票人（发票的最右下方）一般为出口人，是判断进口货物中转时是否发生买卖关系的指标之一。“是否发生买卖关系”在制进口报关单的时候，是用来判断“启运国（地区）”这一栏应该要填哪个地方的一个非常重要的标准。

例如，From NEWYORK To SHANGHAI，CHINA VIA HONGKONG。

如果发票的右下角（即最后的落款）是美国的公司，说明货物在香港中转的时候并没有发生买卖关系。如果说发票的右下角不是美国的公司而是香港的公司，则说明货物在中转时发生了买卖关系。

例如，From SINGAPORE To SHANGHAI，China。

本例中发票出票人为韩国的公司，但本例没有涉及中转。

例如，From SINGAPORE To SHANGHAI，China VIA HONGKONG。

如果发票出票人为韩国公司，货物在香港中转时没有发生买卖关系。

（2）发票的收货人（此栏前通常印有“To”、“Sold to Messers”等字样，是判断出口货物中转时是否发生买卖关系的指标之一。“是否发生买卖关系”在制进口报关单的时候，是用来判断“运抵国（地区）”这一栏应该要填哪个地方的一个非常重要的标准。

例如，From TIANJIN To HAMBERG VIA HONGKONG。

如果收货人地址是德国的公司，说明没有买卖；如果收货人地址是香港的公司，说明发生了买卖关系。

（3）在发票里还可以查找：结汇方式、成交方式、合同协议号、起运及目的地、唛头及编码、品名和货物描述、数量、单价和总价等相关信息。

2．装箱单

查找件数、包装种类、净重、毛重、规格型号、数量等信息。

3．提单

查找进出口口岸、运输方式、运输工具名称、提运单号、起运国/运抵国、装货港/指运港等信息。

（二）报关单规范填制方法

1．预录入编号

预录入编号又叫报关单号，基本与海关编号相同，是指申报单位或预录入单位对该单位填制录入的报关单的编号，用于该单位与海关之间引用其申报后尚未批准放行的报关单。

2．海关编号

海关编号指海关接受申报时的报关单编号。海关编号标识在报关单的每一联上，海关编号为10位数码。其中1～2位为接受申报海关的编号（《关区代码表》中相应海关代码的后两位）；第3位为海关接受申报公历年份4位数字的最后1位，例如2012年为2；第4～9位为顺序号；第10位为报关单标识码。

3．进口口岸/出口口岸

进口口岸/出口口岸是指货物实际进（出）我国关境口岸海关的名称。本栏目应根据货物实际进（出）境的口岸海关选择《关区代码表》中相应的口岸海关名称及代码填报。加工贸易合同项下货物必须在海关核发的《登记手册》限定或指定的口岸海关办理报关手续，《登记手册》限定或指定的口岸与货物实际进出境口岸不符的，应向合同备案主管海关办理《登记手册》的变更手续后填报。进口转关运输货物应填报货物进境地海关名称及代码，出口转关运输货物应填报货物出境地海关名称及代码。按转关运输方式监管的跨关区深加工结转货物，出口报关单填报转出地海关名称及代码，进口报关单填报转入地海关名称及代码。其他未实际进出境的货物，填报接受申报的海关名称及代码，《关区代码表》可通过操作菜单《代码查询表》查询。其他未实际进出境的货物，填报接受申报的海关名称及代码。

4．备案号

备案号指进出口企业在海关办理加工贸易合同备案或征、减、免税审批备案等手续时，海关给予《进料加工登记手册》、《来料加工及中小型补偿贸易登记手册》、《外商投资企业履行产品出口合同进口料件及加工出口成品登记手册》（以下均简称《登记手册》）、“进出口货物征免税证明”（以下简称“征免税证明”）或其他有关备案审批文件的编号。一份报关单只允许填报一个备案号。

（1）加工贸易合同项下货物，除少量低价值辅料按规定环不使用《登记手册》的外，必须在报关单备案号栏目填报《登记手册》的12位编号。加工贸易成品凭“征免税证明”转为享受减免税进口的货物，进口报关单填报《征免税证明》编号，出口报关单填报《登记手册》编号。加工贸易合同的备案号长度为12位，其中第1位是标记代码（A为进口备料手册；B为来料加工手册；C为进料加工手册；D为进口设备手册）；第2～5位关区代码（手册备案主管海关，如中山海关5720、香洲办事处5730……）；第6位是年份；第7位是合同性质（1为国营、2为合作、3为合资、4为独资）；第8～12位为手册顺序号。加工贸易备案号的标记代码必须与“贸易方式”及“征免性质”栏目相协调，例如贸易方式为“来料加工”，其“征免方式”必须是“来料加工”，备案号的标记代码必须为“B”。

（2）凡涉及减免税备案审批的报关单，本栏目填报“征免税证明”编号，不得为空；“征免税证明”备案号长度为12位，由以下几部分组成：第1位标记代码Z；第2～3位直属海关关区代码；第4～5位分关关区代码；第6位是审批年份；第7位是归档标志（A——外商投资；B——国内投资；C——科教用品；D——国批减免；E——内部暂定；F——远洋渔业；G——其他）；第8～12位顺序号。

（3）本关区自行开发的进口批文管理子系统，本栏目填报P字头的备案号，进口批文备案号为10位数。

第1位：批文标记代码P。

第2～3位：年份。

第4～5位：备案海关关区代码。

第6～10位：顺序号。

（4）优惠贸易协定项下实行原产地证书联网管理的货物，应填报原产地证书代码“Y”和原产地证书编号；未实行原产地证书联网管理的货物，本栏目免予填报。

5．进口日期/出口日期

进口日期指运载所申报货物的运输工具申报进境的日期。本栏目填报的日期必须与相应的运输工具进境日期一致。出口日期指运载所申报货物的运输工具办结出境手续的日期。本栏目供海关打印报关单证明联用，预录入报关单及EDI报关单均免于填报。无实际进出口的报关单填报办理申报手续的日期。本栏目为8位数，顺序为年4位，月、日各两位。

6．申报日期

指海关接受进（出）口货物的收、发货人或其代理人申请办理货物进（出）口手续的日期。预录入及EDI报关单填写向海关申报的日期，与实际情况不符时，由审单关员按实际日期修改、批注。本栏目为8位数，顺序为年4位，月、日各两位。

7．经营单位

经营单位指对外签订并执行进出口贸易合同的中国境内企业或单位。本栏目应填报经营单位名称及经营单位编码。经营单位编码为10位数字，指进出口企业在所在地主管海关办理注册登记手续时，海关给企业设置的注册登记编码。经营单位编码由10位数组成，规则如下。

第1～4位为行政区域代码，其中1～2位表示省（自治区、中央直辖市），例如：北京市为“11”，广东省为“44”；3～4位表示省辖市（地区、省直辖行政单位），包括省会城市、计划单列城市、沿海开放城市，例如：北京市为“1100”；广东省珠海市为“4404”；广东省其他未列名地区为“4490”。

第5位表示市内经济区域（1——经济特区；2——经济技术开发区；3——高新技术开发区；4——保税区；9——其他未列名地区）。例如：珠海经济特区为“44041”，珠海市其他地区为“44049”，中山市高新技术开发区为“44203”，中山市其他地区为“44209”。

第6位表示企业性质：1——表示国有企业，（包括外贸专业公司、工贸公司及其他有进出口经营权的国有企业）；2——表示中外合作企业；3——表示中外合资企业；4——表示外商独资企业；5——表示有进出口经营权的集体企业；6——表示有进出口经营权的个体企业；8——表示有报关权而无进出口经营权的企业；9——表示其他（包括外商企业驻华机构和临时有外贸经营权的企业，外国驻华使领馆等机构）。

第 7～10 位为顺序号。

对已在海关注册，有进出口经营权的企业（包括三资企业），由主管海关分别设置代码，使每个企业有一个在全国范围内唯一的、始终不变的代码表识。

特殊情况下确定经营单位原则如下。

（1）援助、赠送、捐赠的货物，填报直接接受货物的单位。

（2）进出口企业之间相互代理进出口，或没有进出口经营权的企业委托有进出口经营权的企业代理进出口的填报代理方。

（3）外商投资企业委托外贸企业进口投资设备、物品的，填报外商投资企业，并在标记唛码及备注栏注明“委托某进出口企业进口”。

8．运输方式

运输方式指载运货物进出关境所使用的运输工具的分类。海关将运输方式分为两大类：实际运输方式和无实际进出境运输方式（特殊运输方式）。

海关规定的实际运输方式专指用于载运货物实际进出关境的运输方式，主要的运输工具有船舶、火车、飞机、汽车、驮畜等。与运输工具相对应，海关为其定义规定了如下的运输方式并对应有代码：水路运输（2）、铁路运输（3）、公路运输（4）、航空运输（5）、邮件运输（6）、其他运输（9）。

无实际进出境的，根据实际情况选择填报《运输方式代码表》中运输方式“0”（非保税区运入保税区和保税区退区）、“1”（境内存入出口监管仓库和出口监管仓库退仓）、“7”（保税区运入非保税区）、“8”（保税仓库转内销）或“9”（其他运输）。

9．运输工具名称

运输工具名称指载运货物进出境的运输工具的名称或运输工具编号。本栏目填制内容应与运输部门向海关申报的载货清单所列相应内容一致。一份报关单只允许填报一个运输工具名称。具体填报要求如下。

（1）水路运输填报船舶呼号（来往港澳小型船舶为监管簿编号）＋“/”航次号；对来往港澳的定期轮班，目前暂不按此规定填报。

（2）汽车运输填报该跨境运输车辆的国内行驶车牌号＋“/”＋进出境日期（8 位数字，即年年年年月月日日，下同）。

（3）铁路运输填报车次（或车厢号）＋“/”＋进出境日期。

（4）航空运输填报航班号＋进出境日期＋“/”＋总运单号。

（5）邮政运输填报邮政包裹单号＋“/”＋进出境日期。

（6）进口转关运输填报转关标志“@”及转关运输申报单编号，出口转关运输只需填报转关运输标志“@”（本关区内转关不列入此范围）。

（7）其他运输填报具体运输方式名称，如管道、驮畜等。

（8）无实际进出境的加工贸易报关单按以下要求填报：加工贸易深加工结转及料件结转货物，应先办理结转进口报关，并在结转出口报关单本栏目填报转入方关区代码（两位）及进口报关单号，即“转入××（关区代码）×××××××××（进口报关单号）”。按转关运输货物办理结转手续的，按上列第 6 项规定填报。加工贸易成品凭“征免税证明”转为享受减免税进口货物的，应先办理进口报关手续，并在出口报关单本栏目填报进口方关区代码

（两位）及进口报关单号。上述规定以外无实际进出境的，本栏目为空。

10．提运单号

提运单号指进出口货物提单或运单的编号。本栏目填报的内容应与运输部门向海关申报的载货清单所列相应内容一致。一份报关单只允许填报一个提运单号，一票货物对应多个提运单时，应分单填报。具体填报要求如下。

（1）水路运输填报进口提单号或出口运单号。

（2）铁路运输填报运单号。

（3）汽车运输免于填报。

（4）航空运输填报运单号，如果有分运单的，填报总运单＋“－”＋分运单（一般是8位数字），总运单号只填数字（一般为11位数字），其中的“－”和空格不填，无分运单的填报总运单号。

（5）邮政运输免于填报。

（6）无实际进出境的，本栏目为空。进出口转关运输免于填报。

11．收货单位/发货单位

收货单位指已知的进口货物在境内的最终消费、使用单位，包括：①自行从境外进口货物的单位；②委托有外贸进出口经营权的企业进口货物的单位。

发货单位指出口货物在境内的生产或销售单位，包括：①自行出口货物的单位；②委托有外贸进出口经营权的企业出口货物的单位。

本栏目应填报编码（有编码时不填中文名称），没有海关编码的填报中文名称。加工贸易报关单的收、发货单位按规定向海关办理注册登记手续并取得海关给企业设置的注册登记编码，注册编码为10位数，前5位分类与经营单位注册编码定义一致，第6位为加工企业性质，A国营、B集体、C私营，后4位为顺序号，填写报关单时应与《登记手册》的“货主单位”一致。

12．贸易方式

本栏目应根据实际情况，并按海关规定的《贸易方式代码表》选择填报相应的贸易方式简称或代码。一份报关单只允许填报一种贸易方式。重点的贸易方式如下。

（1）一般贸易（代码0110）。

① 以正常交易方式成交的进出口货物。

② 来料养殖、来料种植进出口货物。

③ 旅游宾馆、酒店进口营业用的食品和餐佐料等。

④ 进料加工出口成品中进口料件价值占成品总值小于20%的。

⑤ 贷款援助的进出口货物。

⑥ 外商投资企业用国产原材料加工产品出口必须是该企业在其经营范围之内的产品，准予出口或经批准自行收购国内产品出口的货物。

⑦ 国内经营租赁业务的企业购进供出租用的货物。

⑧ 经营保税仓库业务的企业购进供自用的货物。

⑨ 经营免税品和免税外汇商品的企业购进自用的手推车、货架等货物。

⑩ 外商投资企业进口供加工内销产品的进口料件。

⑪ 外籍船舶在我国境内添加的国产燃料。

⑫ 对台间接贸易进出口货物。

⑬ 城乡个体工商业者委托有外贸进出口经营权的企业进口价值人民币 5000 元以下小型生产工具。

⑭ 对台直接贸易：指经国务院授权主管部门批准，具有对中国台湾贸易进出口经营权的企业与中国台湾省的厂商签订合同，并从中国台湾省起运或者原装经过香港、澳门或外国港口转运，直接销售给大陆的产品；出口货物包括经香港中转和直接运销中国台湾省的大陆产品。

⑮ 外商用自有资金进口的自用设备及其零部件。

（2）来料加工（代码 0214）指由外商提供全部或部分原材料、辅料、零部件、元器件、配套件和包装物料（以下简称“料件”，下同），由我方按对方的要求进行加工装配，成品交对方销售，我方收取工缴费的交易形式。

（3）进料对口（代码 0615）。进料对口 0615 是为另一种形式的加工贸易而设定的监管方式。进料对口和来料加工不同的是，加工贸易经营单位自主从国外购买料件，加工后的产品自行销售给国外。海关对这样加工贸易形式发放标记码为 C 的手册，料件进口和成品出口时都是免税的，报关单上的贸易方式栏填写“进料对口”或“0615”。

（4）合资合作设备（代码 2025）指中外合资企业、中外合作企业在投资总额内（属于投资的）进口的机器设备、零部件和其他物料。

（5）外资设备物品（代码 2225）指外商独资企业在投资总额内（属于投资的）进口的机器设备、零部件和其他物料。

（6）不作价设备（代码 0320）：专用于加工贸易的设备，由外方免费提供。由于是外方免费提供，经海关批准享受特定减免税待遇，但使用手册管理。海关发放标记代码为 D 的《加工贸易不作价设备登记手册》，进口报关时免税。报关单上的贸易方式栏填写“不作价设备”或“0320”。

（7）进出境展览品（代码 2700）指外国为来华或我国为到国外举办经济、文化、科技武器装备等展览或参加博览会而进出口的展览品及展览品有关的宣传品、布置品、招待品、小卖品和其他物品。

（8）货样广告品 A（代码 3010）指经批准有进出口经营权的企业进出口货样广告品。

（9）无代价抵偿（代码 3100）是指进口货物经海关征税或免税放行后，发现货物残损、缺少或品质不良，而由国外承运人、发货人或保险公司免费补偿或更换的同类货物。

（10）加工贸易特殊情况填报要求。

① 少量低值辅料（即 5000 美元以下，78 种以内的低值辅料）：按规定不使用《加工贸易手册》的，辅料进口报关单填报“低值辅料”；使用《加工贸易手册》的，按《加工贸易手册》上的贸易方式填报。使用加工贸易手册是指已在加工贸易手册中备案的，如果是进料加工加工贸易手册，则贸易方式应该填“进料对口”。如果使用的是来料加工加工贸易手册，则贸易方式填写“来料加工”。

② 外商投资企业为加工内销产品而进口的料件，进口报关单填报“一般贸易”。外商投资企业为加工出口产品全部使用国内料件的出口合同，成品出口的报关单填报“一般贸易”。有关这两种情况在含义解析中对一般贸易的解释已有过说明。

③ 加工贸易料件转内销货物（及按料件补办进口手续的转内销成品、半成品、残次品）应填制进口报关单，本栏目填报“来料料件内销（0245）”或“进料料件内销（0644）”，相关联的还有“来料边角料内销（0845）”、“进料边角料内销（0844）”。

加工贸易成品凭“征免税证明”转为享受减免税进口货物的（其含义在备案号栏目中讲过），应分别填制进、出口报关单。出口报关单本栏目填报“来料成品减免（0345）”或“进料成品减免（0744）”。

加工贸易出口成品因故退运进口的，分别按不同贸易方式填报“来料成品退运”（4400）或“进料成品退运”（4600）。

13. 征免性质

征免性质指海关对进出口货物实施征、减、免税管理的性质类别。本栏目应按照海关核发的“征免税证明”中批注的征免性质填报，或根据实际情况按海关规定的《征免性质代码表》选择填报相应的征免性质简称或代码。

一份报关单只允许填报一种征免性质。常见征免性质及代码如下。

（1）一般征税（101）。适用于依照《海关法》、《关税条例》、《进出口税则》及其他法律、行政法规和规章所规定的税率征收进出口关税、进口环节增值税和其他税费的进出口货物，包括除其他征免性质另有规定者外的一般照章（包括按照公开暂定税率）征税或补税的进出口货物。

（2）其他法定（299）。适用于依照《海关法》、《关税条例》，对除无偿援助进出口物资外的其他实行法定减免税的进出口货物，以及根据有关规定非按全额货值征税的部分进出口货物。

具体适用范围：无代价抵偿进出口货物（照章征税的除外）；无商业价值的广告品和货样；进出境运输工具装载的途中必需的燃料、物料和饮食用品；因故退还的境外进口货物；因故退还的我国出口货物；在境外运输途中或者在起卸时遭受损坏或损失的货物；起卸后海关放行前，因不可抗力遭受损坏或者损失的货物；海关查验时已经破漏、损坏或者腐烂，经证明不是保管不慎造成的货物；我国缔结或者参加的国际条约规定减征、免征关税的货物、物品；暂准进出境货物；出料加工项下的出口料件及复进口的成品；进出境的修理物品；租赁期不满 1 年的进出口货物；边民互市进出境货物；非按全额货值征税的进出口货物（如按租金、修理费征税的进口货物）。

（3）保税区（307）。适用于对保税区单独实施征减免税政策的进口自用物资，包括保税区用于基础设施建设的物资以及保税区内企业（外商投资企业除外）进口的生产设备和其他自用物资。

（4）科教用品（401）。包括科教用品和科技开发用品，适用于为促进科学研究和教育事业的发展，科学研究机构和学校以科学研究和教学为目的按照有关征减免税政策，在合理数量范围以内，进口国内不能生产的或性能不能满足需要的、直接用于科研或教学的货物。科技开发用品指为鼓励科学研究和技术开发，促进科技进步，科学研究、技术开发机构在规定的时间内，在合理数量范围内进口国内不能生产或者性能不能满足需要的科技开发用品。

（5）加工设备（501）。适用于加工贸易经营单位按照有关征减免税政策进口的外商免费（即不需经营单位付汇，也不需用加工费或差价偿还）提供的加工生产所需设备。

（6）来料加工（502）。适用于来料加工装配和补偿贸易进口所需的料件等，以及经加工后出口的成品、半成品。

（7）进料加工（503）。适用于为生产外销产品用外汇购买进口的料件，以及加工后返销出口的成品、半成品。

（8）中外合资（601）。目前一般适用于中外合资企业使用国产料件生产的出口产品。

（9）中外合作（602）。目前一般适用于中外合作企业使用国产料件生产的出口产品。

（10）外资企业（603）。目前一般适用于外商独资企业使用国产料件生产的出口产品。

（11）鼓励项目（789）。适用于 1998 年 1 月 1 日后国家鼓励发展的国内投资项目、外商投资项目、利用外国政府贷款和国际金融组织贷款项目，以及从 1999 年 9 月 1 日起，按国家规定程序审批的外商投资研究开发中心、中西部省、自治区、直辖市利用外资优势产业和优势项目目录的项目，在投资总额内进口的自用设备，以及按合同随设备进口的技术及数量合理的配套件、备件。

（12）自有资金（799）。适用于已设立的鼓励类和原限制乙类外商投资企业（外国投资者的投资比例不低于 25%）、外商投资研究开发中心、先进技术型和产品出口型外商投资企业以及符合中西部利用外资优势产业和优势项目目录的项目，在投资总额以外利用自有资金（包括企业储备基金、发展基金、折旧和税后利润），在原批准的生产经营范围内进口国内不能生产或性能不能满足需要的（即不属于《国内投资项目不予免税的进口商品目录》的）自用设备及其配套的技术、配件、备件，用于本企业原有设备更新（不包括成套设备和生产线）或维修。

“鼓励项目”和“自有资金”的使用，须依程序取得海关核发的征免税证明并与之“征免性质”栏批注内容相符。

14. 征税比例/结汇方式

（1）征税比例是用在进口的时候。“征税比例”这个栏目已经不需要填报。

（2）出口货物报关单应填报结汇方式。填写结汇方式的代码或结汇方式名称或英文缩写，也是就是说通过什么方式来收取货款。常见的结汇方式有信汇（M/T）、电汇（T/T）、票汇（D/D）、付款交单（D/P）、承兑交单（D/A）、信用证（L/C）。结汇方式代码详见表 4-5。

表 4-5 结汇方式代码表

代码	结汇方式	英文缩写	英文名称
1*	信汇	M/T	Mail Transfer
2*	电汇	T/T	Telegraphic Transfer
3*	票汇	D/D	Remittance by Banker's Demand Draft
4*	付款交单	D/P	Documents against Payment
5*	承兑交单	D/A	Documents against Acceptance
6*	信用证	L/C	Letter of Credit
7	先出后结		
8	先结后出		
9	其他		

15. 许可证号

应申领进（出）口许可证的货物，必须在此栏目填报外经贸部及其授权发证机关签发的进（出）口货物许可证的编号，不得为空。

一份报关单只允许填报一个许可证号。

16. 起运国（地区）/运抵国（地区）

起运国（地区）指进口货物起始发出的国家（地区）。

运抵国（地区）指出口货物直接运抵的国家（地区）。

对发生运输中转的货物，如中转地未发生任何商业性交易，则起、抵地不变，如中转地发生商业性交易，则以中转地作为起运/运抵国（地区）填报。

本栏目应按海关规定的《国别（地区）代码表》选择填报相应的起运国（地区）或运抵国（地区）中文名称或代码。

无实际进出境的，本栏目填报“中国”（代码“142”）。主要国家和地区代码详见表 4-6。

表 4-6　主要国家和地区代码表

代码	中文名称	代码	中文名称
110	中国香港	307	意大利
116	日本	331	瑞士
121	中国澳门	344	俄罗斯联邦
132	新加坡	501	加拿大
133	韩国	502	美国
142	中国	601	澳大利亚
143	中国台澎金马关税区	609	新西兰
303	英国	701	国（地）别不详的
304	德国	702	联合国及机构和国际组织
305	法国	999	中性包装原产国别

17. 装运港/指运港

装货港指进口货物在运抵我国关境前的最后一个境外装运港。直接运抵货物起始装运的港口就是装货港。而中转的情形实际就是在中转港再次装上运输工具（从原运输工具卸下换装运输工具）驶入我国，因此发生中转时中转港是最后一个境外装运港也即中转港是装货港。本栏目要求填报装货港的中文名称。

（1）直接运输的货物，实际装货的港口就是运抵我国关境前的最后一个境外装运港，也即应填报的装货港。

（2）货物在运输途中只要换装了运输工具，无论是否发生商业行为，装运港都发生了改变，中转港（即换装运输工具的港口）应确定为装运港。装运港与发生中转有关，而与是否发生商业行为没有关系。

（3）无实际进出境的，本栏目填报“中国境内”，此处填写不能少“境内”两字。

装运港与起运国存在相应的逻辑关系，具体见表 4-7。

表 4-7　装货港与起运国（地区）的逻辑关系

装运状况	交易状况	装货港	起运国（地区）	说明
直接运抵我国	与起运国（地区）的商家交易	货物起运的港口为装货港	货物起运港口的所在国家（地区）为起运国（地区）	
	与非起运国（地区）的商家交易			
货物由 A 港口起运后途径 B 港口换装运输工具再运抵我国	与中转港意外的其他国家的商家交易	货物换装运输工具的途经港口（中转港）为装货港	货物起运国所在国家为起运国(地区)	有中转，装货港改变，起运国（地区）不变
	与货物换装运输工具的中转港所在国（B 国）的商家交易		中转的港口所在国（地区）为起运国（地区）（B 国）	有中转，装货港改变，起运国（地区）改变

从表 4-7 总结如下。

（1）直接运抵货物，起运港为装货港，装运刚所在的国家为（地区）起运国（地区）。

（2）如果发生中转，装货港就不再填原装运的港口，而要填中转港（装货港发生改变）。

（3）如果发生中转，起运国的填写要看买卖关系发生的情况。与中转港以外的其他国家（地区）的商家交易，则起运国（地区）为起始转运发出的国家（地区）（起运国（地区）不变）；与中转港所在国（地区）的贸易商交易，则中转港口的所在国（地区）为起运国（地区）（起运国（地区）改变）。

指运港指运港指出口货物运往境外的最终目的港。指运港不受中转影响。这点与装货港不同（装货港受中转的影响）。本栏目要求填报装货港的中文名称。最终目的港是不可预知的，可按尽可能预知的目的港填报。

（1）对于直接运抵货物，货物直接运抵的港口为指运港。

（2）对于中转货物，指运港仍然是最后运抵的港口，不受中转的影响。

（3）无实际进出境的，本栏目填报“中国境内”，此处填写不能少“境内”两字。

指运港与运抵国存在相应的逻辑关系，具体见表 4-8。

表 4-8　指运港与运抵国的逻辑关系

装运状况	交易状况	指运港	运抵国	说明
直接运抵目的港 A 港口（A 国的港口）	无论与哪一国家的商家发生的交易	货物运往境外的最终目的港口为指运港（A 港口）	货物指运港口所在的国家（地区）为运抵国（A 国）	
货物由我国港口起运后途经港 B 港口（B 国港口）换装运输工具后再运抵目的港（在 B 港口发生中转）	与中转港以外其他国家的商家交易		货物指运港口的所在国家（地区）为运抵国（A 国）	有中转，但并非与中转国交易，运抵国不变
	与货物换装运输工具的中转港所在国（B 国）的商家交易		货物交易及中途换装运输工具港口的所在国家（地区）为运抵国（B 国）	有中转，且与中转国交易，运抵国改变

18．境内目的地/境内货源地

境内目的地指已知的进口货物在国内的消费、使用地或最终运抵地（仅在进口报关单中填写）。

境内货源地指出口货物在国内的产地或原始发货地（仅在出口报关单中填写）。

境内目的地和境内货源地栏目设置的主要目的是为了国家统计需要，国家要掌握进出口货物在国内的最终消费使用地，以及出口货物在国内的产地或初始发货地。

填报要求如下。

（1）境内目的地和境内货源地按海关规定的《国内地区代码表》选择填报相应的国内地区名称或代码。代码的含义与经营单位代码前 5 位相同。

（2）境内目的地的填写主要有以下几种情况。

① 委托有外贸进出口经营权的企业进口货物的单位所在地。一般情况下委托单位也就是报关单上的收货单位，是最终消费使用的单位，因此其所在地为境内目的地。

② 自行从境外进口货物的单位所在地。自行从境外进口货物的单位并不是受委托进口的，因此，它本身就是货物最终消费使用的单位，因此其所在地为境内目的地。在收货单位栏目的中已经讲过，自行从境外进口货物的单位既是经营单位也是收货单位。因此它有经营单位编码，填报时既可以填报该单位所在国内地区名称也可以填报其经营单位编码的前 5 位。

③ 如难以确定进口货物的消费、使用单位，应以预知的进口货物最终运抵地区为准。

（3）境内货源地以出口货物的生产地为准。如果出口货物在境内多次周转，不能确定生产地的，应以最早的起运地为准。

19. 批准文号

进口货物报关单免于填报。

出口货物报关单本栏目用于填报“出口收汇核销单”编号。

20. 成交方式

成交方式指国际贸易中的贸易术语，也称价格术语，我国习惯称为价格条件。可以理解为买卖双方就成交的商品在价格构成、责任、费用和风险的分担，以及货物所有权转移界线的约定。

成交方式包括两个方面的内容：一方面表示交货的条件；另一方面表示成交价格的构成因素。

报关单填制中海关规定有《成交方式代码表》，代码表中只有 6 种成交方式，但除了下表中的 3 种外，其余的 3 种早已不用，所以只需记住表 4-9 中的成交方式及其代码。

表 4-9　成交方式代码表

成交方式代码	成交方式名称
1	CIF
2	C&F（即 CFR）
3	FOB
4	C&I
5	市场价
6	垫仓

注意：C&F 是 C AND F 的简写，等同于 CFR、CNF，它们都是 COST AND FREIGHT 的缩写。

填报要求为：应根据实际成交价格条款按海关规定的《成交方式代码表》选择填报相应

的成交方式名称或代码。

由于海关规定的《成交方式代码表》只有6种成交方式可供选择填报，所以这6种成交方式不完全等同于国际贸易实务中贸易术语的概念，它适用于所有的运输方式。代码表给出的成交方式主要体现成本、运费、保险费等成交价格构成因素，目的在于方便海关确定完税价格和计算税费。因此，在填制报关单时，如果买卖双方成交时实际使用的成交方式不属于海关规定的《成交方式代码表》中的成交方式，要依照实际成交方式中的成本、运费、保险费等成交价格构成因素选择代码表中具有相同价格构成的代码填报。比如在报关单填制时，一批空运货物出口实际成交使用的贸易术语是FCA，但由于海关规定的《成交方式代码表》中没有FCA，因此不能够填报FCA。因为FCA的价格构成只包括成本不包括运费、保险费，所以应该选择《成交方式代码表》同样只包括成本的成交方式，即FOB填报。尽管在国际贸易中FOB只适用于江海运输，但在填写报关单时也要填写"FOB"。对于国际贸易中使用的实际成交方式是CIP、CPT、FCA、EXW的，应转换成《成交方式代码表》中的成交方式后填报，即CIP、CPT、FCA、EXW的代码分别是1、2、3、3。

21. 运费

运费是指进出口货物从始发地至目的地的国际运输所需要的各种费用。运费定义中所说的"各种费用"是指这里填写的运费，是针对广义上的运费，它包括已计入运费的搬运费、装卸费等相关费用，也包括运保费合并计算时的保险费。

填报要求如下。

（1）进口货物：本栏目填报成交价格中不包含国际段的运费。进口货物的完税价格应该计入国际段的运保费，如果成交价格没有包括运费就应该在本栏目另外填写，以便海关计入。而如果成交价格已包含了国际段的运费，则此栏目不必再填写运费。从成交方式中可以判断出成交价格中是否包含国际段的运费，因此，可以根据成交方式来确定本栏目是否需要填写。成交方式与运费填写与否的对应表格见表4-10。

表4-10　进口中成交方式与运费填写对应表

	成交方式	运费	说明
进口	CIF	不填	CIF包含运费
	CFR（C&F\CNF）	不填	CFR包含运费
	FOB	填	FOB不包含运费

从表4-10可以看出在进口货物报关单中，如果成交方式栏填写的是FOB，则运费栏一定要填写运费。而其他的成交方式下运费栏不填写。需要注意的是成交方式栏填写FOB时，实际的成交方式可能是"EXW"、"FCA"、"FAS"、"FOB"。

（2）出口货物：本栏目填报成交价格中已包含的国际段的运费。出口货物的完税价格应该扣除国际段的运保费，如果成交价格包括运费就应该在本栏目另外填写，以便海关扣除。而如果成交价格不包含国际段的运费此栏目不必再填写运费。同样给出对应表格见表4-11。

表4-11　出口中成交方式与运费填写对应表

	成交方式	实际成交方式	运费	说明
出口	CIF	CIP、CIF、D组术语	填	CIF包含运费
	CFR（C&F\CNF）	CFR、CPT	填	CFR包含运费
	FOB	EXW、FCA、FAS、FOB	不填	FOB不包含运费

（3）填写形式：本栏目可按运费单价、总价或运费率 3 种方式之一填报，同时注明运费标记，并按海关规定的《货币代码表》选择填报相应的币种代码。

运费标记："1"表示运费率，"2"表示每吨货物的运费单价，"3"表示运费总价。运费标记是海关为了填写识别方便，对 3 种不同的运费计价方式分别设定一个标记。

3 种方式的填报形式分别如下。

① 运费率方式直接填报运费率的数值/运费率标记，如 5%的运费率填报为 5/1。

② 运费单价方式填报"币制代码/运费的单价数值/运费单价标记"，如 24 美元/吨的运费单价填报为 502/24/2；其中的含义分别是：币制代码（502 为美元的代码）/运费的单价（24 美元每吨）/运费标记（2 表示运费以单价计算）。

③ 运费总价方式填报"币制代码/运费的总价数值/运费总价标记"，如 7000 欧元的运费总价填报为 300/7000/3，其中的含义分别是：币制代码（300 为欧元的代码）/运费的总价（运费共为 7000 欧元）/运费标记（3 表示运费以总价计算）。

（4）运保费合并计算的，运保费填报在本栏目。所谓的运报费合并计算，是指外方提供给我方或者我方提供给外方的是一个运费和保险费的合计费用，并没有分开单列。合并计算的运保费一般都是运保费的总价，海关要运保费合并计算时该费用填报在运费栏。

22. 保费

保费指被保险人向保险人（保险公司）支付的进出口货物在国际运输过程中的保险费。

国际贸易中习惯做法是以 CIF 或 CIP 价为基础计算保险费。通常，保险费＝投保金额×保险费率。在报关的过程中，报关人通常提供保险费率或保险费的总金额来报关。

填报要求如下。

（1）进口货物：本栏目填报成交价格中不包含的国际运输过程中的保险费。进口货物的完税价格应该计人保险费，如果成交价格没有包括保险费就应该在本栏目中另外填写，以便计入海关关税。而如果成交价格已包含了保险费，则此栏目不必再填写。从成交方式中可以判断出成交价格中是否包含国际运输过程中的保险费，因此，可以根据成交方式来确定本栏目是否需要填写。成交方式与保险费填写与否的对应表格见表 4-12。

表 4-12　进口中成交方式与保险费填写对应表

	成交方式	实际成交方式	保险费	说明
进口	CIF	CIP、CIF、D 组术语	不填	CIF 包含运保费
	CFR（C&F\CNF）	CFR、CPT	填	CFR 不包含保险费
	FOB	EXW、FCA、FAS、FOB	填	FOB 不包含保险费

（2）出口货物：本栏目填报成交价格中已包含的国际运输过程中的保险费。出口货物的完税价格应该扣除国际运输过程中的保险费，如果成交价格包括保险费就应该在本栏目另外填写，以便海关扣除。而如果成交价格不包含保险费，则此栏目不必再填写保费。同样给出成交方式与保险费填写与否的对应表格见表 4-13。

表 4-13　出口中成交方式与保险费填写对应表

	成交方式	实际成交方式	保险费	说明
出口	CIF	CIP、CIF、D 组术语	填	CIF 包含运保费
	CFR（C&F\CNF）	CFR、CPT	不填	CFR 不包含保险费
	FOB	EXW、FCA、FAS、FOB	不填	FOB 不包含保险费

（3）填写形式：本栏目可按保险费总价和保险费率两种方式之一填报（保险费没有按单价计费的），同时注明保险费标记，并按海关规定的《货币代码表》选择填报相应的币种代码。

保险费标记“1”表示保险费率，“3”表示保险费总价。填报的形式与运费的填报类似。例如，3‰的保险费率填报为 0.3/1；10000 港元保险费总价填报为“110/10000/3”。

（4）运保费合并计算的，运保费填报在运费栏目中，不填在保费栏。

23. 杂费

杂费指成交价格以外的，应计入完税价格的费用，或计算完税价格时应扣除的费用。

这里的成交价格是指在进口货物时，我方应该付给或者实际付给卖方并按有关规定调整后的价款总额，包括直接或间接支付的价款。对于出口货物，成交价格是指我方为出口货物向买方直接收取或间接收取的价款总额。

填报要求如下。

（1）填报成交方式总价以外的、应计入完税价格的费用，如佣金、经济费、回扣、包装费、特许权使用费等；或填成交方式总价以内的，计算完税价格时应该扣除的费用，如回扣、折扣、安装费等。

（2）填报形式：可按杂费总价或杂费率两种方式之一填报，同时注明杂费标记，并按海关规定的《货币代码表》选择填报相应的币种代码。

杂费标记“1”表示杂费率，“3”表示杂费总价。举例如下。

应计入完税价格的 1.5%的杂费率，填报为“1.5/1”。

应从完税价格中扣除的 1%的杂费率，填报为“－1”。

应计入完税价格的总价为 500 英镑杂费，填报为“303/500/3”。

应从完税价格中扣除的总价为 10000 港币的折扣，填报为“110/－10000/3”（负号填在金额前）。

（3）应计入完税价格的杂费填报为正值或正率。不应包含在完税价格中的，应该扣除的杂费填报为负值或负率。

（4）无杂费时，本栏目免填。

24. 合同协议号

合同协议号就是买卖双方就买卖的商品所签订的合同或者协议的编号，应填报进（出）口货物合同（协议）编号的全部字头和号码。

25. 件数

件数指按包装种类计数货物的数量。对该含义的理解应该结合包装种类的含义。

这里的数量不同于买卖双方成交的数量，而是指货物运输包装下的数量。比如，某公司以每双 10 美元的价格出口皮鞋 640 双，每双鞋都装入一个纸盒中，而每 16 双鞋装入一个大纸箱中，共计装有 40 个纸箱，然后装入集装箱发运。则 640 双是买卖双方成交的数量，“双”为计算成交数量和价格的单位。大纸箱是为了运输方便而使用的包装，它的数量是 40 个纸箱，那么，40 就是件数。

本栏目应填报有外包装的进（出）口货物的实际件数。特殊情况下填报要求如下。

（1）裸装、散装货物，“件数”栏填报为“1”。

（2）有关单据仅列明托盘件数，或者既列明托盘件数，又列明单件包装件数的，本栏填报托盘件数，如“2PALLETS 100 CTNS”，件数应填报为2。

（3）有关单据既列明集装箱个数，又列明托盘件数、单件包装件数的，按以上要求填报。如仅列明集装箱个数，未列明托盘或者单件包装件数的，填报集装箱个数。

26．包装种类

包括种类是指运输过程中货物外表所呈现的状态，也就是货物运输外包装的种类。

（1）裸装（Nude）：主要是指一些自然成件能抵抗外在影响，不必要用包装的货物。这些货物在存储和运输过程中可以保持原有状态，如圆钢、钢板、木材等。包装种类栏目填写“裸装”。

（2）散装（Bulk）：主要是指一些大宗的、廉价的，成粉、粒、块状的货物，以及不必要包装、不值得包装的疏散地装载在运输工具内的货物，如煤炭、矿砂、粮食、石油等。包装种类栏目填写“散装”。

（3）件货指有包装（装入各种材料制成的容器内）或无包装的成件货物（包括捆扎成件的货物）的统称。都是可以计数的，如的袋装货物，袋为运输包装，以袋计数。还有如桶装货物、箱装货物、捆扎货物等。件货进出口时应填报件货的运输包装的种类及其制作材料。件货又分单件运输包装和集合运输包装。单件运输包装的有箱（Cases）、桶（Drums、Casks）、袋（Bags）、包（Bales）、捆（Bundles）。填报时应说明出包装物的材料，如木箱（Wooden Cases）、纸箱（Cartons）、木桶（Wooden Casks）、铁桶（Iron Drums）、塑料桶（Plastic Casks）、麻袋（Gunny Bags）、纸袋（Paper Bags）、塑料袋（Plastic Bags）、卷（Rolls）等。集合运输包装的有集装袋、集装包（Flexible Container）、托盘（Pallet）、集装箱（Container）。应熟悉和掌握上述包装种类的英文。

填报要求如下。

（1）本栏目应根据进出口货物的实际外包装种类。裸装及散装货物填写“裸装”或“散装”。件货应填报件货的运输包装的种类及其制作材料，不能仅填写箱、桶等。文字说明资料中如写“舱单件数与装箱单同”类似字样，包装种类多填“托盘”。

（2）要填报包装种类的中文，不能填写英文。

27．毛重

毛重指货物及其包装材料的重量之和。通常在计算运费中使用毛重。

净重是指毛重减去外包装材料后的重量。通常在计算价格中使用净重。净重通常等于法定重量。

填报要求如下。

本栏目填报所申报的进（出）口货物实际毛重，计量单位为千克（公斤），不足1kg的填报为“1”。1kg以上，其小数点后保留4位，第5位及其后的略去。

如单证中是“GROSS WEIGHT 1.5MT”，则此栏应填“1500”。

如单证中是“GROSS WEIGHT0.4KG”，则应填“1”。

如单证中是“GROSS WEIGHT 98.22889KG”，则应填“98.2288”。

如单证中是“G．WT 234.5KG”，则应填“234.5”，小数点后实际有多少位填多少位，不必刻意用0补齐。

28．净重

净重指货物的毛重减去外包装材料后的重量，即商品本身的实际重量。

填报要求同毛重。

29．集装箱号

集装箱又称货柜，是船舶、汽车运输时经常使用的用于装载货物的柜子。

集装箱号（Container No.）：集装箱两侧标示着全球唯一的编号，通常前4位是字母，后跟一串数字。其组成规则是：箱主代号（3位字母）＋设备识别号“U”＋顺序号（6位数字）＋校验码（1位数字），如EASU9809490。

集装箱规格（Size）：分为20英尺（20'，以外部的长计）、40英尺（40'，以外部的长计）、45英尺、48英尺、53英尺。

自重（Tare）：集装箱本身的重量，以千克计。20'集装箱自重一般在2000kg以上，40'集装箱自重一般在4000kg以上。

填报要求如下。

该栏目应该填写“集装箱号”＋“/”＋“规格”＋“/”＋“自重”，多个集装箱的，第一个集装箱号等信息填报在“集装箱号”栏，其他依次按相同的格式填在“标记唛码及备注”栏中。例如，一个20尺的集装箱，箱号为“TEXU3605231”，自重是2275kg，则集装箱号栏填报格式如下“TEXU3605231/20/2275”。

非集装箱货物本栏目填报“0”（不能为空）。

30．随附单据

随附单据指随进（出）口货物报关单一并向海关递交的单证或文件。虽然提单、装箱单、发票、许可证等单证都是随附单据的范畴。但本栏目的填写只涉及《监管证件名称代码表》中许可证以外的监管证件。

填报要求如下。

（1）合同、发票、装箱单、提单、许可证等必备的随附单证不在本栏目填报。

（2）只填报监管证件代码表中的除去“进口许可证”、“出口许可证”的监管证件代码及编号。

监管证件名称代码表中代码为“1”、“4”、“x”、“y”的是许可证的代码，应填在许可证栏，不可填在此栏。监管证件名称代码表中标“*”号的代码都要记住，要做到看见监管证件名称知道代码，根据代码知道是什么监管证件。

（3）填报格式为“监管证件代码”＋“：”＋“监管证件编号”。

（4）本栏目只填写一个监管证件的信息，多于一个监管证件的，其余的监管证件代码和编号按上述第三点的填报格式填写（原产地证书按原产地证书的格式填写）在“标记唛码及备注”栏中。多于一个监管证件的哪个证件填在随附单据栏，哪一个填在“标记唛码及备注”栏没有限制，自由选择。

（5）原产地证书的填写比较特殊，不填写原产地证书的编号，具体如下。

① 适用CEPA香港、澳门的原产地证书，已和我国海关联网，此栏目填“Y”＋“：”＋“（优惠贸易协定代码）”。如适用CEPA香港的原产地证书填“Y：（03）”，适用CEPA

澳门的原产地证书填："Y：(04)"；而 CEPA 香港、澳门的原产地证书的编号要填写在"备案号栏"。

② 适用其他优惠贸易协定的原产地证书，由于这些国家都没有和我国的海关计算机系统联网，其填写不同于 CEPA 香港、澳门的原产地证书。具体的应填"Y"＋"："＋"(优惠贸易协定代码：需证商品序号)"。

例如，《曼谷协定》项下提供原产地证书进口报关单中，将商品项号第 1 项到第 3 项及第 5 项列为优惠贸易协定项下商品，因此，此栏应该填报"Y：(01：1—3，5)"("01"为《曼谷协定》也既"亚太贸易协定"的代码)。

优惠贸易协定代码见《进口货物优惠贸易协定代码表》。需证商品序号的意思是填报的商品中享受优惠贸易协定税率的商品的项号(项号的含义见项号栏)。其原产地证书编号不需填写。

③ 对于不适用优惠贸易协定的进口货物，其原产地证书不必填报。

监管证件代码、进口货物优惠贸易协定代码分别见表 4-14 和表 4-15。

表 4-14　监管证件代码表

代码	监管证件名称	代码	监管证件名称
1	进口许可证	4	出口许可证
5	纺织品临时出口许可证	A	入境货物通关单
7	自动进口许可证	B	出境货物通关单
E	濒危物种允许出口证明书	F	濒危物种允许进口证明书
O	自动进口许可证	P	固体废物进口许可证
Y	原产地证明	T	关税配额证明

表 4-15　进口货物优惠贸易协定代码表

代码	优惠贸易协定
1	属于"亚太贸易协定"项下的进口货物
2	属于"中国——东盟自由贸易区"项下的进口货物
3	属于"内地与香港紧密经贸关系安排"(香港 CEPA)项下的进口货物
4	属于"内地与澳门紧密经贸关系安排"(澳门 CEPA)项下的进口货物
5	属于"特别优惠关税待遇"的进口货物
6	属于"中国台湾水果零关税措施"项下的进口货物
7	属于"中巴自贸区"项下的进口货物
8	属于"中智自贸区"项下的进口货物

31．用途（仅进口货物报关单填写）

用途是指进口货物的实际适用方面或范围。

海关规定有《用途代码表》，应根据进口货物的实际用途按海关规定的《用途代码表》选择填报相应的用途或代码。

主要用途的名称和代码见表 4-16。

表 4-16 主要用途的名称和代码

代码	名称	代码	名称
01★	外贸自营内销	07	收保证金
02	特区内销	08	免费提供
03★	其他内销	09	作价提供
04★	企业自用	10	货样，广告品
05★	加工返销	11	其他
06	借用	13	以产顶进

用途的填写与贸易方式以及征免性质相对应，其对应关系见表 4-17。

表 4-17 报关单填制重要逻辑关系图

贸易方式（代码）	备案号（第一个字母）	征免性质（代码）	征免（代码）	用途（代码）	项号
一般贸易（0110）	空	一般征税（101）	照章征税（1）	外贸自营内销（01）	填报报关单中的商品序号
	Z（征免税证明）	鼓励项目①（789）	全免（3）	企业自用（04）	第一行填报报关单中的商品序号，第二行填报与“征免税证明”上一致的商品的项号
		自有资金②（799）			
		科教用品（401）			
来料加工（0214）	B（登记手册）	来料加工（502）	全免（3）	加工返销（05）	第一行填报报关单中的商品序号，第二行填报与《登记手册》上一致的商品的项号
进料对口（0615）	C（登记手册）	进料加工（503）	全免（3）	加工返销（05）	第一行填报报关单中的商品序号，第二行填报与《登记手册》上一致的商品的项号
合资合作设备（2025）	Z（征免税证明）	鼓励项目③（789）	全免（3）	企业自用（04）	第一行填报报关单中的商品序号，第二行填报与“征免税证明”上一致的商品的项号

报关时，如果确定是表格前面的贸易方式和征免性质，用途就一定是填表格后面对应用途，所以要熟悉此表格。

32. 标记唛码及备注

本栏目实际包含两部分内容，一是标记唛码，二是备注。

标记唛码就是指运输的标志，是为方便收货人查找，便于在装卸、运输、储运过程中识别而设。有关运输标志所包含的内容请参考国际贸易实务中有关运输标志的内容。一般来说，在标记唛码中会列出如下信息：收货人的代号（标识）、合同号、目的地、原产国（地区）、中转信息、件数号码等。

应填报货物运输包装上的标记唛码中除图形以外的所有文字、数字（基本是原样照抄）。无标记唛码的免于填报。

备注指报关单其他栏目不能填写完全以及需要额外说明的内容，或其他需要备注、说明的事项。

报关单其他栏目的填报要求中都有讲到需要填写在备注栏的情形，包括以下内容。

（1）涉及经营单位填报需要备注说明的内容：受外商投资企业委托代理其在投资总额内进口投资设备、物品的外贸企业名称填写在本栏。应填写“委托××××××公司进口”（××××××为代理的外贸企业名称）。

（2）关联备案号在此栏填写。

① 关联备案号是指和本报关单申报的货物有关系和联系的其他的报关单上填写的备案号，按海关管理的要求要体现在本报关单上。

例如，在备案号栏讲到的加工贸易成品凭“征免税证明”转为享受减免税进口货物或嚣审批备案后办理形式进口的货物，进口报关单填报“征免税证明”编号，出口报关单填报《加工贸易手册》编号。则对于进口报关单而言出口报关单上的备案号——加工贸易手册编号就是它的关联备案号。而对于出口报关单而言，其关联备案号是进口报关单上的备案号——征免税证明编号。

② 填报要求：关联备案号应该填写在“标记唛码及备注”栏。

例如，加工贸易企业甲从事进料加工业务，取得《加工贸易手册》（C×××××××××××），加工成品设备A出口。而经批准新成立的合资企业乙欲从国外进口设备A（享受特定减免税），得知甲生产该设备后与甲签约，从甲企业购买，并向海关申请取得编号为Z××××××××××的“征免税证明”。

则甲、乙两企业向海关正确的申报如下。

甲企业按出口报关填写加工贸易出口货物报关单，报关单的“备案号”栏填手册编号“C×××××××××××”。而乙企业的征免税证明编号对于甲企业来说就是报关单上要填写的关联备案号。其关联备案号填写在“标记唛码及备注”栏，填写的形式为“转至 Z×××××××××××征免税证明”。乙企业按进口报关填写进口货物报关单，进口报关单的“备案号”栏填征免税证明编号“Z×××××××××××”。而甲企业的加工贸易手册编号对于乙企业来说就是报关单上要填写的关联备案号。其关联备案号填写在“标记唛码及备注”栏，填写的形式为“转自C×××××××××××加工贸易手册”。

（3）关联报关单号在此栏填写。

① 关联报关单号是指与本报关单有关联关系的，同时在海关业务管理规范方面又要求填报的报关单号，应填报在“关联报关单”栏。

例如，加工贸易深加工结转货物，同样一批货物，作为转出企业加工成品报出口，而转入企业将其作为料件报进口。按海关的规定，应该先由转入企业报进口，并且在进口报关后把其进口报关单号等信息通知转出企业。转出企业再报出口，并将转入企业的进口报关单号作为关联报关单号填写在“标记唛码及备注”栏。同样需要填写关联报关单号的情形还有加工贸易的余料结转报关。

② 填报要求：上面提到的两种加工贸易结转类的报关中，由于是先报进口，所以只有出口报关单填写关联报关单号，应该填写在“标记唛码及备注”栏。

接上例，具体填报为：转至××××……报关单（关联报关单号）。

（4）集装箱号：一票货物有多个集装箱需要填报的，在本栏目填写其余集装箱的信息。填写的格式与集装箱号栏相同，即“集装箱号/规格/自重”（应按单证中的所给集装箱顺序填写）。

（5）随附单据栏：一个以上监管证件的，本栏目填写其余的监管证件的代码及编号。

具体填报要求为：“监管证件代码”＋“：”＋“监管证件号码”。监管证件是优惠贸易协定下的原产地证书的，按联网与不联网的原产地证书的填报格式填写。

（6）其他申报时必须说明的事项。

33．项号

项号指同一票货物在报关单中的商品排列序号和在备案文件上的商品序号。

海关要求在货物申报时名称不同的、编码不同的、原产国（地区）不同的、最终目的国（地区）不同的、征免方式不同的商品都应该分开填报，并按顺序排列，所排列的顺序号即为项号。并且如果是使用手册进出口的商品，还应该把该项商品排列在手册中的顺序号填写在项号的第二行。

一张报关单最多可以填写 5 项商品，每一项商品占据表体的一栏，则一张报关单最多可填 5 栏。5 栏按顺序编号，每一栏对应一个顺序号。

填报要求如下。

本栏目中每一栏项号下都分两行填报。

第一行填报报关单中的商品排列序号。一般都按发票或装箱单中商品的排列顺序填写，但需注意，报关单中的项号是填所申报商品的序号。如果一张发票中有使用手册的商品和不使用手册的商品时要分开报关（填写不同的报关单），使用手册的报关单项号只按发票中涉及手册的商品种类排序。

第二行要填写上该项商品对应在手册中或原产地证书中的项号。非备案商品免填。

例如，一张出口发票中有四项商品，分别是：男式腰带 1000 条，3 美元/条，3000 美元；男羽绒短上衣 1000 件，10 美元/件，10000 美元（位列手册第 3 项）；女羽绒短上衣 1000 件，8 美元/件，8000 美元（位列手册第 2 项）；女式腰带 1000 条，3 美元/条，3000 美元。

使用手册的报关单应该填报见表 4-18（不使用的手册的商品应该另外填写一张报关单申报）。

表 4-18　项号填写示例

项号	商品编码	商品名称、规格型号	数量及单位	最终目的国（地区）
01 03		男羽绒短上衣		
02 02		女羽绒短上衣		
03		男式腰带		
04		女士腰带		

上例中，某公司出口的商品属于加工贸易项下出口男、女羽绒短上衣分列手册第 3、第 2 项的意思是男羽绒短上衣对应手册的第 3 项商品，女羽绒短上衣对应手册第 2 项商品，则项号栏填写如上表。

项号栏的填写按惯例都填两位，如申报的第一项商品项号填“01”，列第 2 项的填“02”，以此类推。但只写一位也是正确的，比如第一项商品填报“1”，第二项商品填报“2”。

34. 商品名称、规格型号

商品名称：所申报的进出口商品的规范的中文名称。

规格型号：反映商品性能、品质和规格的一系列指标，如品牌、等级、成分、禽量、纯度、大小等。商品名称和规格型号要规范准确详尽，这样才能够保证归类准确、统计清晰，便于监管。

本栏目分两行填报。

第一行填报进（出）口货物规范的中文商品名称，必要时可加注原文。

第二行填报规格型号（一般都使用发票、提单或装箱单中规格型号的原文）。

具体填报要求如下。

（1）规格型号应足够详细，并与所提供的商业发票相符。本栏目填报内容包括：品名、牌名、规格、型号、成分、含量、等级等。一般是将发票中涉及上述内容的原文照抄填报在本栏目的第二行。

（2）非中文商品名称应当翻译成规范的中文（因报关单填制题目是选择性题目，都会给出选项，因此不必担心翻译的问题。只需留意找错题中所填写的中文是否规范准确，如项号栏目的例子中发票里给出的商品分别是“男羽绒短上衣”和“女羽绒短上衣”，因此，填制的报关单中仅写“羽绒短上衣”是不规范的，是错误的）。

（3）加工贸易等已备案的货物，本栏目填报录入的内容必须与备案登记中同项号下货物的名称与规格型号一致。

35. 数量及单位

数量是指进出口商品的实际数量。单位是指针对数量的计量单位，包括成交计量单位和法定计量单位。数量和单位是相对应的，因此，报关单中的数量既包括成交计量单位的数量也包括法定计量单位的数量。

成交计量单位是指买卖双方用以成交的计量单位（用以确定成交数量或者价格的单位）。比如，中国的厂商向国外的客户出口地毯，在一定的规格下国外客户通常是买多少张或条（数量），以每条或张的单价来确定最后的成交价格，这个张或条就是成交计量单位。在国际贸易中常用的计量单位有长度单位、面积单位、体积单位、容积单位、个数单位，使用什么样的计量单位需根据具体的商品由买卖双方协商确定。

法定计量单位是按照《计量法》的规定所采用的计量单位，我国采用国际单位制的计量单位，以《海关统计商品目录》中规定的计量单位为准。实际应用中，法定计量单位是指《进出口税则》中标注在每个商品编码后面的计量单位。根据商品的不同，有的有一个法定计量单位，有的有两个法定计量单位。两个计量单位用“/”区分，“/”前面的是法定第一计量单位，后面的是法定第二计量单位。如“个/千克”，“个”是法定第一计量单位，“千克”是法定第二计量单位。

成交计量单位可能和法定计量单位一致，也可能不一致。一致时只需填写法定计量单位，不一致时除了要填法定计量单位外还单独填写成交计量单位。不一致时可根据成交计量单位与其他资料上的对应关系来确定及换算出法定计量单位填写。

本栏目分 3 行填报。填报的格式是数量在前，单位在后，如 1200 千克。

具体填报要求如下。

（1）进出口货物必须按海关法定计量单位和成交计量单位填报。法定第一计量单位及数量填报在本栏目第一行。

（2）凡海关列明法定第二计量单位的，必须报明该商品法定第二计量单位及数量，填报在本栏目第二行。无第二计量单位的，本栏目第二行为空。

（3）成交计量单位与海关法定计量单位不一致时，还需填报成交计量单位及数量，填报在数量及单位栏的第三行。成交计量单位与海关法定计量单位一致时，本栏目第三行为空。

（4）无论成交计量单位与哪个法定计量单位一致，因法定计量单位已填写，也就是成交计量单位已有体现，因此成交计量单位不需再填写。

36. 原产国（地区）

原产国（地区）是指进口货物的生产、开采或加工制造的国家或地区。

本栏目应根据实际发生按海关的《国别（地区）代码表》中的国别（地区）的中文名称或代码填写。

欧盟不能作为国家或地区填报在原产国（地区）栏目，因为《国别（地区）代码表》没有欧盟。原产国（地区）中括号内地区的含义主要指中国台湾、香港这样的在代码表中列出的地区。它们是我国的一部分，不是独立的国家。

进口货物原产国（地区）无法确定时，报关单"原产国（地区）"栏应该填报"国别不详"或"701"。

同一票货物中即使是同一种货物，如果原产国（地区）不同要分项（分栏）填报，即在不同的项号下填报。比如，我国内地某公司从香港进口 100 台电脑，其中 40 台原产于美国，60 台原产于日本，即使这 100 台电脑相同，但因原产地不同也要分项填报。

37. 最终目的国

最终目的国（地区）指已知的出口货物最终交付的国家或地区，也即最终实际消费、使用或进一步加工制造的国家（地区）。

本栏目应按海关规定的《国别（地区）代码表》选择填报相应的国家（地区）名称或代码。

38. 单价

单价是指商品的一个计量单位以某一种货币表示的价格。商品的单价一般应由单位商品的价值金额、计量单位、计价货币和价格术语等 4 个部分组成。

例如，"AT USD 459/DRUM FOB DALIAN"，价值金额是 459，计量（计价）单位是桶（DRUM），计价货币是美元（USD），价格术语是 FOB DALIAN。

填报要求如下。

（1）应填报同一项号下进（出）口货物实际成交的商品单位价格（发票单价）的金额。

当一份报关单中有多项商品时，每个单价只对应一个项号下的商品。单价是一个成交计量单位下的价格，单价和数量单位是对应的关系。单价和其对应数量相乘等于总价。单价要和总价相对应。

（2）对无实际成交价格的货物，本栏目填报货值。如来料加工进口料件、无代价抵偿货物。

（3）单价的填报只填报单价的数值，不需要填报计价的单位（计量单位）和计价货币（币制）。因为已有专门填写计量单位和币制的栏目。

（4）单价填报到小数点后4位，第5位及其后略去。如单价为“0.12489”应填报“O.1248”。

39．总价

总价是指进（出）口货物实际成交的商品总价。

填报要求如下。

（1）应填报同一项号下进（出）口货物实际成交的商品总价。

在报关单中总价是和单价相对应的，单价和其对应数量相乘等于总价，每一项商品都对应一个总价。

（2）无实际成交价格的，本栏目填报货值，如来料加工进口料件、无代价抵偿货物。

（3）总价填报到小数点后4位，第5位及其后略去（与单价同）。

40．征免方式

征免方式指海关对进（出）口货物进行征税、减税、免税或特案处理的实际操作方式。

征免方式是海关在征税的环节具体操作时采用的处理方式。对于进出口货物符合何种法律法规规定，确定属于征税、减税还是免税的管理主要体现在征免性质上。但征免性质确定后具体在执行时还可以采用不同的操作方式。比如，对于征免性质是一般征税的货物，海关实际操作时既可以照章征税（依照法定税率计征各类税费），也可以接受收发货人的申请提供保函、保证金放行。因此，同一张报关单上可以有不同的征免方式。

海关规定有9种征免方式，并给每一种征免方式设定一个代码形成《征免税方式代码表》。其中最常使用的征免方式就是照章征税和全免。照章征税就是指对进出口货物依照法定税率计征各类税费；全免是指依照主管海关签发的“征免税证明”或《加工贸易手册》等，对进出口货物免征关税和增值税。

本栏目填报要求如下。

本栏目应按照海关核发的“征免税证明”或有关政策规定，对报关单所列每项商品选择填报海关规定的《征免税方式代码表》（表4-19）中相应的征、减、免税方式的名称。

表4-19　征免税方式代码表

征免税方式代码	征免税方式名称
1	照章征税
2	折半征税
3	全免
4	特案
5	随征免性
6	保证金
7	保函
8	折半补税
9	全额退税

技能训练和巩固

宁波华田国际贸易公司进口一批自动缝纫机。装载该批缝纫机的运输工具于 2011 年 8 月 29 日申报进境，2011 年 8 月 31 日华田国际贸易有限公司向北仑海关申报。请根据下列单据资料完成这批缝纫机进口报关单的填制。

【单据 1】发票

INVOICE

Shipped Per HAN SUNG 219

From London to Ningbo

Shipping Marks	Goods Description	Quantity	Unit Price	Amount
N/M	Automatic welting machine	100 计量单位：台	USD 1500	USD150000

【单据 2】提单

BILL OF LADING

Shipper: LONDON INERNATIONAL TRADE CO. 8021 SOUTH 210 TH STREET KENT LONDON 98032 UK	**B/L No.:** EPYP643105
Consignee of Order: NINGBO HUATIAN INERNATIONAL TRADE CO. 205 ZHONGSHANRD.HAISHU NINGBO,CHINA	**Carrier:** HAN SUNG 219
Notify Party/Address: SAME AS CONSIGNEE	**Place of Receipt:** LONDON CY
Vessel and VOY No: HAN SUNG 219 **Port of Loading:** NINGBO	**Place of Delivery:** NINGBO CY
Port of Transhipment:	**Port of Discharge:** NINGBO

Marks & Nos.	Number & Kind of Packages	Description of Goods	Gross Weight	Measurement
N/M	TOTLE PAKED IN 100 CARTONS	Automatic welting machine	500KG	

【单据 3】报关单

中华人民共和国海关进出口货物报关单

预录入编号：　　　　　　　　　　　　　　　　　　　　　　　　　海关编号：

进口口岸	备案号	进口日期	申报日期
经营单位	运输方式	运输工具名称	提运单号
收货单位	贸易方式	征免性质	结汇方式
许可证号	起运国（地区）	装货港	境内目的地

批准文号	成交方式	运费	保费	杂费
合同协议号	件数	包装种类	毛重（千克）	净重（千克）

集装箱号	随附单据	用途

标记唛码及备注
项号　商品编码　商品名称、规格型号　数量及单位　原产国（地区）　单价　总价　币值　征免
税费征收情况

录入员　录入单位	兹声明以上申报无讹并承担法律责任	海关审单批注放行日期（签章） 审单　　审价
报关员 单位地址　路　号 邮编　电话　填制日期		征税　　统计 查验　　放行

任务五　税费缴纳及结关

【任务目标】

根据任务导入案例背景完成税费的计算及缴纳、提货（装船）。

【操作分析】

1．报关员小王计算进口氨纶纱线税费、提货

接上例，报关员小王确认了这批进口氨纶纱线需要缴纳进口关税和进口环节税。小王到中国海关总署相关网站去查看我国关税实施表，查看后确认进口氨纶纱线的关税税率是 70%，进口环节增值税率是 17%，海关审定完税价格是 6546 美元/吨，美元与人民币的汇率是 1∶6.82。根据进口关税＝完税价格×关税税率，小王初步计算出应该缴纳的进口关税是 312506.04 元人民币；根据进口环节增值税＝（关税＋关税完税价格）×增值税率进口环节增值税为 129020.35。由于氨纶纱线不属于进口环节要缴纳消费税的货物，因此，进口环节消费税为 0。

海关工作人员根据计算出来的税费于 2008 年 1 月 15 日开具了税款缴纳通知书。小王于 1 月 16 日到指定银行缴纳了税款，海关在收到缴纳凭证后在提货单盖放行章，小王据此到监管场所提货。

2．报关员小李计算出口男士衬衫税费、装船出运

接上例，报关员小李确认了男士全棉衬衫属于要征收出口关税的纺织品。小李到中国海关总署相关网站去查看我国关税实施表，查看后确认全棉男衬衫的出口关税计征办法是从量计征，关税税率 0.2 元/件。根据出口关税＝单位税额×数量（从量计征），小李初步计算出这批出口全棉男衬衫应该要缴纳的出口关税是 4000 元。

海关工作人员根据计算出来的税费于 2008 年 1 月 8 日开具了税款缴纳通知书。小王于 1 月 9 日到指定银行缴纳了税款，海关在收到缴纳凭证后在装货单盖放行章，小王据此联系船公司装船出运。

【知识链接】

要完成以上任务，需要掌握进出口税费计算的相关知识。

一、关税的基本知识

（一）关税的含义及征税对象

关税（Customs 或 Tariff）是由海关对进出国境或关境的货物和物品征收的一种税，是世界各国普遍征收的一个税种。

国境是一个主权国家全面先例主权的境域，包括领土、领海、领空。关境又称税境或海关境域，是一个国家的关税法令完全实施的境域。在通常情况下，一个国家的关境与其国境是一致的。但在国境内设有免征关税的自由港或自由贸易区时，关境就小于国境；如几个国家结成关税同盟，在成员国之间货物进出国境不征收关税，只对来自和运往非同盟成员国的货物进出共同关境时征收关税，这时就各成员国来说，关境就大于国境。

根据《中华人民共和国海关进出口关税条例》的规定，关税的征税对象为进出我国国境的货物和物品。货物是指贸易性商品；物品则是指非贸易的行李、邮包等，包括入境旅客随身携带的行李和物品、个人邮递物品、各种运输工具上的服务人员携带进口的自用物品、馈赠物品以及其他方式进境的个人物品。

（二）征缴关税的依据

征缴关税的依据是《中华人民共和国海关法》（2000 年 7 月 8 日修正版）、《中华人民共和国海关进出口关税条例》、《中华人民共和国海关审定进出口货物完税价格办法》、《税率适用说明》、《中华人民共和国海关进口税则》、《中华人民共和国海关出口税则》及 4 个附录和其他相关法律法规。

（三）关税税则

海关进出口税则，简称关税税则，是指一个国家通过一定的立法程序制定和实施的、按照一定的标准对进出境货物进行的归类，并根据货物归类制定的税目税率以及对归类总规则

和税目税率表的运用所作的规定和说明。关税税则是一个国家关税制度的重要组成部分。

它是一国海关据以对进出口商品计征关税的规章和对进、出口的应税与免税商品加以系统分类的一类表，里面有海关征收关税的规章条例及说明；也有海关的关税税率表。关税税率表的主要内容有税则号例、商品分类目录和税率三部分。《中华人民共和国海关进出口税则（2008 年）》在海关税则 8 位编码的基础上加列了 10 位编码，包括货品名称、进口税率（最惠国税率、曼谷协定税率、普通税率）、增值税率、消费税率、计量单位、监管条件，以及准确规范的英文商品名称各栏，并加列了进口商品暂定税率表、从量税和复合税税率表、进口商品关税配额税率表，非全税目信息技术产品税率表，中国—东盟自由贸易区“早期收获”税目、税率表，对柬埔寨、缅甸、老挝和孟加拉特惠税目、税率表，出口退税率调整表，以及 2008 年出口税则和出口暂定税率。

我国关税条例明确规定，海关进出口税则是关税条例的组成部分。但是，由于关税税则本身的独立性，它又是独立于关税条例之外的一个关税法律文件。各国海关都是根据本国关税税则中规定的税率征收关税的。

二、关税的计算方法

（一）进口关税的计算方法

进口关税是指一国海关以进境货物和物品为课税对象所征收的关税。进口关税最主要的计征方法包括从价税、从量税、复合税、滑准税。

1．从价税

从价税是以货物、物品的价格作为计税标准，以应征税额占货物价格的百分比为税率，价格和税额成正比例关系的关税。世界上大多数的国家都采用的就是这种计税标准。计算公式如下：

应征税额＝货物的完税价格×从价税税率

2．从量税

从量税是以货物和物品的计量单位，如重量、数量、容量等作为计税标准，以每一计量单位的应征税额征收的关税。我国目前对冻鸡、石油原油、啤酒、胶卷等类进口商品征收从量税。计算公式如下：

应征税额＝货物计量单位总额×从量税税率

3．复合税

复合税也称混合税。它是对进口商品既征从量税又征从价税的一种办法，一般以从量为主，再加征从价税。计算公式如下：

应纳税额＝应税进口货物数量×关税单位税额＋
应税进口货物数量×单位完税价格×适用税率

4．滑准税

滑准税是指关税的税率随着进口商品价格的变动而反方向变动的一种税率形式，即价格越高，税率越低，税率为比例税率。因此，实行滑准税率，进口商品应纳关税税额的计算方法，与从价税的计算方法相同。我国2005年5月份开始对关税配额外棉花进口配额征收滑准税，征收的目的是在大量棉花进口的情况下，减少进口棉对国内棉花市场的冲击，确保棉农收益。财政部宣布2012年1月1日起，我国对关税配额外进口一定数量的棉花继续实施滑准税，并适当调整了滑准税计税公式。据从中国棉花协会了解，具体方式如下。

（1）当进口棉花完税价格高于或等于14元/千克时，暂定从量税率为0.570元/千克；

（2）当进口棉花完税价格低于14元/千克时，暂定关税税率按下式计算：

$$Ri=8.23/Pi+3.235\%\times Pi-1$$

式中 Ri——暂定关税税率，对上式计算结果小数点后第4位四舍五入保留前3位，且当Ri按上式计算值高于0.4时，取值0.4；

Pi——关税完税价格，单位为元/千克。

（二）出口关税的计算方法

出口关税是以出境货物和物品为征税对象。其计算公式如下。

应征出口关税税额＝出口货物完税价格×出口关税税率

出口货物完税价格＝FOB/（1＋出口关税税率）

出口货物完税价格由海关以该货物的成交价格为基础审查确定，包括货物运至中华人民共和国境内输出地点装载前的运输及其相关费用、保险费。下列费用不计入出口货物完税价格。

（1）出口关税。

（2）输出地点装载后的运费及相关费用、保险费。

（3）在货物价款中单独列明由卖方承担的佣金。

三、进口货物完税价格的确定

（一）一般进口货物完税价格的确定

海关对一般进口货物完税价格的估价方法有6种：成交价格法、相同货物成交价格方法、类似货物成交价格方法、倒扣价格方法、计算价格方法、合理方法。这6种方法必须依次使用。另外，经海关同意，倒扣价格方法和计算价格方法可以颠倒使用。

1. 进口货物成交价格法

（1）完税价格：由海关以该货物的成交价格为基础审查确定，并应包括货物运抵中华人民共和国境内输入地点起卸前的运输及相关费用、保险费。

（2）成交价格：卖方向中华人民共和国境内销售该货物时买方为进口该货物向卖方实付、应付的，并按有关规定调整后的价款总额，包括直接支付的价款和间接支付的价款。

成交价格不完全等同于贸易中实际发生的发票价格，需要按有关规定进行调整。

（3）成交价格的调整因素。

【相关资料】

计入因素（也叫计入项目）

① 除购货佣金以外的佣金和经济费用。佣金分为购货佣金和销售佣金。购货佣金也叫买方佣金，

不计入完税价格。而销售佣金（卖方佣金）要计入完税价格。

② 与进口货物作为一个整体的容器费。

③ 包装费。包装费既包括材料费，也包括人工费。

④ 协助的价值。在国际贸易中，买方以免费或以低于成本价的方式向卖方提供了一些货物或者服务，这些货物或服务的价值被称为协助价值，包括：进口货物所包含的材料、部件、零件和类似货物的价值；在生产进口货物过程中使用的工具、模具和类似货物的价值；在生产进口货物过程中消耗的材料的价值；在境外完成的为生产该货物所需的工程设计、技术研发、工艺及制图等工作的价值。

⑤ 特许权使用费。

⑥ 返回给卖方的转售收益。如果买方在货物进口后，把进口货物的转售、处置或使用的收益一部分返还给卖方，这部分收益的价格应该计入到完税价格中。

上述所有项目的费用或价值计入到完税价格中，必须同时满足 3 个条件：①由买方负担；②未包括在进口货物的实付或应付价格中；③有客观量化的数据资料。

扣除项目（不计入完税价格的项目）

进口货物的价款中单独列明的下列费用：如果成交价格中已经包含这些项目，则将其从成交价格中扣除。如果成交价格中没有包含这些项目，则不计入该货物的完税价格。

① 厂房、机械、设备等货物进口后进行建设、安装、装配、维修和技术服务的费用。

② 货物运抵境内输入地点起卸后的运输及其相关费用、保险费。

③ 进口关税及国内税收。

④ 为在境内复制进口货物而支付的费用。

⑤ 境内外技术培训及境外考察费用。

（4）成交价格本身须满足的条件。

① 买方对进口货物的处置和使用不受限制。以下情况视为限制。

a．进口货物只能用于展示或者免费赠送。

b．进口货物只能销售给指定第三方。

c．进口货物加工为成品后只能销售给卖方或指定第三方的。

d．其他经海关审查；认定买方对进口货物的处置或者使用受到限制的。

② 货物的价格不应受到导致该货物成交价格无法确定的条件或因素的影响。以下情况视为有影响。

a．进口货物的价格是以买方向卖方购买一定数量的其他货物为条件确定的。

b．进口货物的价格是以买方向卖方销售其他货物为条件而确定的。

c．其他经海关审查，认定货物的价格受到使该货物成交价格无法确定的条件按或者因素影响的。

③ 卖方不得直接或间接地从买方获得因转售、处置或使用进口货物而产生任何收益，除非按照《关税》及《审价办法》的相关规定做出调整。

④ 买卖双方之间的特殊关系不影响价格。以下情况视为有特殊关系。

a．买卖双方为同一家族成员。

b．买卖双方互为商业上的高级职员或董事。

c．一方直接或间接地受另一方控制。

d．买卖双方都直接或间接地受第三方控制。

e．买卖双方共同直接或间接地控制第三方。

f．一方直接或间接拥有、控制或持有对方5%以上（含5%）公开发行的有表决权的股票或股份。

g．一方是另一方的雇员、高级职员或董事。

h．买卖双方是同一合伙的成员。

2．相同或类似货物成交价格法

不能够采用成交价格方法时，按照顺序考虑采用相同或类似进口货物的成交价格方法。

（1）“相同货物”和“类似货物”的含义。相同货物指进口货物在同一国家或者地区生产的，在物理性质、质量和信誉等所有方面都相同的货物，但是表面的微小差异允许存在。

类似货物指与进口货物在同一国家或者地区生产的，虽然不是在所有方面都相同，但是却具有相似的特征、相似的组成材料，相同的功能，并且在商业中可以互换的货物。

（2）时间要素。“相同货物”或“类似货物”必须与进口货物同时或大约同时进口，“同时或大约同时进口”指：进口货物接受申报之日的前后各45天以内。

（3）运用。首先应用和进口货物处于相同商业水平、大致相同数量的相同或类似货物的成交价格，优先使用同一生产商生产的相同或类似货物的成交价格。

3．倒扣价格法

倒扣价格法是以进口货物、相同或类似进口货物在境内第一环节的销售价格为基础，扣除境内发生的有关费用来估定完税价格。

（1）用以倒扣的上述销售价格应同时符合的条件。

① 同时或大约同时进口。

② 保持进口状态销售。

③ 第一环节销售。

④ 向无特殊关系方销售。

⑤ 合计的货物销售总量最大（即最大量批发给买方的价格）。

（2）倒扣价格方法的核心要素。

① 按进口时的状态销售，即进口时的状态销售的价格为基础。

② 时间要素为申报之日前后各45天，可延长至90天。

③ 合计的货物销售总量最大。

（3）倒扣价格方法必须的倒扣项目。

① 在境内第一环节销售时通常支付的佣金或利润和一般费用。

② 货物运抵境内输入地点之后的运保费。

③ 进口关税以及在境内销售有关的国内税。

④ 加工增值额。

4．计算价格法

以发生在生产国或地区的生产成本作为基础。

计算价格法为第5种估价方法，但如果进口货物纳税义务人提出要求，并经海关同意，计算价格方法可以与倒扣价格方法颠倒顺序使用。

5. 合理方法

当海关不能根据前面 5 种估价方法确定完税价格时，根据公平、统一、客观的估价原则，以客观量化的数据资料为基础审查确定进口货物完税价格的估价方法。

合理估价方法，实际上不是一种具体的估价方法，而是规定了使用方法的范围和原则。运用合理方法估价时，首先应当依次使用前 5 种估价方法。

（二）特殊进口货物完税价格的确定

（1）运往境外加工的货物，出境时已向海关报明，并在海关规定期限内复运进境的，应当以加工后的货物进境时的 CIF 价格与原出境货物或者相同的、类似的货物在进境时的 CIF 价格之间的差额作为完税价格。

如上述原出境货物在进境时的 CIF 价格无法得到，可用原出境货物申报出境时的 FOB 价格替代。如上述两种方法的 CIF 价格都无法得到时，可用原出境货物在境外加工时支付的工缴费加工运抵中国关境输入地点起卸前的包装费、运费、保险费和其他劳务费等一切费用作为完税价格。

（2）运往境外修理的机械器具、运输工具或者其他货物，出境时已向海关报明并在海关规定期限内复运进境的，应当以海关审定的修理费和料件费作为完税价格。

（3）租赁（包括租借）方式进境的货物应当以海关审定的货物的租金，作为完税价格。如租赁进口货物是一次性支付租金的，也可以海关审定的该项进口货物的成交价格作为完税价格。

（4）寄售进口货物完税价格的确认，有两种方法：一种是作为保税货物处理，即将货物存入保税仓库，按实际出库销售的价格作为完税价格；另一种是进口后即投入市场销售，则以海关审核的货主开出的发票价格作为该项货物的完税价格。

四、进口环节税的计算

进口货物、物品海关放行后，进入国内流通领域，应征国内税。进出口环节税主要包括增值税、消费税和船舶吨税。

1. 增值税

增值税是以商品的生产、流通和劳务服务各个环节所创造的新增价值为课税对象的一种流转税。其他环节的增值税由税务机关征收，进口环节税由海关征收。

增值税的基本税率为 17%，按 13%征收增值税的商品有以下几种。

（1）粮食、实用植物油。

（2）自来水、暖气、冷气、热水、煤气、石油液化气、天然气、沼气、居民用煤炭制品（注意石油、汽油、柴油不按 13%进行征税）。

（3）图书、报纸、杂志（图书）。

（4）饲料、化肥、农药、农机、农膜（与农业生产有关）。

（5）国务院规定的其他货物。

计算公式公式如下。

$$应纳增值税额＝组成价格\times增值税税率$$

组成价格＝关税完税价格＋关税税额＋消费税税额

增值税起征额为人民币 50 元，低于 50 元的免征。

2．消费税

消费税是以消费品或消费行为的流转额作为课税对象而征收的一种流转税。消费税由税务机关征收，进口的消费税由海关征收。

目前国家规定应征消费税的商品共有 4 种类型。

第一类：一些过度消费会对人的身体健康、社会秩序、生态环境等方面造成危害的特殊消费品（烟、酒、酒精、鞭炮、焰火）。

第二类：奢侈品等非生活必需品（贵重首饰及珠宝玉石、化妆品）。

第三类：高能耗的高档消费品（小轿车、摩托车、）。

第四类：不可再生和替代的资源类消费品（汽油、柴油）。

消费税的计征分为从价计征和从量计征两种计征方式。

从价计征的计算公式如下。

应纳消费税税额＝消费税组成计税价格×消费税税率

消费税组成计税价格＝（关税完税价格＋关税税额）÷（1－消费税税率）

从量计征的计算公式如下。

应纳税额＝应征消费税消费品数量×单位税额

消费税的起征额为人民币 50 元，低于 50 元的免征。

3．船舶吨税

船舶吨税是对在中国港口行驶的外国籍船舶、外商租用的中国籍船舶，以及中外合营企业使用的中外国籍船舶征税。其征收税款主要用于港口建设维护及海上干线公用航标的建设维护。

以下各种外籍船舶、免征船舶吨税。

（1）与中国建立外交关系国家的大使馆、公使馆、领事馆使用的船舶。

（2）有当地港务机关证明，属于避难、修理、停驶或拆毁的船舶，并不上下客货的。

（3）专供上下客货及存货之泊定埠船、浮桥宽船及浮船。

（4）中央或地方政府征用或租用的船舶。

（5）进入我国港口后 24 小时或停泊港口外 48 小时以内离港并未装卸任何客货的船舶。

（6）来我国港口专为添装船用燃料、物料并符合上述第 5 条规定的船舶。

（7）吨税税额不满 10 元的船舶。

（8）在吨税执照期满后 24 小时内不上下客货的船舶。

船舶吨税分 90 天期和 30 天期两种缴纳，根据纳税人的不同，分别适用一般累进税额标准和优惠累进税额标准，计税公式为

应纳税额＝应税船舶净吨位×税额标准－速算扣除数

五、税款滞纳金的计算

滞纳金指应纳税的单位或个人因逾期向海关缴纳税款而依法应缴纳的款项。

滞纳金起征时间应当自海关填发税款缴款书之日起 15 日内缴纳进口税费，征收标准为 0.5‰。计算公式如下。

关税滞纳金金额＝滞纳关税税额×0.05‰×滞纳天数

进口环节海关代征税滞纳金金额＝滞纳进口环节海关代征税税额×0.05‰×滞纳天数

海关对滞纳天数的计算是自滞纳税款之日起至进出口货物的纳税义务人缴纳税费之日止，其中的法定节假日不予扣除。缴纳期限届满日遇星期六、星期日等休息日或者法定节假日的，应当顺延至休息日或法定节假日之后的第一个工作日。国务院临时调整休息日与工作日的，则按调整后的情况计算缴款期限。

滞纳金起征额为50元，不足50元的免予征收。

六、原产地确定与税率适用

（一）原产地规则的含义

WTO《原产地规则协议》将原产地规则定义为：一国（地区）为确定货物的原产地而实施的普通适用的法律、法规和行政决定。各国以本国立法形式制定出其鉴别货物"国籍"的标准，这就是原产地规则。

（二）原产地规则类别

1．优惠原产地规则

优惠原产地规则以双边或多边协定形式确定，适用于各类"优惠贸易安排（PTA）"，它是进口国借以确定出口国产品原产地资格并使产品获得优惠待遇的前提条件。

我国目前执行的优惠原产地规则有《亚太贸易协定》、《东盟框架协议》、《CEPA香港规则》、《CEPA澳门规则》、《给予非洲最不发达国家特别优惠关税待遇的货物原产地规则》、《中巴自贸协定》（巴基斯坦）、《中智自贸协定》等。此外有《三国换文》（老挝、柬埔寨、缅甸）。

2．非优惠原产地规则

非优惠原产地规则（HRO）是在世界多边贸易体系中普遍适用的货物原产地判别标准，其谈判早在世界贸易组织（WTO）成立时就已启动，一直延续至今，其遵循最惠国待遇原则，即普遍、无差别地适用于所有最惠国进口产品。

（三）原产地认定标准

1．优惠原产地认定标准

优惠原产地认定标准主要有"完全在一个国家（地区）生产的标准（即完全获得标准）"、"增值标准"、"直接运输标准"。

（1）完全获得标准。

① 在该国（地区）领土或领海开采的矿产品。

② 在该国（地区）领土收获或采集的植物产品。

③ 在该国（地区）领土出生和饲养的活动物及从其所得产品。

④ 在该国（地区）领土或领海狩猎或捕捞所得的产品。

⑤ 在该国（地区）船只在公海捕捞的水产品和其他物品所得的产品。

⑥ 在该国（地区）船只加工的前述第⑤项所列物品所得的产品。

⑦ 在该国（地区）收集的仅适用于原材料回收的废旧物品。

⑧ 在该国（地区）加工制造过程中产生的废碎料。

⑨ 在该国（地区）利用上述①～⑧项所列产品所得的产品。

（2）从价百分比标准指在某一国家（地区）对非该国（地区）原材料进行加工、制造后的增值部分超过了所得货物价值的一定比例。具体规定如下。

① 货物最后加工制造工序在受惠国完成。

② 用于加工制造的非原产于受惠国及产地不明的原材料、零部件等成分的价值占进口货物 FOB 的比例，在上述不同的协定框架下，增值标准各不同。

《亚太贸易协定》：非成员国材料不超过该货物 FOB 价的 55%；非原产于孟加拉国材料不超过 65%。

《东盟合作框架协议》：非成员材料不超过 60%，且最后工序在成员方境内完成。

《港澳 CEPA》：在港澳获得的原料、组合零件、劳工价值和产品开发支出总价大于 30%。

《中巴自贸协定》：使用中国、巴基斯坦所占比例不得低于 40%。

《特别优惠关税待遇》：受惠国对非该国原产材料进行制造、加工后的增值部分不小于 40%。《中智自贸协定》：使用非成员方原产材料占货值小于 60%。

（3）直接运输标准。

① 《亚太贸易协议》、《框架协议》、《中巴自由贸易协定》、《特别优惠关税待遇》项下直接运输标准。

a．货物运输未经非受惠国关境。

b．货物虽经一个或多个非受惠国但有充分理由证明过境运输完全出于地理的原因、或商业运输的要求，未在非受惠国关境内使用、交易或消费，除装卸或者为保持产品良好状态而进行简单加工外，产品在上述国家未经过任何加工。上述情况应提交过境海关签发的证明。

② CEPA 香港项下直接运输标准：应从香港直接运输至内地口岸。CEPA 澳门项下的进口货物不能从香港以外的地区或国家转运。

③ 《中巴自贸协定》项下直接运输标准。规定同①。如经过了其他国家（地区）运输，进入过境国家停留时间不得超过 3 个月。

2．非优惠原产地认定标准

（1）完全获得标准。完全在一个国家（地区）获得或生产制造的货物，以该国（地区）为原产地。以下产品视为在一国（地区）“完全获得”。

① 在该国（地区）出生并饲养的活的动物。

② 在该国（地区）野外捕捉、捕捞、搜集的动物。

③ 在该国（地区）的活的动物获得的未经加工的物品。

④ 在该国（地区）收获的植物和植物产品。

⑤ 在该国（地区）采掘的矿物。

⑥ 在该国（地区）获得的除上述①～⑤项范围之外的其他天然生成的物品。

⑦ 在该国（地区）生产过程中产生的只能弃置或者回收用作材料的废碎料。

⑧ 在该国（地区）收集的不能修复或者修理的物品，或者从该物品中间回收的零件或材料。

⑨ 由合法悬挂该国旗帜的船舶从其领海以外海域获得的海洋捕捞物和其他物品。

⑩ 在合法悬挂该国旗帜的加工船只上加工上述第⑨所列物品获得的产品。

⑪ 从该国领海以外享有专有开采权的海床或者海床底土获得的物品。

⑫ 在该国（地区）上完全上述①～⑪项所列物品中生产的产品。

（2）实质性改变的确定标准。两个及以上国家（地区）参与生产或制造的货物，以最后完成实质性改变的国家（地区）为原产地。以税则归类改变为基本标准，税则归类改变不能反映实质性改变的，以从价百分比、制造或者加工工序等为补充标准。

从价百分比，是指在某一个国家（地区）对非该国（地区）原产材料进行制造、加工后的增值部分，超过所得货物价值的30%。

（四）申报要求

1.《亚太贸易协定》规则

除了按照进口货物所需提交的单证之外，纳税义务人还应当向海关提交受惠国政府指定机构签发的原产地证书正本作报关单随附单证。

2.《框架协议》规则

纳税义务人应当主动向申报地海关申明该货物适用中—东盟协定率。

3. CEPA 香港规则和澳门规则

纳税义务人应当主动向申报地海关申明该货物适用零关税税率。

香港的受惠商品，纳税义务人还可以提交承运人提供的香港海关查验报关以适用绿色关锁制度。

4. 中国—巴基斯坦自由贸易区原产地规则

巴基斯坦产品报关时要申明适用中巴自贸协定税率。

5. 中国给予非洲最不发达国家特别优惠关税待遇的货物原产地规则

“特别优惠关税待遇”报关时申明适用特税关税。

6.《中智自贸协定》规则

主动提交智利签发出的原产地证书、提单、发票、报关单，申明适用中智自贸协定税率。

（1）货经过其他国家的，须提供证明。

（2）展览货物的，在原产地证书上注明展览的名称和地点。

（3）未提供原产地证明或文件不符合的，收取保证金放行。规定期限内补交证明，逾期保证金转税。

（4）原产于智利，价值不超过600美元可免交原产地证书。

（五）原产地证明书

原产地证书是证明产品原产于某地的书面文件，是享受优惠关税或是否适用附加税的凭证，但不是确定原产地的唯一标准。若海关提高通过查验货物或审核单证认为所提供的原产地证书不真实的，海关将根据原产地规则标准予以确认。一个原产地证书只适用于一批进口货物，不可多次使用。

1．优惠原产地证书

原产地证书的发证机构名称、签章与海关备案一致，原产地证书内容与所进货物单证、实际情况一致，一份证书只适用于一批进口货物，不可多次使用，货物经过其他国家（地区）的，由过境国海关开具未再加工证明。内容与所进货物单证、实际情况一致，一证一货，不可多次使用。此外，各规则还有特殊规定。

《亚太贸易协议》规定不能提供原产地证书，由海关依法确定原产地征税放行。自货物进境之日起 90 天内补交原产地的证书，对多征税款予以退还。

《框架协议》规定的原产地证书有效期 4 个月。如经第三方转运可延至 6 个月。由于不可抗力或其他正当理由超过期限的，经海关审核后可以接受。每批产品的 FOB 价不超过 200 美元的，则无须提交原产地证书，但应提交出口人有关产品原产于该出口成员的声明。海关怀疑原产地证书内容的真实性时，请求东盟国家对其进行核查。期间，可先征收保证金放行货物，待核查完毕，办理保证金转税、退还手续。不能提供原产地证书的，由海关依法确定征税。自货物装运之日起一年内补发，且在原产地证书上注明“补发”字样，经海关核实，退还多征税款。

CEPA 规则规定未再加工证明的签发机构应是中国检验（香港）有限公司或澳门中国检验有限公司。CEPA 项下进口货物实行绿色关锁制度，内地海关凭香港海关查验报告，一般不再查验。海关因故无法进行联网核对或对原产地证书的真实性有怀疑，可交保证金放行货物，90 天内核定后可办理保证金退还手续或转税手续。

《中巴贸易协议》规则规定原产地证书提交正本，A4 纸印制，文字为英语，不得涂改及叠印。原产地证书应在货物出口前或出口后 15 日内签发，如未签发，可于货物装运之日一年内补发。原产地证书应注明“补发”字样。原产地证书被盗、遗失、毁坏，一年内提交真实原产地证书真实复制本，注明原正本的签发日期。原产地证书有效期限 6 个月，途径多国可延长至 8 个月。巴基斯坦展览品销售给国内收货人，需提交原产地证书和我国有关政府机构签发的注明展览会名称及地址的证明。

此外，中国台湾实施零关税水果，要由海关总署认可的中国台湾民间组织的原产于中国台湾的产地证明和直接运输或经香港澳门或日本石垣岛运至大陆关境口岸。

2．非优惠原产地证书

（1）对适用反倾销、反补贴措施进口商品的要求：进口与被诉产品相同的货物，应提交原产地证书。无法提交，按被诉倾销产品征收反倾销税或保证金。

（2）对适用临时保障措施和最终保障措施进口商品的要求：对进口涉案产品不能提供不适用实施最终保障措施国家（地区）的原产地证明或对其有怀疑的，由海关审核有关单证（包括合同、发票、运提单等）验估原产地。如仍不能确定，加征特别关税或保证金放行货物。

（六）税率适用

1．税率的种类

关税税率是指海关税则规定的对课征对象征税时计算税额的比例。我国关税税率的设置有法定税率、暂定税率、配额税率、信息技术产品税率（ITA 税率）、特别关税等。

（1）法定税率。根据《关税条例》规定，我国进口关税的法定税率包括最惠国税率、协定税率、特惠税率和普通税率。

① 最惠国税率。最惠国税率适用原产于与我国共同适用最惠国待遇条款的世界贸易组织成员国或地区的进口货物；或原产于与我国签订有相互给予最惠国待遇条款的双边贸易协定的国家或地区的进口货物；以及原产于中华人民共和国境内的进口货物。

② 协定税率。协定税率适用原产于与我国订有含关税优惠条款的区域性贸易协定的有关缔约方的进口货物。

目前，我国对原产于韩国、斯里兰卡和孟加拉国 3 个曼谷协定成员的 739 个税目的进口商品实行曼谷协定税率。

③ 特惠税率。特惠税率适用原产于与我国签订有特殊优惠关税协定的国家或地区的进口货物。

目前，我国对原产于孟加拉国的 18 个税目的进口商品实行曼谷协定特惠税率。

④ 普通税率。普通税率适用原产于上述国家或地区以外的国家和地区的进口货物；或者原产地不明的国家或者地区的进口货物。

（2）暂定税率。根据《关税条例》规定，对特定进出口货物，可以实行暂定税率。实施暂定税率的货物、税率、期限，由国务院关税税则委员会决定，海关总署公布。

暂定税率的商品可分为两类：一类无技术规格，海关在征税时只需审核品名和税号无误后，即可执行；另一类附有技术规格，海关在征税时，除审核品名和税号外，还需对进口货物的技术规格进行专业认定后才能适用。

（3）配额税率。关税配额制度是国际通行的惯例，这是一种在一定数量内进口实行低关税，超过规定数量就实行高关税的办法。实施关税配额管理的货物、税率、期限，由国务院关税税则委员会决定，海关总署公布。

（4）信息技术产品税率（ITA 税率）。在 WTO 成立以后，在以美国为首的 WTO 成员国之间又达成了一项旨在使发展中国家的关税水平进一步降低的《信息技术协议》（ITA）。它的主要内容是将占全世界电子信息技术产品份额 80%以上的该类产品关税，在 2000 年以前降为零。凡申要求适用 ITA 税率的单位，需经信息产业部出具证明并经海关确认后方可适用 ITA 税率。

（5）特别关税。特别关税包括报复性关税、反倾销税、反补贴税、保障性关税和其他特别关税。任何国家或者地区对其进口的原产于中华人民共和国的货物征收歧视性关税或者给予歧视性待遇的，海关对原产于该国家或者地区的进口货物，可以征收特别关税。征收特别关税的货物、适用国别、税率、期限和征收办法，由国务院关税税则委员会决定，海头总署负责实施。

2. 进口税率的适用

对于同时适用多种税率的进口货物，在选择适用的税率时，基本的原则是“从低计征”，特殊情况除外。

（1）最惠国税率项下：如有暂定税率，暂定税率优先；适用协定税率和特惠税率，又适用于暂定税率的，从低适用。适用普通税率进口的，不适用暂定税率；无法确定原产国的，按普通税率征收。

（2）关税配额：配额内的货物，配额税率优先；配额外，按其他规定执行。

（3）反倾销、反补贴、保障措施：按相关条例规定执行，遇有协定税率则按照协定税率计征。

（4）报复性关税税率：对我国实行贸易歧视，则一律按照报复性关税计征。

（5）适用协定税率又适用反倾销反补贴措施范围内的，按协定税率计征；适用协定税率又适用保障措施范围内的，按采取措施后所确定的适用税率计征。

（6）实施减让政策的：与特惠税率、协定税率、进口暂定最惠国税率进行比较，从低执行，但不得在暂定最惠国税率的基础上再进行减免。

（7） ITA 税率：信息技术产品，优先于其他税率。

3. 出口税率适用

对于出口货物，在计算出口关税时，出口暂定税率优先于出口税率执行。

4. 税率适用的时间

《关税条例》规定，进出口货物应当适用海关接受该货物申报进口或者出口之日实施税率。

七、海关估价中的价格质疑程序和价格磋商程序

1. 价格质疑程序

海关对申报价格的真实性、准确性有疑问，或者有理由认为买卖双方的特殊关系可能影响成交价格时，向纳税义务人或者其代理人制发“中华人民共和国海关价格质疑通知书”，将质疑的理由书面告知，纳税义务人或者其代理人应当自收到价格质疑通知书之日起 5 个工作日内，以书面形式提供相关资料或者其他证据，证明其申报价格真实、准确或者双方之间的特殊关系未影响成交价格。纳税义务人或者其代理人确有正当理由无法在规定时间内提供资料的，可以在规定期限届满前以书面形式向海关申请延期。除特殊情况外，延期不得超过 10 个工作日。

对进口货物没有成交价格的，或申报明显不符合成交价格条件的情况，海关无须履行价格质疑程序，可直接进入价格磋商程序。

2. 价格磋商程序

价格磋商是指海关在使用除成交价格以外的估价方法时，在保守商业秘密的基础上，与纳税义务人交换彼此掌握的用于确定完税价格的数据资料的行为。

海关通知纳税义务人进行价格磋商时，纳税义务人需自收到“中华人民共和国海关价格磋商通知书”之日起 5 个工作日内与海关进行价格磋商。纳税义务人未在规定的时限内与海关进行磋商的，视为放弃价格磋商的权利，海关可以直接按照《审价办法》规定的方法审查确定进出口货物的完税价格。

海关与纳税义务人进行价格磋商时，应当制作“中华人民共和国海关价格磋商记录表”。

对符合下列情形之一的，经纳税义务人书面申请，海关可以不进行价格质疑以及价格磋商，依法审查确定进出口货物的完税价格。

（1）同一合同项下分批进出口的货物，海关对其中一批货物已经实施估价的。

（2）进出口货物的完税价格在人民币 10 万元以下，或者关税及进口环节税总额在人民币 2 万元以下的。

（3）进出口货物属于危险品、鲜活品、易腐品、易失效品、废品、旧品等的。

八、进出口税费减免

关税的减免分为三大类：法定减免税、特定减免税、临时减免税。

1．法定减免税

法定减免税的范围，有7个方面。
（1）关税额在人民币50元以下的一票货物。
（2）无商业价值的广告品和货样。
（3）外国政府、国际组织无偿赠送的物资。
（4）在海关放行前遭受损坏或者损失的货物。
（5）进出境运输工具装载的途中必需的燃料、物料和饮食用品。
（6）中华人民共和国缔结或者参加的国际条约规定减征、免征关税的货物、物品。
（7）法律规定的其他减免税货物。

2．特定减免税

特定减免税适用特定地区、用途、企业，是政策性减免税。减免税范围和办法由国务院规定。企业或单位进口前申请，海关审理，核发减免税证明。特定减免税包括8个方面。
（1）外商投资企业进出口物资。
（2）国内投资项目进口设备。
（3）贷款项目进口物资。
（4）特定区域（出口加工区和保税区）物资。
（5）科教用品。
（6）残疾人用品。
（7）救灾捐赠物资。
（8）扶贫慈善捐赠物资。

3．临时减免税

临时减免税具有集权性、临时性、特殊性的特点，一般是“一案一批”。

九、进出口税费缴纳与退补

1．税款缴纳

税款应在进出境向海关缴纳，经批准，也可在属地缴纳。缴纳方式有柜台支付或网上支付。缴纳凭证是海关专用缴款书。

2．税款退还

纳税义务人或其代理人缴纳税款后，由海关将原缴纳关税税款的全部或部分返回给原纳税人的制度称为关税退还制度。

以下情况海关核准可予以办理退税手续。

（1）已缴纳进口关税和进口环节税税款的进口货物，因品质或者规格原因原状退货复运出境的。

（2）已缴纳出口关税的出口货物，因品质或者规格原因原状退货复运进境，并已经重新缴纳因出口而退还的国内环节有关税收的。

（3）已缴纳出口关税的货物，因故未装运出口申报退关的。

（4）散装进出口货物发生短卸、短装并已征税放行的，如果该货物的发货人、承运人或者保险公司已对短卸、短装部分退还或者赔偿相应货款的，纳税义务人可以向海关申请退还进口或者出口短卸、短装部分的相应税款。

（5）进出口货物因残损、品质不良、规格不符的原因，由进出口货物的发货人、承运人或者保险公司赔偿相应货款的，纳税义务人可以向海关申请退还赔偿货款部分的相应税款。

（6）因海关误征，致使纳税义务人多缴税款的。

出口货物的收、发货人或他们的代理人，在缴纳税款后发现多缴税款的，自缴纳税款之日起 1 年内，向海关申请退税，逾期海关不予受理。退税凭证是“收入退还书”。

3．税款追征和补征

退补税是指海关短征和纳税人短缴和漏缴的税款，由海关照章进行追征和补征的行为。

（1）追征和补征的范围。

① 进出口货物放行后，海关发现少征或者漏征税款的。

② 因纳税义务人违反规定造成少征或者漏征税款的。

③ 海关监管货物在海关监管期内因故改变用途按照规定需要补征税款的。

（2）追征和补征的期限和要求。进出口货物完税后，由于海关方面的原因，造成的少征和或者漏征税款，海关应当自缴纳税款或者货物放行之日起 1 年内，向收发货人或者他们的代理人补征。因收发货人或者他们的代理人违反规定而造成的少征或者漏征，海关在 3 年内可以追征。

追征和补征的税款的凭证是“海关专用缴款书”。

十、出口退税

《中华人民共和国增值税暂行条例》规定，纳税人出口商品的增值税税率为零，对于出口商品，不但在出口环节不征税，而且税务机关还要退还该商品在国内生产、流通环节已负担的税款。

（一）出口退税条件

必须同时具备以下 4 个条件。

1．必须是增值税、消费税征收范围内的货物

增值税、消费税的征收范围，包括除直接向农业生产者收购的免税农产品以外的所有增值税应税货物，以及烟、酒、化妆品等 14 类列举征收消费税的消费品。

2．必须是报关离境出口的货物

所谓出口，即输出关口，它包括自营出口和委托代理出口两种形式。区别货物是否报关离境出口，是确定货物是否属于退（免）税范围的主要标准之一。凡在国内销售、不报关离境的货物，除另有规定者外，不论出口企业是以外汇还是以人民币结算，也不论出口企业在

财务上如何处理，均不得视为出口货物予以退税。对在境内销售收取外汇的货物，如宾馆、饭店等收取外汇的货物等，因其不符合离境出口条件，均不能给予退（免）税。

3. 必须是在财务上作出口销售处理的货物

出口货物只有在财务上作出销售处理后，才能办理退（免）税。也就是说，出口退（免）税的规定只适用于贸易性的出口货物，而对非贸易性的出口货物，如捐赠的礼品、在国内个人购买并自带出境的货物（另有规定者除外）、样品、展品、邮寄品等，因其一般在财务上不作销售处理，故按照现行规定不能退（免）税。

4. 必须是已收汇并经核销的货物

按照现行规定，出口企业申请办理退（免）税的出口货物，必须是已收外汇并经外汇管理部门核销的货物。

（二）范围

（1）下列企业出口属于增值税、消费税征收范围货物可办理出口退（免）税，除另有规定外，给予免税并退税。

① 有出口经营权的内（外）资生产企业自营出口或委托外贸企业代理出口的自产货物。

② 有出口经营权的外贸企业收购后直接出口或委托其他外贸企业代理出口的货物。

③ 生产企业（无进出口权）委托外贸企业代理出口的自产货物。

④ 保税区内企业从区外有进出口权的企业购进直接出口或加工后再出口的货物。

⑤ 下列特定企业（不限于是否有出口经营权）出口的货物。

a. 对外承包工程公司运出境外用于对外承包项目的货物。

b. 对外承接修理修配业务的企业用于对外修理修配的货物。

c. 外轮供应公司、远洋运输供应公司销售给外轮、远洋国轮而收取外汇的货物。

d. 企业在国内采购并运往境外作为在国外投资的货物。

e. 援外企业利用中国政府的援外优惠贷款和合资合作项目基金方式下出口的货物。

f. 外商投资企业特定投资项目采购的部分国产设备。

g. 利用国际金融组织或国外政府贷款，采用国际招标方式，由国内企业中标销售的机电产品。

h. 境外带料加工装配业务企业的出境设备、原材料及散件。

i. 外国驻华使（领）馆及其外交人员、国际组织驻华代表机构及其官员购买的中国产物品。

以上“出口”是指报关离境，退（免）税是指退（免）增值税、消费税，对无进出口权的商贸公司，借权、挂靠企业不予退（免）税。上述“除另有规定外”是指出口的货物属于税法列举规定的免税货物或限制、禁止出口的货物。

（2）下列出口货物，免征增值税、消费税。

① 来料加工复出口的货物，即原材料进口免税，加工自制的货物出口不退税。

② 避孕药品和用具、古旧图书，内销免税，出口也免税。

③ 出口卷烟：有出口卷烟，在生产环节免征增值税、消费税，出口环节不办理退税。其他非计划内出口的卷烟照章征收增值税和消费税，出口一律不退税。

④ 军品以及军队系统企业出口军需工厂生产或军需部门调拨的货物免税。

⑤ 国家现行税收优惠政策中享受免税的货物，如饲料、农药等货物出口不予退税。

⑥ 一般物资援助项下实行实报实销结算的援外出口货物。

（3）下列企业出口的货物，除另有规定外，给予免税，但不予退税

① 属于生产企业的小规模纳税人自营出口或委托外贸企业代理出口的自产货物。

② 外贸企业从小规模纳税人购进并持管通发票的货物出口，免税但不予退税。但对下列出口货物考虑其占出口比重较大及其生产、采购的特殊因素，特准退税：抽纱、工艺品、香料油、山货、草柳竹藤制品、渔网渔具、松香、五倍子、生漆、鬃尾、山羊板皮、纸制品。

③ 外贸企业直接购进国家规定的免税货物（包括免税农产品）出口的，免税但不予退税。

④ 外贸企业自非生产企业、非市县外贸企业、非农业产品收购单位、非基层供销社和非成机电设备供应公司收购出口的货物。

（4）除经批准属于进料加工复出口贸易以外，下列出口货物不免税也不退税

① 一般物资援助项下实行承包结算制的援外出口货物。

② 国家禁止出口的货物，包括天然包括天然牛黄、麝香、铜及铜基合金（电解铜除外）、白金等。

③ 生产企业自营或委托出口的非自产货物。

国家规定不予退税的出口货物，应按照出口货物取得的销售收入征收增值税。

（三）增值税退税率

退税率每年都会发生变化，变化时间不确定，跟踪最新的退税率变化内容可到中国出口退税咨询网（http://www.taxrefund.com.cn/）或中国海关律师网查询税率速查栏目，查找现行增值税、消费税税率及其退税率。

（四）增值税退税额计算

增值税退税额＝税后货值（增值税发票金额）/（1＋增值税率）×出口退税率

（五）出口退税企业登记

出口企业应持对外贸易经济合作部及其授权批准其出口经营权的批件、工商营业执照、海关代码证书和税务登记证于批准之日起30日内向所在地主管退税业务的税务机关填写《出口企业退税登记表》（生产企业填写一式三份，退税机关、基层退税部门、企业各一份），申请办理退税登记证。

没有进出口经营权的生产企业应在发生第一笔委托出口业务之前，需持委托出口协议、工商营业执照和国税税务登记证向所在地主管退税业务的税务机关办理注册退税登记。

十一、装船或提货

出口货物时，报关员将放行条交给码头进行电脑确认海关是否放行，确认后加盖码头确认章，再由报关员将放行条交给船代公司，船代公司根据放行条装船出口。当船离开港口后，船代公司会在电脑发送一份此船实际装船的舱单资料给海关的报关电脑系统，报关电脑系统

与舱单资料对接一致后才可以向海关申请打印出口外汇核销联及退税联，至此，全部报关环节完毕。

进口货物时，海关工作人员根据计算出来的税费开具税款缴纳通知书，纳税人到指定银行缴纳税款后，海关在收到缴纳凭证后在提货单盖放行章，收货人或其代理人据此到海关监管场所提货。

技能训练和巩固

1．宁波华田国际贸易公司近期从南非进口一批铁矿石，成交价 CIF 上海 USD100000，进口关税率为 10%，增值税率为 17 %，汇率为 USD100＝RMB636，海关于 2012 年 6 月 12 日（星期二）开出税款缴纳书，该公司于 6 月 29 日交清税款。请判断有没有出现税款滞纳，如果有，请计算应缴纳的滞纳金。

2．宁波华田报关公司 2012 年 6 月中旬代理一笔稀土出口报关业务，自今年 6 月 1 日起，国务院关税税则委员会决定对钨、钼和稀土金属等国内稀缺的金属原矿的产品实施 15%的出口暂定关税。成交价格为 CIF 东京 1.48 万美元/吨，数量 1000 吨，外汇汇率 1 美元＝6.36 人民币，已知运费折合为 1500 美元，保险费为 500 美元，请计算该笔稀土出口应缴纳的出口关税。

小结

本项目主要介绍了一般进出口货物报关的业务操作流程及要点，内容包括了如何申领许可证件、如何填制报关单证、如何查找商品编码、如何计算税费并缴纳。本项目操作要点在于理清一般进出口货物报关的流程、理解各种外贸管制证件的报关实用规范、掌握报关单的填制、熟记各种税费计算方法和计算公式。

训练题

一、基础训练题

（一）单选题

1．进口许可证有效期为（　　），特殊情况需要跨年度使用的，有效期最长不得超过次年（　　）。

A．1 年；3 月 31 日　　B．6 个月；2 月底

C．3 个月；1 月 31 日　　D．9 个月；3 月 31 日

2．无论以何种方式进口列入《进出口野生动植物商品目录》属于我国自主规定管理的野生动植物及其产品，均须事先申领（　　）。

A．公约证明　　B．非公约证明

C．非物种证明　　D．进口许可证

3．货物进出境阶段，进出口货物收发货人或其代理人应当按照哪些步骤完成报关工作（　　）。

A．进出口的申报——配合查验——缴纳税费——提取或装运货物

B. 提取或装运货物——进出口的申报——配合查验——缴纳税费

C. 进出口的申报——配合查验——提取或装运货物——缴纳税费

D. 提取或装运货物——配合查验——进出口的申报——缴纳税费

4. 下列有关进出口货物的报关时限说法正确的有（　　）。

A. 进口货物自运输工具申报进境之日起 7 日内

B. 进口货物自运输工具申报进境之日起 14 日内

C. 货物运抵口岸 24 小时内

D. 货物运抵口岸 48 小时内

5. 根据《中华人民共和国海关法》及《中华人民共和国进出口关税条例》的规定，纳税义务人应当在规定的时限内缴纳税款，逾期由海关征收滞纳金，这一规定的时限是（　　）。

A. 海关填发税款缴纳证之日起 7 日内（法定节假日除外）

B. 海关填发税款缴纳证次日起 7 日内（法定节假日除外）

C. 海关填发税款缴纳证之日起 15 日内（法定节假日除外）

D. 海关填发税款缴纳证次日起 15 日内（法定节假日除外）

6. 某批易腐进口货物通关时，因涉嫌走私被海关扣留，在此期间货物发生变质，对此损失应以下列哪些方式处理？（　　）

A. 因货物发生变质与收货人或其代理人涉嫌走私有关，故该损失由其承担 50%，海关承担 50%

B. 引起变质与海关扣留货物有关，故该损失应由海关承担

C. 引起贬值是在海关正常工作程序所需时间内发生，海关不予赔偿

D. 构成走私，损失由收货人或其代理人自负；未构成走私损失由海关负责赔偿

7. 某外贸公司以一般贸易方式从境外订购一批货物，在如实申报、接受查验、缴纳进口税费后由海关放行，该公司应凭下列哪种单据到海关监管仓库提取货物？（　　）

A. 由海关签发的“进（出）口货物证明书”

B. 由海关加盖了放行章的货运单据

C. 由海关签发的“税款缴纳证”

D. 由海关签发的“进口收汇核销专用报关单”

8. 按照海关规定，报关单位应当自接到海关“现场交单”或“放行交单”通知之日起多少天内，向海关提交纸质报关单证办理海关手续（　　）。

A. 3 日内　　B. 7 日内　　C. 10 日内　　D. 14 日内

9. 日本商人从北京购买地毯，陆运至香港，再空运经日本到伦敦，其运抵国（地区）应为（　　）。

A. 日本　　B. 韩国　　C. 伦敦　　D. 英国

10. 大连某中日合资企业委托辽宁省机械设备进出口公司与日本三菱重工签约进口工程机械，并委托大连外运公司代理报关，在填制进口报关单时，“经营单位”一项应为（　　）。

A. 该中日合资企业

B. 辽宁省机械设备进出口公司

C. 日本三菱重工

D. 大连外运公司

（二）多选题

1. 下列选项实行“非一批一证”的是（　　）。
   A. 两用物项和技术进口许可证
   B. 两用物项和技术出口许可证
   C. 非公约证明
   D. 废物进口许可证

2. 一般进出口货物在向海关申报时，应提交单据的是（　　）。
   A. 贸易合同　　　　B. 商业发票
   C. 装箱单　　　　D. 工商营业执照

3. 下列关于报关程序的表述正确的是（　　）。
   A. 报关程序就是保管手续和步骤
   B. 报关程序分为 3 个阶段：前期阶段、进出境阶段、后续阶段
   C. 报关程序是指申报、配合查验、缴纳税费、提取货物装运货物 4 个作业环节
   D. 任何进出境货物的报关都需经过申报配合查验、缴纳税费、提取货物装运货物 4 个作业环节

4. 报关员配合海关查验主要工作有（　　）。
   A. 报关员必须亲自搬移货物、开拆和重封货物的包装
   B. 了解和熟悉所申报货物的情况，回答查验海关关员的询问，提供海关查验货物所需要的单证或其他资料
   C. 协助海关提取需要作出进一步检验化验或鉴定的货样，收取海关出具的“取样清单”
   D. 查验结束后，认真阅读“海关进出境货物查验记录单”，注意记录是否符合实际，记录准确应及时确认

5. 进出口货物的收发货人或其代理人在办理完毕提取进口货物或装运出口货物的手续后，如有需要，可以向海关申请签发有关货物的进口、出口证明。海关签发的证明有（　　）。
   A. 进口货物报关单付汇证明联和出口货物报关单收汇证明联
   B. 出口货物报关单和出口退税证明联
   C. 进口货物报关单和进口货物证明联
   D. 出口收汇核销单

6. 下列哪些选项是正确的？（　　）
   A. 报关单位向海关申报时应提交相应的进出口许可证件
   B. 报关单位在向海关办理进出口手续时应按照海关规定缴纳进出口税款
   C. 进口货物海关签印放行后即结束海关监管
   D. 出口货物在出口货物装货单上由海关签印放行后即结束海关监管

7. 下列哪种类型的单位可以作为经营单位进行填报？（　　）
   A. 对外签订合同但并非执行合同的单位
   B. 非对外签订合同但具体执行合同的单位
   C. 委托外贸公司对外签订并执行进口投资设备合同的外商投资企业
   D. 接受并办理进口溢卸货物报关手续的单位

8. 我国某进出口公司（甲方）与新加坡某公司（乙方）签订一出口合同，合同中订明，

甲方向乙方出售5000件衬衫，于1998年4月10日在上海装船，途经香港运往新加坡。在签订合同时甲方得知乙方还要将该批货物从新加坡运往智利。根据上述情况填写报关单时，以下哪几种填写不正确？（　　）

A．运抵国（地区）为“香港”，最终目的国（地区）为“新加坡”

B．运抵国（地区）为“新加坡”，最终目的国（地区）为“智利”

C．运抵国（地区）为“香港”，最终目的国（地区）为“智利”

D．运抵国（地区）为“智利”，最终目的国（地区）为“智利”

（三）判断题

1．对外贸易管制能有效地保护本国国内市场和本国的经济利益，但在一定程度上也会发展世界各国经济交流，促进国际贸易的发展。（　　）

2．实行自动进口许可证管理的货物，虽属于自由进出的货物，但仍是国家贸易管制范围内的货物，所以海关凭证验收。（　　）

3．进口企业在货物进口后，进口单位或者代理人凭海关出具的进口货物报关单（付汇证明联）向外汇管理局指定的银行（原付汇银行）办理付汇核销。

（　　）

4．防止出口产品而不把外汇结给国家指定的银行的逃汇行为，海关对一切贸易性出口的商品都凭“出口外汇核销单”才接受报关。（　　）

5．某公司进口了一批铜废碎料，根据国家现行规定，该公司在办理报关手续时，必须向海关递交由国家环保总局签发的进口废料批准书。（　　）

6．办理进出口货物的海关申报手续，报关人可自行选择采用纸质报关单或电子数据报关单的形式。两种形式均属法定申报，具有同等法律效力。（　　）

7．一般进出口货物是海关放行后不再进行监管的进出口货物。（　　）

8．一般情况下，先以数据报关单形式向海关申报，后提交纸质报关单并随附有关单证提交海关。（　　）

9．海关在查验已报关的进出口货物时，收发货人或其代理人必须到场，海关不能在未经收发货人或其代理人同意的情况下开箱查验或提取货样。（　　）

10．某企业向当地海关申报进口一批烤面包机，货物已运抵海关监管区内的仓库。海关根据情况，在没有通知该公司的情况下，由仓库人员陪同对这批货物进行查验，发现该批货物是高档音响器材。该企业以海关查验时保管员不在场为由，拒绝承认查验结果，因此，当地海关不得以此对其进行处罚。（　　）

11．减免税货物进境报关前要办理减免税申请手续，报关时持减免税证明办理减免税，放行后，在海关监管期限内，未经海关许可不得改变用途和随意处置。（　　）

12．申报日期是指申报数据被海关接受的日期。如报关单位采用电子数据报关和纸质报关两种方式报关，是指报关单位向海关提交纸质报关单证被海关接受的日期。（　　）

二、综合技能训练题

【技能训练题一】杭州某进出口集团向日本某商人出口一批木厚板材，合同号为06-H-28-1000。规格20μp×30μp×300mmμp，厚度大于6mm，总数量15m，每米价格为USD356.00，FOB上海，2011年10月份装运，采用不可撤销即期信用证付款。

注：出口许可证号06-AC-380000，商品编码4407999099。

根据上述条件填写出口许可证。

【单据制作】

中华人民共和国出口许可证

<table>
<tr><td colspan="3">1. 申领许可证单位 编码

Exporter</td><td colspan="3">3. 出口许可证编号

License No.</td></tr>
<tr><td colspan="3">2. 发货单位

Consignee</td><td colspan="3">4. 许可证有效期

Validity</td></tr>
<tr><td colspan="3">5. 贸易方式

Terms of trade</td><td colspan="3">8. 输往国家（地区）

Country of destination</td></tr>
<tr><td colspan="3">6. 合同号

Contract No.</td><td colspan="3">9. 收款方式

Terms of payment</td></tr>
<tr><td colspan="3">7. 出运口岸

Port of shipment</td><td colspan="3">10. 运输方式

Means of transport</td></tr>
<tr><td colspan="6">11. 唛头——包装件数

Marks & numbers——number of packages</td></tr>
<tr><td colspan="6">12. 商品名称 商品编码

Description of commodity Commodity No.</td></tr>
<tr><td>13. 商品规格、型号

Specification</td><td>单位

Unit</td><td>14. 单位

Quantity</td><td>15. 单价

Unit price</td><td>16. 总值

Amount</td><td>17. 总值折美元

Amount in USD</td></tr>
<tr><td colspan="6">18. 总计

Total</td></tr>
<tr><td colspan="3">19. 备注

Supplementary</td><td colspan="3">20. 发证机关盖章

Issuing Authority’s Stamp

发证日期

Signature Date</td></tr>
</table>

【技能训练题二】宁波天威成套设备进出口公司（NINGBO TIANWEI COMPLETE PLANT IMPORT&EXPORT CORP.）与德国 TMT 公司于 2011 年 7 月 8 日在上海签订了出售户外家具（Outdoor Furniture）的外贸合同。货名：花园椅（Garden Chair，铸铁底座的木椅，按规定出口时需要有动植物检验检疫证明）；型号：TG0803；价格：USD78.00/PC FOB Guangzhou；数量：1000 把；毛重：21KGS/PC；净重：19KGS/PC；包装 1PC/CTN；集装箱：1×20；生产厂家：宁波正美家具厂；最迟装运期：2011 年 9 月 8 日；起运港：上海港；目的港：汉堡港；支付方式：不可撤销信用证。

请回答以下问题。

（1）如果宁波天威成套设备进出口公司委托上海捷德报关行报关，是否要办理异地报关备案手续？

【业务处理】______

（2）如果订舱的装船时间是 2008 年 9 月 8 日 10：00AM，那么，报关员应最迟在何时何地报关完毕？

【业务处理】______

（3）如果报关员在 8 月 20 日以电子数据报关单向海关申报，8 月 22 日收到海关“放行交单”的通知，那么，报关员应不迟于哪一天持打印的纸质报关单，备齐哪些单证，到货物所在地海关提交书面单证并办理相关海关手续？

【业务处理】______

【技能训练题三】深圳鑫田公司（440326××××）以 FOB 汉堡价格条件从德国进口一批排气量为 2232mL 的大众小轿车（法定计量单位：辆），货物经香港转运进境，支付方式为 L/C，贸易方式为一般贸易，属法定检验、自动进口许可证管理商品。运载该货的运输工具于 2011 年 3 月 18 日申报进境，A 公司于 3 月 25 日采用 EDI 电子申报方式向口岸海关报关，3 月 28 日向口岸海关提交纸质报关单。之后，A 公司发现由于报关员书写失误造成申报差错，向海关申请修改申报内容。4 月 5 日公司提交的纸质报关单被海关接受。该批进口汽车的进口关税税率为 25%，增值税率为 17%，消费税率为 9%。

请根据上述业务背景，以深圳 A 公司报关员的身份回答下列问题，并办理相关申报手续。

（1）该报关员在向海关申报前须做好哪些准备工作？

【业务处理】______

（2）该报关员在深圳盐田国际集装箱码头向大鹏海关申报符合规定吗？

【业务处理】______

（3）该批货物是否需缴纳滞报金？假设公司的电子报关单是在 4 月 5 日被海关接受，是否构成滞报？需缴纳多少滞报金（假设 1 美元＝8 元人民币）？

【业务处理】______

（4）该批货物要缴纳哪些进口税费？金额分别为多少？

【业务处理】____

____

____

（5）请以该公司报关员的身份根据以下提供的商业发票填制纸质进口货物报关单。

【单据 1】发票

COMMERCIAL INVOICE

Seller B Co.Ltd Hamburg,Germany	Invoice NO. Ham005	Invoice Date 2011-2-10
	L/C NO. Ham2007006	Date 2011-1-10
	Issued by Bank of China ,Hamburg Branch	
Buyer A Co.Ltd Shenzhen,China	Contract NO. SC005	Date 2010-12-10
	From Hamburg	To Huangpu,W/T at HongKong
	Shipped per Voy No.B/L NO. HJ005 10005000 HJ20500	Price Terms FOB Hamburg

Marks	description of goods	QTY.	Unit price	Amount
N/M	Cars			
	Engine type:6cyl.in-line	8	50000	400000
	Max.power:90hp			
	Max speed:130km/h			
	Freight: USD50000			
	Insurance:USD5000			
	Net weight:1800kgs/set 8setsto one 20FCL container			
	Country of origin:federal republic of Germany			
	入境货物通关单号：4403200703021000			
	自动进口许可证号：2200-2007-WZ-00505			
	集装箱号码：HJGP20070105 自重：2080kgs			

【单据制作】

中华人民共和国进口货物报关单

预录入编号：　　　　　　　　　　　　　　　　　　　　　　　海关编号：

<table>
<tr><td colspan="2">进口口岸</td><td colspan="2">备案号</td><td colspan="2">进口日期</td><td>申报日期</td></tr>
<tr><td colspan="2">经营单位</td><td>运输方式</td><td colspan="3">运输工具名称</td><td>提运单号</td></tr>
<tr><td colspan="2">收货单位</td><td colspan="2">贸易方式</td><td colspan="2">征免性质</td><td>征税比例</td></tr>
<tr><td>许可证号</td><td colspan="2">起运国（地区）</td><td colspan="2">装货港</td><td colspan="2">境内目的地</td></tr>
<tr><td>批准文号</td><td>成交方式</td><td colspan="2">运费</td><td colspan="2">保费</td><td>杂费</td></tr>
<tr><td>合同协议号</td><td>件数</td><td colspan="2">包装种类</td><td colspan="2">毛重（千克）</td><td>净重（千克）</td></tr>
<tr><td>集装箱号</td><td colspan="4">随附单据</td><td colspan="2">用途</td></tr>
<tr><td colspan="7">标记唛码及备注</td></tr>
<tr><td colspan="7">项号　商品编号　商品名称、规格型号　数量及单位　最终目的国（地区）　单价　总价　币值　征免</td></tr>
<tr><td colspan="7"></td></tr>
<tr><td colspan="7"></td></tr>
<tr><td colspan="7"></td></tr>
<tr><td colspan="7"></td></tr>
<tr><td colspan="7"></td></tr>
<tr><td colspan="7">税费征收情况</td></tr>
<tr><td colspan="2">录入员　录入单位</td><td colspan="2">兹证明以上申报无讹并承担法律责任</td><td colspan="3">海关审单批注及放行日期（签章）
审单　　　　审价</td></tr>
<tr><td colspan="4">报关员　　　　　　　　　申报单位（签章）
单位地址
邮编　　　　电话　　　　填制日期</td><td colspan="3">征税　　　　统计
查验　　　　放行</td></tr>
</table>

【技能训练题四】宁波翔宁汽车贸易公司以 FOB 东京价格条件从日本经香港转运进口一批汽车，支付方式为 L/C，贸易方式为一般贸易，该货物属法定检验、自动进口许可证管理商品。运载该货物的运输工具于 2011 年 9 月 5 日运抵国内用户指定的上海口岸申报进境。

请根据上述业务背景，以宁波翔宁汽车贸易公司报关员的身份回答下列问题，并办理相关报关手续。

（1）该进口公司可通过哪些当事人向海关申报？

【业务处理】____

____

____

（2）国内用户可指定国内哪些口岸进境？

【业务处理】____

____

____

（3）该进口公司申报的期限为何时？须通过哪些方式申报？

【业务处理】

（4）如果海关接受申报，应适用何日实施的税率计征关税？

【业务处理】

（5）如果进口货物因超期申报被海关变卖，变卖所得的款项应如何处理？

【业务处理】

（6）假设该公司报关员经海关通知配合查验而没有到场，海关可否径行开验货物？

【业务处理】

（7）假设海关于 9 月 10 日填发税款缴纳证，该进口公司纳税的期限为何时？

【业务处理】

（8）该进口公司须凭什么单据提取货物？提取货物后，进口公司能否自由处置该批货物？

【业务处理】

【技能训练题五】请根据归类总规则（二）及其归类方法，对以下业务情况进行分析并在《进出口商品名称与编码》中找出 8 位数的商品编码。

（1）某服装公司拟出口一批“尚未车缝领子的棉质女衬衫”，报关员小陈在申报时将其按完整的女衬衫归类，是否正确？

【业务处理】

（2）某茶叶进出口公司拟出口绿茶一批，已知该物品含有 20%的柑橘皮，每包净重 60kg，向海关申报时应按茶叶归类还是按柑橘皮归类？

【业务处理】

（3）某公司拟出口一批自行车，共 20 套自行车散件，为便于运输而未组装，其中，无车座装于一木箱中，另有单独包装的 40 个车座，应如何归类？

【业务处理】

项目五

保税加工货物报关业务办理

BAOSHUI JIAGONG HUOWU BAOGUAN YEWU BANLI

【知识目标】

（1）理解保税加工货物的含义及监管特点。

（2）掌握保税加工货物的报关流程。

（3）掌握保税加工货物的海关监管要点。

【能力目标】

能顺利办理保税货物的报关业务。

【任务导入】

2011 年 3 月，华田国际贸易公司（320213××××，A 类管理企业）承接了一笔来料加工服务。由英国的客户提供一批毛纺原料，并按其要求加工成服装。按照合同约定，该批来料加工服装复出口日期为 2011 年 10 月底。

同月，华田公司又承接了一笔来自日本的进料加工合同，合同执行期截至也为 2011 年 10 月底。

4 月，宁波华田有限公司与香港纬元贸易有限公司签订服装加工合同，由纬元公司向大洋公司免费提供面料，并支付加工费，成品由纬元公司在境外销售。在加工过程中，由于没有绣花设备，华田公司报经主管海关同意后，将半成品交宁波开发区山水服饰有限公司绣花后运回；另外 2011 年 8 月购进一批价值 4000 美元的棉花加工生产男式西装垫肩，以履行出口加工合同。加工成垫肩后，80%的成品已经复出口，由于境外订货商对垫肩需求量的减少，经有关部门的批准，华田公司将 20%的垫肩结转给南京禾祥有限公司（320195××××，B 类管理企业）继续加工后返销境。

2011 年 4 月，华田公司从宁波出口加工区另一家服装加工企业天宇公司购买了其剩余的服装料件。天宇公司的料件是来自美国的来料加工业务，从北仑口岸进境。

如果你是华田公司的报关员，该如何操作这三笔业务的报关？此外，宁波天宇的报关员又如何操作本企业业务的报关？

【任务目标】

（1）根据任务导入案例背景完成纸质手册加工业务报关。

（2）根据任务导入案例背景完成异地加工和深加工结转报关。

（3）根据任务导入案例背景完成出口加工区业务报关。

【任务分析】

在以上案例情景中，涉及来料加工业务报关、进料加工业务报关、异地加工和深加工结转报关、出口加工区报关等。要完成以上工作任务，大致要经过以下几个环节的操作。

（1）申领加工贸易登记手册。

（2）料件保税进境报关。

（3）异地加工备案申请。

（4）深加工结转申请及业务办理。

（5）出口加工区货物进入境内区外的报关。

在分析操作环节的基础上，将本项目的任务分解为以下 3 个部分：纸质手册监管的保税加工货物报关业务办理→异地加工和深加工结转业务办理→出口加工区货物报关业务办理。

任务一　纸质手册监管的保税加工货物报关业务办理

【任务目标】

（1）根据任务导入案例背景完成纸质手册监管货物报关流程设计。

（2）根据任务导入案例背景开设纸质手册保证金台账。

【操作分析】

背景资料中，华田公司属于纸质手册管理，保税加工货物报关业务由报关员小李负责，他认为其来料加工业务和进料加工业务报关大概经过以下几个步骤。

第一，进行商务审批。小李持加工贸易合同到鄞州区商务部门进行审批，经审批通过后，领取“加工贸易业务批准证书”和“加工企业生产能力证明”。

第二，进行合同备案。小李持合同、“加工贸易业务批准证书”和“加工企业生产能力证明”到鄞州区海关备案，因该服装面料不属于加工贸易限制类货物，而且该企业实行 A 级管理，所以实行银行保证金台账“空转”制度，即到指定的中国银行开账户，但不用交付保证金。账户开好后，由银行出具“台账开设通知单”。海关对备案资料进行审核，审核通过后，出具《加工贸易登记手册》。

第三，开展料件进境报关。料件进境时，小李填制进口报关单，随附《加工贸易登记手册》、提单、箱单、发票等向海关报关，暂缓纳税进境。

第四，开展成品出境报关。料件进境后，须在一年内（经批准，可以延期一年）加工成成品复运出境。小李填制出口报关单，随附提单、箱单、发票等向海关报关，因为成品全部由进口料件加工而成，所以出境免税。

第五，报核。在全部成品复运出境之日起 30 天内，小李持核销申请表、《加工贸易手册》、核销核算表等向主管海关报核。经海关核销后，结束对该笔来料加工业务的监管。

核销申请表见表 5-1。

表 5-1　加工贸易合同核销申请表

<table>
<tr><td>企业名称</td><td>宁波华田国际贸易有限公司</td><td>企业管理类别</td><td>A 级别</td><td>企业编码</td><td>3312961121</td><td>电话</td><td>0574-83201152</td></tr>
<tr><td>手册编号</td><td>B3101220002</td><td>合同号</td><td>HT201012</td><td>合同有效期</td><td>1 年</td><td>合同批准证号</td><td>GDL–QW7.5.1</td></tr>
<tr><td>进口总金额</td><td>10000 美元</td><td>出口总金额</td><td>30000 美元</td><td>进口报关单份数</td><td>1</td><td>出口报关单份数</td><td>1</td></tr>
<tr><td>内销金额</td><td></td><td>内销补税税额</td><td></td><td>内销补税税单号</td><td></td><td>进口设备值</td><td></td></tr>
<tr><td>内销批准证号</td><td></td><td>余料金额</td><td></td><td>转入余料的手册编号</td><td></td><td>保证金金额</td><td></td></tr>
<tr><td>是否重点敏感商品合同</td><td colspan="2">否</td><td colspan="2">合同总金额</td><td>40000 美元</td><td>申请表总页数</td><td></td></tr>
<tr><td colspan="8">以上由企业填写</td></tr>
<tr><td colspan="4">外经贸主管部门意见

签名：　　年　月　日　　盖章</td><td colspan="4">海关核销意见：

签名：　　年　月　日　　盖章</td></tr>
</table>

【知识链接】

要完成以上任务，需要掌握纸质手册保税加工货物报关的相关知识。

一、保税加工货物的含义及形式

保税加工货物是通常所说的加工贸易保税货物，是指经海关批准未办理纳税手续进境，在境内加工、装配后复运出境的货物。保税加工货物的形式主要有两种。

1．来料加工

来料加工是指外商提供全部原材料、辅料、零部件、元器件、配套件和包装物料，必要时提供设备，由承接方加工单位按外商的要求进行加工装配，成品交外商销售，承接方收取工缴费，外商提供的作价设备价款，承接方用工缴费偿还的业务。

2．进料加工

进料加工是指国内有外贸经营权的单位用外汇购买进口部分或全部原料、材料、辅料、元器件、配套件和包装物料加工成品或成品后再返销出口的业务。

来料加工和进料加工的区别如下。

第一，料件付汇方式不同。来料加工料件由外商免费提供，不需付汇，进料加工料件必须由经营企业付汇购买进口。

第二，货物所有权不同。来料加工货物所有权归外商所有，进料加工货物所有权由经营企业拥有。

第三，经营方式不同。来料加工经营企业不负责盈亏，只赚取工缴费：进料加工经营企业自主盈亏，自行采购料件，自行销售成品。

第四，承担风险不同。来料加工经营企业不必承担经营风险，进料加工经营企业必须承担经营过程中的所有风险。

第五，海关监管要求不同。经营企业进料加工项下的保税料件经海关批准允许与本企业内的非保税料件进行串换，来料加工项下的保税料件因物权归属外商，不得进行串换。

二、保税加工货物的范围

保税加工货物包括以下内容。

（1）专为加工、装配出口产品而从国外进口且海关准予保税的原材料、零部件、元器件、包装物料、辅助材料（简称料件）。

（2）用进口保税料件生产的成品、半成品。

（3）在保税加工生产过程中产生的副产品、残次品、边角料和剩余料件。

三、保税加工货物的特征

保税加工货物有以下特征。

（1）料件进口时暂缓缴纳进口关税及进口环节海关代征税，成品出口时除另有规定外无须交纳税款。

（2）料件进口时除国家另有规定外免于交验进口许可证件，成品出口时凡属许可证件管理的，必须交验出口许可证件。

（3）进出境海关现场放行并未结关。

四、保税监管货物的监管特征

1．商务审批

加工贸易必须经过商务主管部门审批才能进入海关备案的程序，分为两种情况。

（1）由商务主管部门审批加工贸易合同。

加工贸易经营企业在向海关办理加工贸易合同备案手续或者申请设立电子手册之前，先要到商务主管部门办理合同审批手续。审批后，凭商务主管部门出具的“加工贸易业务批准证书”和“加工贸易经营企业经营状况和生产能力证明”以及商务主管部门审批同意的加工贸易合同到海关备案。

（2）由商务主管部门审批加工贸易经营范围。

加工贸易经营企业在向海关申请联网监管和建立电子账册、电子手册前先到商务主管部门办理审批加工贸易经营范围的手续，由商务主管部门对加工贸易企业与海关联网监管的申请作出前置审批，凭商务主管部门出具的“经营范围批准证书”和“加工贸易经营企业经营状况和生产能力证明”到海关申请联网监管并建立电子账册、电子手册。

2．备案保税

凡准予备案的加工贸易料件进口时可以暂不办理纳税手续。海关批准货物保税的原则有3个。

（1）合法经营，包括货物合法、企业合法、证件合法。

（2）复运出境。所有保税货物的经加工、装配后应该复运出境，且进出基本平衡。

（3）可以监管。加工环节、进出境环节海关都可以监管。

3．纳税暂缓

保税货物未办理纳税手续进境，属于暂时免纳税费，而不是免税，待货物最终流向确定后，海关再决定征税或免税。

由此引出两个问题。

（1）保税加工货物经批准不复运出境，在征收进口关税和进口环节代征税时要征收缓税利息（边角料和特殊监管区域的保税加工货物除外）。

（2）料件进境时未办理纳税手续，适用海关事务担保，手续按加工贸易银行保证金台账制度执行。

4．监管延伸

监管时间和监管地点都在延伸。从地点上说，运离进境口岸海关场所后，进行加工、装配的地点均是海关监管的地点。从时间上说，提取货物之日起（海关保税监管开始），至完成仓储、加工、装配后复运出境或办结海关手续之日止均是海关监管的时间。

5．核销结关

保税加工货物（出口加工区的除外）一般要经过海关的核销后才能结关。

【相关资料】

我国保税加工货物监管模式

海关对保税加工货物的监管模式有两大类，一类是物理围网的监管模式，包括出口加工区和跨境工业区；另一类是非物理围网的监管模式，采用纸质手册管理或计算机联网监管。

物理围网监管是指经国家批准，在关境内或关境线上划出一块地方，采用物理围网，让企业在围网内专门从事保税加工业务，由海关进行封闭的监管。

非物理围网监管采用纸质手册管理或计算机联网监管。纸质手册管理主要是用加工贸易纸质登记手册进行加工贸易合同内容的备案，凭以进出口，并记录进口料件出口成品的实际情况，最终凭以办理核销结案手续。计算机联网监管是一种高科技的监管方式，主要是应用计算机手段实现海关对加工贸易企业实施联网监管，建立电子账册或电子手册，备案、进口、出口、核销，全部通过计算机进行。海关管理科学严密，企业通关便捷高效，受到普遍欢迎，将成为海关对保税加工货物监管的主要模式。这种监管方式以分为两种，一种是针对大型企业的，以建立电子账册为主要标志，以企业为单元进行管理，不再执行银行“保证金台账”制度，已经实施了多年，形成了完整的监管制度；另一种是针对中小企业的，以建立电子手册为主要标志，继续以合同为单位，执行银行“保证金台账”制度，现在已开始施行，今后将逐渐取代纸质手册管理。

五、纸质手册管理下的保税加工货物及其报关程序

纸质手册管理管理模式到目前为止还是“常规监管模式”，以合同为单元进行监管。其报关基本程序大概分为 3 个步骤：合同备案—进出口报关—合同报检。

（一）合同备案

1．合同备案的含义

合同备案是指加工贸易企业持合法的加工贸易合同，到主管海关备案，申请保税并领取加工贸易登记手册或其他准予备案凭证的行为。

2．合同备案企业

由经营企业到加工企业所在地主管海关申请备案。

3．合同备案步骤

（1）合同审批（商务主管部门审批）：领取“加工贸易业务批准证”、“加工贸易企业经营状况和生产能力证明”。

（2）需要领取许可证件的，领取许可证。

（3）将合同相关的内容预录入与主管海关联网的计算机。

（4）海关审批是否准予备案。确定是否需要开设台账，如需则领取“台账开设联系单”。不需要开设台账的，直接向海关领取“加工贸易登记手册”。需要开设台账的凭台账开设联系单到银行开设台账，领取“台账登记通知单”，凭“台账登记通知单”到海关领取“加工贸易登记手册”。

4．合同备案内容

（1）备案单证。

① 商务主管部门签发的“加工贸易业务批准证”、“加工贸易企业经营状况和生产能力证明”。

② 加工贸易合同或合同副本。

③ 加工合同备案申请表及企业加工合同备案呈报表。

④ 需提供许可证的，交验许可证。

⑤ 为确定单耗和损耗所需的有关资料。

⑥ 其他备案所需要的单证。

（2）备案商品。

① 加工贸易禁止类商品。2004年至今，商务部会同海关总署、环保总局已先后发布了4批禁止类公告，将废旧机电、化肥、氧化铝、铁矿石等高耗能、高污染的，约341个税号商品列入加工贸易禁止类目录。2012年发布的加工贸易禁止类目录以取消出口退税的商品为主，共涉及804个10位编码税号商品。目录细分为禁止进口、禁止出口、禁止进出口三类。其中，禁止进口的77个，主要是国际公约禁止进口的、加工环节污染较为严重的商品，如虎骨、矿砂、矿渣、纤维废料等；禁止出口的503个，主要是用于深加工的初级原材料，如板材、硫黄、泥土及石料、金属原材料等商品，加工贸易企业进口这些原料商品仍可享受保税待遇；禁止进出口的224个，主要是加工层次低的、高耗能、高污染的商品，如矿泉水、煤炭、沥青、可燃气体、农药类产品等。目前，我国共计1145个（10位码）税号商品列入加工贸易禁止类目录，占全部进出口商品税号总数的9.3%。

② 备案时需要提供许可证的商品。备案时需要提供许可证的商品包括易制毒化学品、监控化学品、消耗臭氧层物质。

③ 备案时需要提供其他许可证件的商品。进出口音像制品、印刷品，提供新闻出版总署印刷复制司的批准文件；进出口地图产品及附有地图的产品，提供国家测绘局的批准文件，并附有关样品；进口工业再生废料，提供国家环境保护总局的“进口废物批准证书”。

（3）保税额度。

① 在加工贸易合同项下海关准予备案的料件，全额保税。

② 不予备案的料件及试车材料、非列名消耗性物料等不予保税。

（4）台账制度。

加工贸易保证金台账制度，是指经营加工贸易的单位或企业凭海关核准的手续，按合同备案料件金额向银行申请设立加工贸易进口料件保证金台账，加工成品在规定的加工期限内全部出口，经海关核销后，由银行核销保证金台账的业务。保证金台账制度旨在充分发挥海关、银行等部门的监督作用，加强综合管理，堵塞管理漏洞，制止和打击加工贸易渠道的走私违法活动，保证国家税收，促进加工贸易的健康发展。

所有的加工贸易合同都要按加工贸易进口料件银行保证金台账制度的规定办理。备案企业持海关开具的有台账金额和保证金金额内容的“银行保证金台账开设联系单”，到指定银行（中国银行及其分支机构）开设台账并支付保证金，收取银行开具的“银行保证金台账登记通知单”，凭“银行保证金台账登记通知单”到海关申领《登记手册》。

保证金台账有 3 种情况，“不转”、“空转”、“实转”。

① 不转是指不需要开设保证金台账。

② 空转是指开设台账，不需要支付保证金。

③ 实转是指开设台账，支付保证金。

保证金台账制度实施分类管理，主要是根据不同的企业类别和要进行加工贸易的进口的料件的性质来确定。目前，海关根据企业分类管理标准，对加工贸易企业设定为：AA、A、B、C、D 五类。企业分类名单实行动态管理，适时调整。商品则分为禁止类、限制类和允许类 3 类。

其中，禁止类的商品如下。

① 国家明令禁止进出口的商品。

② 为种植、养殖而进口的商品。

③ 可能引起高能耗、高污染的商品。

④ 低附加值、低技术含量的商品。

⑤ 其他列名的加工贸易禁止类商品。

限制类商品目前有 2000 多种，不仅涉及进口料件，也涉及出口成品。

台账的具体开设情况见表 5-2。

表 5-2　台账的具体开设情况

<table>
<tr><th rowspan="2">台账分类管理</th><th colspan="2">禁止类商品</th><th colspan="2">限制类商品</th><th colspan="2">允许类商品</th></tr>
<tr><th>东部</th><th>中西部</th><th>东部</th><th>中西部</th><th>东部</th><th>中西部</th></tr>
<tr><td>AA 类企业</td><td colspan="2" rowspan="5">不准开展加工贸易</td><td colspan="2" rowspan="2">空转</td><td colspan="2">不转</td></tr>
<tr><td>A 类企业</td><td colspan="2">空转</td></tr>
<tr><td>B 类企业</td><td>半实转</td><td colspan="3">空转</td></tr>
<tr><td>C 类企业</td><td colspan="4">实转</td></tr>
<tr><td>特殊监管区域企业</td><td colspan="4">不转</td></tr>
<tr><td>D 类企业</td><td colspan="6">不准</td></tr>
</table>

在台账的实施过程中，有以下两种特殊情况。

① 由境外厂商提供的辅料以及其他零星进口料件金额在 1 万美元以下的，AA 类、A 类、B 类企业可以不设台账，也就是说“不转”。

② AA 类、A 类、B 类企业进口金额在 5000 美元及以下的列名的 78 种客供服装辅料，不仅可以不设台账即“不转”。还可以不审领登记手册，但要向海关备案。

5．合同备案凭证

海关受理合同备案后，企业应当申领有海关签章的《加工贸易登记手册》或其他准予备案的凭证。

（1）《加工贸易登记手册》是海关为了便于管理加工贸易货物而向从事加工贸易的企业核发的登记册，企业凭此登记册办理进出口货物的备案、报关、报核等程序。

（2）其他准予备案的凭证。对为生产出口而进口的属于国家规定的 78 种列名服装辅料金额不超过 5000 美元的合同，A 类、B 类管理企业“免册”，直接凭出口合同备案准予保税，经海关签章编号后，进入进口报关阶段，即“不转/免册”。

6．合同备案的变更

（1）变更合同需报商务部门批准（原审批单位）。

（2）贸易性质不变、商品品种不变、合同变更金额小于 10000 美元（含 10000 美元）和延期不超过 3 个月的合同，直接到海关和银行办理变更手续，不需经商务部门审批。

（3）原 10000 美元以下的合同，变更后进口金额超过 10000 美元，AA 类、A 类、B 类管理的企业应重新开设台账；东部地区企业的合同金额变更后，进口料件如涉及限制类商品的，加收相应的保证金。

（4）企业管理类别调整，合同从空转变为实转的，应对原备案合同交付台账保证金；经海关批准，可以对未完成部分收取保证金。

（5）企业类别调整为 D 类的企业，已备案合同经海关批准，交付保证金后继续执行，但是不得再变更和延期。

（6）对允许类商品改为限制类商品的加工合同，已备案的合同不再交付保证金；原允许类和限制类商品改为禁止类商品的，已经备案的合同按照国家即时发布的规定办理。

（二）进出口报关

1．保税加工货物进出境报关

保税加工货物进出境报关程序包括以下几个步骤：申报—配合查验—提取或装运货物（不需要经过缴纳税费环节）。

（1）关于进口许可证管理。

① 进口料件，除个别另有规定以外，进口时免交许可证件。

② 出口成品，属于国家规定应交验许可证件的，出口报关时必须交验许可证件。

（2）关于进出口税收征管。

① 准予保税进口的加工贸易料件，进口时暂缓纳税。

② 生产成品出口时，如果全部使用进口料件生产，不征收关税。

③ 加工贸易项下应税商品，如果部分使用进口料件，部分使用国产料件加工的产品，则按海关核定的比例征收关税。

④ 加工贸易出口未锻铝，不管有否使用国产料件，一律按一般贸易出口货物从价计征出口关税。

2．加工贸易其他保税货物的报关

加工贸易其他保税货物包括生产过程中产生的剩余料件、边角料、残次品、副产品、受灾保税货物和经批准不再出口的成品、半成品、料件等。这些保税货物必须在登记手册有效期内处理完毕，处理方式有内销、结转、退运、放弃、销毁。除销毁处理外，其他处理方式都必须填制报关单报关。有关报关单是企业报核的必要单证。

（1）内销报关。

保税加工货物转内销应经商务主管部门审批，加工贸易企业凭“加工贸易保税进口料件内销批准证”办理内销料件正式进口报关手续，缴纳进口税和缓税利息。

经批准允许转内销的加工贸易保税货物属进口许可证件管理的，企业还应按规定向海关补交进口许可证件；申请内销的剩余料件，如果金额占该加工贸易合同项下实际进口料件总额 3%及以下且总值在人民币 1 万元（含 1 万元）以下的，免审批，免交许可证件。

内销征税，应遵循如下规定。

① 关于征税的数量。剩余料件和边角料内销，直接按申报数量计征进口税；制成品和残次品根据单耗关系折算耗用掉的保税进口料件数量计征进口税；副产品内销，按报验状态的数量计征进口税。

② 关于征税的完税价格。进料加工料件或者其制成品（包括残次品）内销时，根据料件的原进口成交价格为基础确定完税价格。料件的原进口成交价格不能确定的，一接受内销申报的同时或者大约同时的与料件相同或者类似的货物的进口成交价格为基础确定完税价格。

来料加工进口料件或者其制成品（包括残次品）内销时，以接受内销申报的同时或者大约同时进口的与料件相同或者类似的货物的进口成交加工为基础确定完税价格。加工企业内销加工过程中产生的副产品或者边角料，一内销价格作为完税价格。

③ 关于征税的税率。经批准正常的转内销征税，使用海关接受申报办理纳税手续之日实施的税率。如内销商品属关税配额管理而在办理纳税手续时又没有配额证的，应当按该商品配额外使用的税率缴纳进口税。

④ 关于征税的缓税利息。剩余料件、制成品、残次品、副产品内销均应交付缓税利息，边角料内销免交付缓税利息。缓税利息根据海关填发税款缴款书的上年度 12 月 31 日中国人民银行公布的活期存款储蓄利息按日征收。计息期限从《加工贸易登记手册》记录首次进口料件之日起至征税之日。

（2）结转报关。

剩余料件可以结转到另一个加工贸易合同生产出口，但必须在同一经营单位、同一加工厂、同样的进口料件和同一加工贸易方式的情况下结转。

加工贸易企业向海关提出申请，并提交有关的书面材料、清单。经海关批准可以办理结转手续，未经海关批准的，则根据规定将剩余料件作退运、征税内销、放弃或销毁处理。

（3）退运报关。

加工贸易企业因故将剩余料件、边角料、残次品、副产品等退运出境的，持登记手册等向口岸海关报关，办理出口手续，留存有关报关单备查。

（4）放弃报关。

企业放弃剩余料件、边角料、残次品、副产品等，交由海关处理，应当提交书面申请。经海关核定，有下列情形的将做出不予放弃的决定，并告知企业按规定将有关货物退运、征税内销、在海关或者有关主管部门监督下予以销毁或者进行其他妥善处理。

① 申请放弃的货物属于国家禁止或限制进口的。

② 申请放弃的货物属于对环境造成污染的。

③ 法律、行政法规、规章规定不予放弃的其他情形。

对符合规定的，海关应当作出准予放弃的决定，开具加工贸易企业放弃加工贸易货物交接单。企业凭以在规定的时间内将放弃的货物运至指定的仓库，并办理货物的报关手续，留存有关报关单证准备报核。

主管海关凭接受放弃货物的部门签章的加工贸易企业放弃加工贸易货物交接单以及其他有关单证核销企业的放弃货物。

（5）销毁。

对于不能办理结转或不能放弃的货物，所属货物企业可以申请销毁，海关经核实同意销毁，由企业按规定销毁，必要时海关可以派员监督销毁。企业收取海关出具的销毁证明材料，准备报核。

（6）受灾货物的报关。

加工贸易企业在受灾后 7 日内向主管海关书面报告，并提供有关材料海关可派员核查取证。

① 不可抗力受灾保税加工货物灭失或失去使用价值，可由海关审定，免税。

② 需销毁的受灾货物，同其他保税货物销毁处理一样。

③ 可再利用的，按照海关审定的保税货物价格，按照对应的税率交纳进口税和缓税利息。

④ 对非不可抗力因素造成的受灾保税加工货物，海关按照原进口货物成交价格审定完税价格，照章征税。

⑤ 因不可抗力造成的受灾保税货物处理时，属于许可证管理的，免交许可证。反之，应当交验进口许可证。

（三）合同报核

1．定义

合同报核是加工贸易企业在加工合同履行完毕或终止后，按照规定处理完剩余货物，在规定的时间内，按照规定的程序向该企业主管海关申请核销要求结案的行为。

2．报核时间

经营企业应在规定的时间内完成合同，并自加工贸易手册项下最后一批成品出口或者加工贸易手册到期之日起 30 日内向海关申请报核。因故提前终止的合同，自合同终止之日起 30 日内向海关报核。

3．报核步骤

（1）收集、整理、核对报关单和手册。

（2）核实单耗，填制“核销核算表”。

（3）填写“核销预录入申请单”。

（4）持如下单据报核。

①《加工贸易登记手册》（《登记手册》中的“进口料件登记栏”和“出口成品登记栏”的进出口记录，须有进出境地海关的签章确认；须填写手册中的“核销申请表”并加盖印章）。

② 进出口货物报关单原件。

③ 企业填写的“加工贸易核销申请表”（由海关提供）。

④ 核销时如涉及退还保证金的，需填写“保证金（函）核销申请审批表”，提交原保证金收据复印件及加盖财务专用章的收款专用发票。

⑤ 海关认为必要的其他单证。

4．特殊情况报核

（1）遗失手册。及时向主管海关报告，主管海关移交缉私部门按规定进行处理。缉私部门处理后，企业应该持以下单证向主管海关报核。

① 遗失的书面报告。

② 申请核销的书面材料。

③ 加工贸易货物进出口报关单。

④ 缉私部门出具的“行政处罚决定书”。

⑤ 海关规定需要收取的其他单证和材料。

（2）遗失报关单。凭“报关单留存联”或“报关单复印件”（报关海关签章）报核（代替报关单）。其他单据同上。

（3）不申领手册的辅料。企业直接持进出口报关单、合同、核销核算表报核。

（4）合同提前撤销。首先报批商务主管部门，然后凭批件和手册报核。

（5）有违规行为的加工贸易合同的核销。被没收加工贸易货物的，凭“行政处罚决定书”/“行政复议决定书”/“判（裁）决书”和“裁决书”报核。

5．海关受理报核和核

海关审核报核企业申请，不符合规定的，重新报核；符合规定的，受理，同时受理之日起 20 个工作日内完成核销，经批准可延长 10 个工作日。未开设台账的：海关应当签发“核销结案通知书”；开设台账的：海关应当签发“银行保证金台账核销联系单”，到银行销台账，并领取“银行保证金台账核销通知单”，凭以向海关领取核销结案通知书。

技能训练和巩固

1．宁波华田国际贸易有限公司（A 类管理企业，采用纸质手册管理）2012 年初向宁波机场海关申报进口已鞣未缝制 500 张羊皮（单价为 18 美元/张），以履行羊皮大衣的出口合同。货物进口后，交由海宁伟达服饰有限公司（B 类管理企业，采用纸质手册管理）加工。合同执行期间，因加工企业生产规模有限，经与境外订货商协商后更改出口合同，故羊皮耗用数量减为 300 张。经批准，剩余的 200 张羊皮中的 185 张结转至另一加工贸易合同项下；15 张售予海宁华亿服装有限公司（C 类管理企业）用以生产内销产品。（外汇牌价：1 美元＝6.3 元人民币。）请以华田国际贸易公司报关员的身份制作该笔业务的报关方案。

2．调研宁波保税加工业务发展及海关管理的情况，撰写调研报告。

任务二 异地加工和深加工结转业务办理

【任务目标】

根据任务导入案例背景办理异地加工和深加工结转业务。

【操作分析】

1．华田公司报关员小李办理异地加工业务

第一，异地加工申请。华田有限公司填制“中华人民共和国海关异地加工贸易申请表”（以下简称申请表），同时提交委托加工合同、加工贸易业务批准证、加工贸易企业生产能力证明，向主管海关提出异地加工申请，主管海关审批同意后，将“申请表”与“加工贸易业务批准书”、“加工贸易企业生产能力证明”一并制作关封交华田公司。

中华人民共和国海关异地加工贸易申请表

宁波开发区海关：

我宁波华田国际贸易（公司、厂）需将加工贸易合同（合同号：HT2011003 ）委托宁波山水服饰公司（公司、厂）进行加工，委托合同号：YD 2011004。我们保证遵守《海关法》及有关规定，如有违反，我们愿承担相应的法律责任。

经营单位：

地址：宁波鄞州区启明路×号　　　　电话：0574-8320××××

企业法定代表人（签名）：

年　月　日（盖章）

企业管理类别：

经营单位主管海关意见

年　月　日（盖章）

1．本申请表一式二联：第一联经营单位主管海关留存 ，第二联加工企业主管海关留存。

2．企业管理类别由海关填写。

第二，合同备案。华田公司持该关封去山水服饰有限公司所在地海关备案，因为加工的货物不属于限制类货物，而且适用的是B级管理，保证金台账实行“空转”，台账开设后凭银行的台账开设通知单领取《加工贸易登记手册》。

2．华田公司报关员小李办理深加工结转业务

第一，计划备案。华田公司和禾祥公司分别向主管海关提交保税加工货物深加工结转申请表见表5-3，华田公司报关员小李先提交申请表备案，然后将备案的申请表后三联交禾祥公司报关员小于去备案，禾祥公司所在地主管海关审核后，将第三联和第四联交禾祥公司和华田公司，备案完成。

表 5-3　中华人民共和国海关加工贸易保税货物深加工结转申请表

申请表编号：

<table>
<tr><td colspan="8">南京 海关：
我 宁波华田国际贸易有限公司 公司（企业）需与 南京禾祥有限公司 公司（企业）结转保税货物，特向你关申请，并保证遵守海关法律和有关监管规定。</td></tr>
<tr><td rowspan="5">结转出口货物情况</td><td>项号</td><td>商品编号</td><td>品　名</td><td>规格型号</td><td>数量</td><td>单位</td><td>转出手册号</td></tr>
<tr><td>1</td><td>56012290</td><td>垫肩</td><td>24（长）×13（宽）×1.3（厚）</td><td>4000</td><td>付</td><td rowspan="4">B57704150022</td></tr>
<tr><td>2</td><td></td><td></td><td></td><td></td><td></td></tr>
<tr><td>3</td><td></td><td></td><td></td><td></td><td></td></tr>
<tr><td>4</td><td></td><td></td><td></td><td></td><td></td></tr>
<tr><td>说明</td><td colspan="7"></td></tr>
<tr><td rowspan="5">结转进口货物情况</td><td>项号</td><td>商品编号</td><td>品　名</td><td>规格型号</td><td>数量</td><td>单位</td><td>转入手册号</td></tr>
<tr><td>1</td><td>56012290</td><td>垫肩</td><td>24（长）×13（宽）×1.3（厚）</td><td>4000</td><td>付</td><td>B57205711700</td></tr>
<tr><td>2</td><td></td><td></td><td></td><td></td><td></td><td></td></tr>
<tr><td>3</td><td></td><td></td><td></td><td></td><td></td><td></td></tr>
<tr><td>4</td><td></td><td></td><td></td><td></td><td></td><td></td></tr>
<tr><td colspan="4">转出企业法定代表：　　电话：
报关员：　　电话：
（企业盖章）
年　月　日</td><td colspan="4">转入企业法定代表：　　电话：
报关员：　　电话：
（企业盖章）
年　月　日</td></tr>
<tr><td colspan="4">转出地海关：
（海关盖章）
年　月　日</td><td colspan="4">转入地海关：
（海关盖章）
年　月　日</td></tr>
<tr><td>海关批注</td><td colspan="7"></td></tr>
</table>

注：①本表一式四联，第一、二联海关留存，第三、四联企业办理报关手续；②企业须经双方海关同意后，方可进行实际收发货；③结转双方的商品编号必须一致；④企业必须按《申请表》内容进行实际收发货后，方可办理结转报关手续；⑤结转进出报关单对应的商品项号顺序必须一致；⑥每批收发货后应在 90 天内办结该批货物的报关手续。

第二，实际收发货。华田公司和禾祥公司按照海关核准的申请表进行实际收发货，同时在结转情况登记表上进行如实登记，盖企业的结转专用章。

第三，结转报关。禾祥公司凭申请表、登记表、登记手册、进口报关单等单证向南京海关办理结转进口报关手续，办妥后立即将报关情况通知华田公司。华田公司报关员小李在接到通知之日起 10 日内，凭申请表、登记表、登记手册、出口报关单等单证向宁波海关办理结转出口报关手续。在结转报关时，要填制进出口报关单。

结转进口报关单（仅填制关键栏目）见表 5-4。

表 5-4　中华人民共和国海关进口货物报关单

预录入编号：　　　　　　　　　　　　　　　　　　　　　　　　海关编号：

进口口岸 南京海关 2301	备案号	进口日期	申报日期	
经营单位	运输方式 9	运输工具名称	提运单号 空	
收货单位	贸易方式 0255	征免性质 空	征税比例	
许可证号	起运国（地区） 142	装货港 0142	境内目的地	
批准文号	成交方式 CIF	运费	保费	杂费
合同协议号	件数	包装种类	毛重（千克）	净重（千克）
集装箱号	随附单据	用途		
标记唛码及备注　转自 B57704150022				

项号	商品编号	商品名称、规格型号	数量及单位	原产国（地区）	单价	总价	币值	征免
				142				3

税费征收情况		
录入员　录入单位	兹证明以上申报无讹并承担法律责任	海关审单批注及放行日期（签章） 审单　　　　审价
报关员　　　　申报单位（签章） 单位地址 邮编　　　电话　　　填制日期		征税　　　　统计 查验　　　　放行

关键栏目注解：深加工结转报关，报关单“运输”栏填报“其他”（9），“贸易方式”栏填报“来料深加工”（0255）或“进料深加工”（0654），“征免性质”栏为空，“备注”栏填写：转出方对应的《登记手册》号码以及关联报关单号等内容。“项号”栏填报手册中的项号。“征免”栏填报“全免”（3），“用途”栏填报“收保证金”（07）。

结转出口报关单（仅填制关键栏目）见表 5-5。

表 5-5　中华人民共和国海关出口货物报关单

预录入编号：　　　　　　　　　　　　　　　　　　　　　海关编号：

<table>
<tr><td colspan="2">出口口岸
宁波海关 3101</td><td colspan="2">备案号</td><td colspan="2">出口日期</td><td>申报日期</td></tr>
<tr><td colspan="2">经营单位</td><td>运输方式
9</td><td colspan="3">运输工具名称
转入 23（关区代码）×××××××××</td><td>提运单号
空</td></tr>
<tr><td colspan="2">发货单位</td><td colspan="2">贸易方式</td><td colspan="2">征免性质
空</td><td>结汇方式</td></tr>
<tr><td>许可证号</td><td colspan="2">运抵国（地区）
142</td><td colspan="2">指运港
0142</td><td colspan="2">境内货源地</td></tr>
<tr><td>批准文号</td><td>成交方式
FOB</td><td colspan="2">运费</td><td colspan="2">保费</td><td>杂费</td></tr>
<tr><td>合同协议号</td><td>件数</td><td colspan="2">包装种类</td><td colspan="2">毛重（千克）</td><td>净重（千克）</td></tr>
<tr><td>集装箱号</td><td colspan="4">随附单据</td><td colspan="2">生产厂家</td></tr>
<tr><td colspan="7">标记唛码及备注
转至 B57205711700</td></tr>
<tr><td colspan="7">项号　商品编号　商品名称、规格型号　数量及单位　最终目的国（地区）单价　总价　币值　征免</td></tr>
<tr><td colspan="7">　　　　　　　　　　　　　　　　　　142　　　　　　　　　　　　　3</td></tr>
<tr><td colspan="7"></td></tr>
<tr><td colspan="7"></td></tr>
<tr><td colspan="7"></td></tr>
<tr><td colspan="7"></td></tr>
<tr><td colspan="7">税费征收情况</td></tr>
<tr><td>录入员　录入单位</td><td colspan="3">兹证明以上申报无讹并承担法律责任</td><td colspan="3">海关审单批注及放行日期（签章）
审单　　　　审价</td></tr>
<tr><td colspan="4">报关员　　　　　　申报单位（签章）
单位地址
邮编　　　电话　　　填制日期</td><td colspan="3">征税　　　　统计</td></tr>
</table>

关键栏目注解：深加工结转报关，报关单“运输工具”栏填报转入方关区代码（前两位）及进口报关单号，即“转入××（关区代码）×××××××××（进口报关单号）”。“备注栏”填报“转至（自）×××××××××××××手册”。

【知识链接】

要完成以上任务，需要掌握异地加工和深加工结转的相关知识。

一、异地加工

异地加工贸易是指加工贸易经营单位（以下简称经营单位）将进口料件委托另一直属海关关区内加工生产企业（以下简称加工企业）开展的加工业务。

开展异地加工贸易应注意下列问题。

（1）经营单位与加工企业开展异地加工业务，双方须签定符合《中华人民共和国合同法》规定的“委托加工合同”。

（2）经营单位与加工企业双方必须遵守国家对加工贸易管理的有关规定，经营单位不得将保税进口料件转卖给加工企业。

（3）经营单位不得委托按 D 类管理的加工企业开展异地加工贸易。

（4）海关对开展异地加工贸易的经营单位和加工企业实行分类管理，如果两者的管理类别不相同，按其中较低类别采取监管措施。

二、深加工结转

加工贸易深加工结转是指加工贸易企业将保税进口料件加工的产品转至另一加工贸易企业进一步加工后复出口的经营活动。

对转出企业而言，深加工结转视同出口，应办理出口报关手续，如以外汇结算的，海关可以签发收汇报关单证明联；对转入企业而言，深加工结转视同进口，应办理进口报关手续，如与转出企业以外汇结算的，海关可以签发付汇报关单证明联。

三、异地加工的申请和备案

经营单位填制“中华人民共和国海关异地加工贸易申请表”（以下简称申请表），向主管海关提出异地加工申请，同时交验其所在地外经主管部门核发的“加工贸易业务批准证”、加工企业所在地外经主管部门出具的“加工贸易企业生产能力证明”，经营单位与加工企业双方签定的“委托加工合同”。

经营单位主管海关审批同意后，将“申请表”与“加工贸易业务批准书”、“加工贸易企业生产能力证明”一并制作开封，交经营单位凭以向加工企业主管海关办理合同登记备案。

加工企业向主管海关申请办理异地加工贸易合同登记备案，备案应提供的单证如下。

（1）“生产计划（合同）备案申请表”一份。

（2）已预录入的“企业加工合同备案呈报表”一份。

（3）对外正式签订的“加工装配合同”一式三份。

（4）已盖企业印章的空白《登记手册》一本。

（5）经海关核实并盖章确认的《加工装配基本情况登记手册》一本。

（6）合同中涉及限制类商品的应提供“加工贸易限制类商品备案审价表”一份。

（7）合同中如涉及铝箔、菲林、夹板、不锈钢 4 种原料的进口，须提供经海关关税部门核实并盖章确认的审价表一份。

（8）经营单位主管海关制作的关封（包括经营单位提供的“加工贸易业务批准证”、“加工贸易加工企业生产能力证明”、“申请表”）以及委托加工合同各一份。

（9）经营单位出具的委托书一份。

四、深加工结转的办理

（一）备案

加工贸易企业开展深加工结转，转入、转出企业应当向各自主管海关提交保税加工货物深加工结转申请表，申报结转计划。

（1）转出企业在申请表（一式四联）中填写本企业的转出计划并签章，凭申请表向转出地海关备案。

（2）转出地海关备案后，留存申请表第一联，其余三联退转出企业交转入企业。

（3）转入企业自转出地海关备案之日起 20 日内，持申请表其余三联，填制本企业的相关内容后，向转入地海关办理报备手续并签章。转入企业在 20 日内未递交申请表，或者虽向海关递交但因申请表的内容不符合海关规定而未获准的，该份申请表作废。转出、转入企业应当重新填报和办理备案手续。

（4）转入地海关审核后，将申请表第二联留存，第三、第四联交转入、转出企业凭以办理结转收发货登记及报关手续。

深加工结转备案过程如图 5.1 所示。

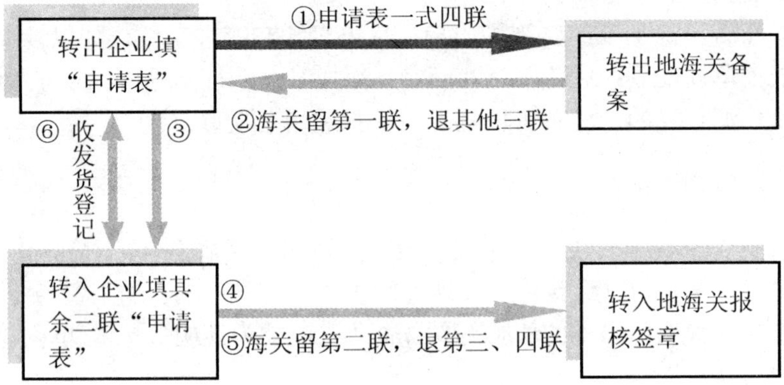

图 5.1　申报结转计划备案图

（二）收发货登记

转出、转入企业办理结转计划申报手续后，应当按照经双方海关核准后的申请表进行实际收发货。

转出、转入企业的每批次收发货记录应当在保税货物实际结转情况登记表上进行如实登记，并加盖企业结转专用名章。

结转货物退货的，转入、转出企业应当将实际退货情况在登记表中进行登记，同时注明“退货”字样，并各自加盖企业结转专用名章。

（三）结转报关

转出、转入企业实际收发货后，应当按照以下规定办理结转报关手续。

（1）转出、转入企业分别在转出地、转入地海关办理结转报关手续。转出、转入企业可以凭一份申请表分批或者集中办理报关手续。

转出企业每批实际发货后在90日内办结该批货物的报关手续，转入企业每批实际收货后在90日内办结该批货物的报关手续。

（2）转入企业凭申请表、登记表等单证向转入地海关办理结转进口报关手续，并在结转进口报关后的第二个工作日内将报关情况通知转出企业。

（3）转出企业自接到转入企业通知之日起10日内，凭申请表、登记表等单证向转出地海关办理结转出口报关手续。

（4）结转进口、出口报关的申报价格为结转货物的实际成交价格。

（5）一份结转进口报关单对应一份结转出口报关单，两份报关单之间对应的申报序号、商品编号、数量、价格和手册号应当一致。

（6）结转货物分批报关的，企业应当同时提供申请表和登记表的原件及复印件。

【相关资料】

H2000加工贸易深加工结转系统

深加工结转子系统是在海关总署加工贸易及保税监管司、科技发展司、H2000工程组、电子口岸共同努力下，为适应全国深加工结转的发展状况，经多方努力编写而成的。

企业通过电子口岸预录入系统在H2000上实现深加工结转申请审批备案和结转收发货单的自动备案，以及相关的逻辑检控、预警、分析、统计、评估等功能。企业可随时通过电子口岸向海关申请深加工结转，并在规定的期限内企业及时向海关申报收发货情况，海关能够及时掌握企业结转的动态情况，对结转企业、手册、商品开展重点核查。

中国电子口岸——QuickPass版“深加工结转”预录入系统通过计算机联网的方式，为海关、加工贸易企业、报关行相关部门提供口岸业务综合服务。通过该系统，用户可以方便、快捷地办理与深加工结转相关的业务和报关业务。该系统大大提高了深加工结转的监管和报关通关的工作效率，方便了外网与内网之间的沟通，加强了海关对保税仓库的监管力度。中国电子口岸——QuickPass版“深加工结转”预录入系统，共涉及两个子系统：深加工结转系统和报关申报系统。在此系统中，用户凭企业IC卡或Ikey卡向海关进行各项业务的备案和变更，向海关进行报关申报，还可利用“综合查询”功能，进行数据及回执查询，以了解整个工作的进展情况。

技能训练和巩固

华田公司为规范业务管理，方便客户与新员工了解报关流程，要求各业务部门制作业务流程标牌并悬挂于部门工作室墙上，小李作为公司资深加工贸易业务报关员，分配到的任务是绘制异地加工和深加工结转业务流程图。请你以小李的身份完成此项任务。

任务三 出口加工区货物报关业务办理

【任务目标】

根据任务导入案例背景完成出口加工区货物的报关。

【操作分析】

1. 天宇公司报关员小张负责公司来料加工报关业务的办理

第一，建立账册和合同备案。天宇公司在进出口货物前，向宁波出口加工区海关申请建立电子账册，以通过电子账册报关。账册建立后，在进出口业务前，通过 EDI 的方式向海关传送数据进行备案。

第二，料件进境申报。天宇公司报关员填制“进出境备案清单”向出口加工区海关申报料件进境，方式采用直通式报关，暂缓纳税。

第三，成品复运出境。填制“进出境备案清单”向出口加工区海关申报出境，方式采用直通式报关，免税。

第四，余料内销。在华田公司进行进口申报后，填制“进出境备案清单”进行出区申报，申报地点在宁波出口加工区海关。

第五，定期报核。天宇公司报关员每半年到出口加工区海关申请核销，解除相关业务的监管。

2. 宁波华田公司报关员小李负责从出口加工区购买余料的报关业务办理

华田公司填制“进口报关单”进行进口申报，补交税款，料件部分还要缴纳缓税利息，申报地点在宁波出口加工区海关。

【知识链接】

要完成以上任务，需要掌握出口加工区货物报关的相关知识。

一、出口加工区

出口加工区是指经国务院批准在中华人民共和国境内设立的，由海关对保税加工进出口货物进行封闭式监管的特定区域。

【相关资料】

宁波出口加工区

宁波出口加工区于 2002 年 6 月经国务院批准设立，规划面积 3 平方公里。首期开发 2 平方公里，于 2003 年 10 月正式封关运作。宁波出口加工区按照国际惯例，实行“境内关外”管理模式，享有国家赋予的“免证、免税、保税”及国内料件进区退税等政策，海关对进出区货物实行“一次申报、一次审单、一次查验”，提供即时通关服务，是目前中国大陆政策最优惠、通关最快捷、管理最简便的“境内关外”的特殊经济区域之一。

宁波出口加工区与宁波保税区紧密相连。宁波出口加工区管委会与宁波保税区管委会合署办公，作为宁波市人民政府的派出机构，统一对宁波出口加工区和宁波保税区行使管理职能。目前两区已实现政策功能互补，资源共享，联动发展，成为中国大陆投资环境最优越、功能最完善的区域之一。

二、出口加工区的功能

出口加工区的主要功能为加工贸易及相关储、运业务，与保税区相比功能较为单一，只准加工，不准开展商业零售、转口贸易、不得在加工区居住、不得建立营业性的生活消费设施。区内有加工企业、仓储企业、监管下的运输企业、管委会（全职能型）。

三、出口加工区的海关监管特点

出口加工区安装闭路电视监控系统，对加工区围网设施、出口加工区的货物进/出卡口和人员进/出卡口进行监控。

出口加工区海关对进、出加工区的货物及区内相关场所实行 24 小时监管。

由境外到区内自用的生产、管理所需设备、物资，除交通工具、生活用品外，免税。

四、出口加工区电子账册的建立及合同备案

1. 账册建立

出口加工区企业在进出口货物前，应向出口加工区海关申请建立电子账册。出口加工区企业电子账册包括“加工贸易电子账册”和“企业设备电子账册”。海关对出口加工区内企业进口自用设备（及物资、办公用品、交通工具等）实行电子账册管理。区内企业首次进口自用设备、物资、办公用品、交通工具等登记备案后，生成设备电子账册，海关按电子账册所载内容进行管理。出口加工区进出境货物和进出区货物通过电子账册办理报关手续。

2. 合同备案

区内企业在其货物进出区之前，需先将合同（订单）通过 EDI 方式，向主管海关申请备案，海关对企业发送的备案数据经审核后，自动存入电子账册作为底账数据（备案数据包括进口料件、出口成品的品名、规格、计量单位、产销地及单（损）耗比例关系等内容)。

五、出口加工区与境外之间进、出境货物的报关

出口加工区企业应填写的是“进出境货物备案清单”，向出口加工区海关报关。

对于跨关区进出境的出口加工区货物，除邮递物品、个人随身携带物品、跨越关区进口车辆和出区在异地口岸拼箱出口的货物外，可以按照转关运输中的直转转关方式办理转关。

对于同一直属海关关区内的出口加工区进出境货物，可以按照直通式报关。

1. 进境报关流程

（1）口岸录入转关数据，持“转关货物申报单”、“汽车载货登记簿”向海关物流监控部门办理转关。

（2）审核，发送加工区海关转关申报电子数据，加封汽车。

（3）加工区海关物流监控部门核销“汽车载货登记簿”，发送电子回执给口岸海关。

收货人录入“出口加工区进境货物备案清单”，持“账册编号”、“运单”、“发票”、“箱单”等进境报关；

（4）查验放行，签发“备案清单证明联”。

出口加工区进境报关流程图如图 5.2 所示。

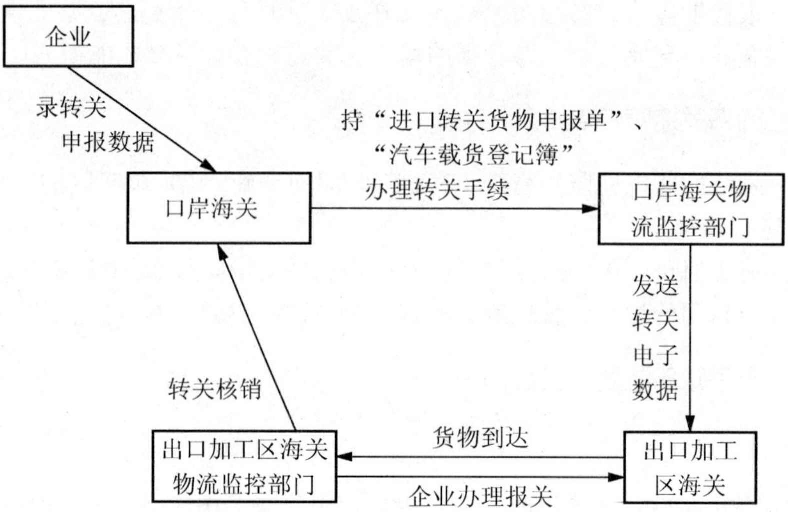

图 5.2　出口加工区进境报关流程图

2．出境流程报关

（1）加工区海关录入“出境货物备案清单”，持“账册编号”“发票”、“箱单”、“运单”等出境报关。

（2）录入转关申报数据，并持“转关货物申报单”、“汽车载货登记簿”向海关物流监控部门办理转关。

（3）审核，发送口岸海关电子转关数据，加封汽车。

（4）口岸海关转关核销“汽车载货登记簿”，并发送转关核销电子回执给加工区海关。

（5）货物离境，口岸海关核销“清洁载货清单”，反馈加工区海关。

（6）加工区海关签发“备案清单证明联”。

（7）加工企业核销。

出口加工区出境报关流程图如图 5.3 所示。

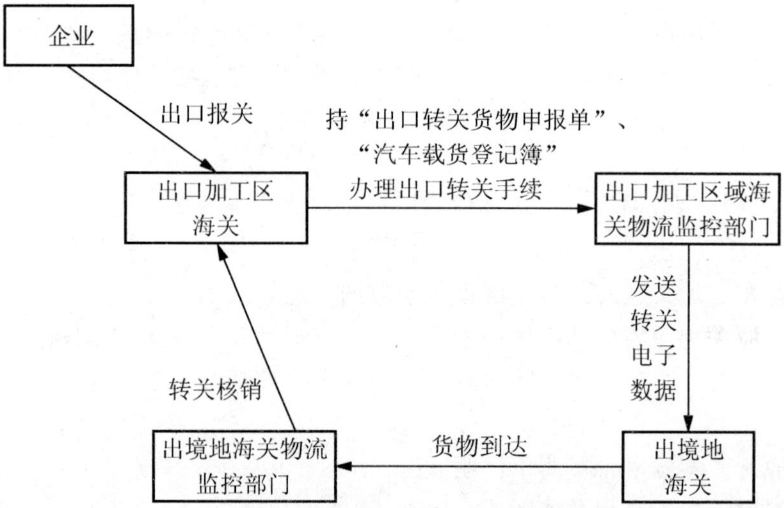

图 5.3　出口加工区出境报关流程图

六、出口加工区与境内区外其他地区之间货物报关

1. 出口加工区货物运往境内区外

（1）步骤。

① 由区外企业录入“进口货物报关单”，向出口加工区海关办理进口报关手续。

② 结束后，区内企业填制“出口加工区出境货物备案清单”，办理出区报关手续。

先由区外企业办理进口报关手续，再由区内企业办理出区报关手续。

区内企业和区外企业都是向出口加工区海关申请办理报关手续。

出口加工区出区报关流程图如图 5.4 所示。

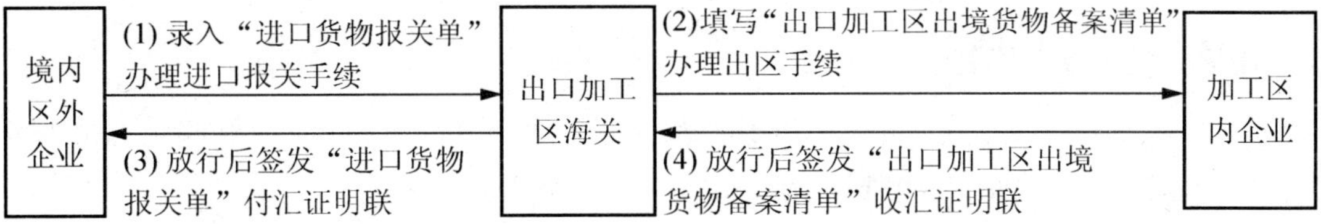

图 5.4 出口加工区出区报关流程图

（2）其他规定。

① 出口加工区加工企业内销加工贸易制成品（包括残次品），以接受内销申报的同时或大约同时进口的相同或类似货物的进口成交价格为基础确定完税价。内销加工过程产生的边角料或副产品，以内销价为完税价，由区外企业交纳有关税收，免缓税利息。属于许可证管理的，须提交。

② 出口加工区内企业在需要时，可将有关模具、半成品运往区外进行加工，经加工区主管海关的关长批准，由接受委托的区外企业，向加工区主管海关缴纳货物应征关税和进口环节增值税等值的保证金或银行保函后方可办理出区手续。加工完毕后，加工产品应按期（一般为 6 个月）运回加工区，区内企业向加工区主管海关提交运出加工区时填写的“委托区外加工申请书”及有关单证，办理验放核销手续。加工区主管海关办理验放核销手续后，应退还保证金或撤销保函。

③ 出口加工区区内企业经主管海关批准，可在境内区外进行产品的测试、检验和展示活动。测试、检验和展示的产品，应比照海关对暂时进口货物的管理规定办理出区手续。

④ 区内使用的机器、设备、模具和办公用品经主管海关批准可运往境内区外维修、测试或检验但不得用于境内区外加工生产和使用，并自运出之日起 60 天内运回区内，特殊情况应于届满前 7 天申请最多可延期 30 天。

2. 境内区外运入出口加工区货物的报关

（1）步骤。

① 由区外企业录入“出口货物报关单”，向出口加工区海关办出口报关手续。

② 报关结束后，区内企业填制“出口加工区进境货物备案清单”，向出口加工区海关办理进区报关手续。

先由区外的企业先办理出口报关手续，区内企业再办理进区报关手续。

区内企业和区外企业都是向出口加工区海关申请办理报关手续。

出口加工区进区报关流程图如图 5.5 所示。

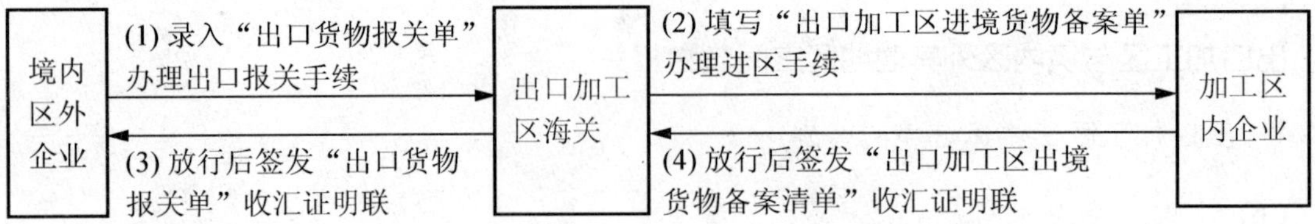

图 5.5 出口加工区进区报关流程图

（2）其他规定。

境内区外运进加工区供区内企业使用的国产机器、设备、原材料、零部件、元器件、包装物料、基础设施，加工企业和行政管理部门生产、办公用房所需合理数量的基建物资等，按照对出口货物的管理规定办理出口报关续，海关签发出口退税报关单。

七、进出境备案清单的填制

《中华人民共和国海关进（出）境货物备案清单》原则上按《中华人民共和国海关进出口货物报关单填制规范》的要求填制，对部分栏目说明如下。

1．进口口岸/出口口岸

实际进出境货物，填报实际进（出）境的口岸海关名称及关区代码。

特殊区域与区外之间进出的货物，填报本特殊区域海关名称及关区代码。

在特殊区域内流转的货物，填报本特殊区域海关名称及关区代码。

不同特殊区域之间、特殊区域与保税监管场所之间相互流转的货物，填报对方特殊区域或保税监管场所海关名称及关区代码。

2．备案号

进出特殊区域的保税货物，应填报标记代码为 H 的电子账册备案号。

进出特殊区域的企业自用设备、基建物资、自用合理数量的办公用品，应填报标记代码为 H 的电子账册（第 6 位为 D）备案号。

3．运输方式

实际进出境货物，应根据实际运输方式，按海关规定的《运输方式代码表》选择填报相应的运输方式。

同一特殊区域或不同特殊区域之间、特殊区域与保税监管场所之间流转的货物，区内企业填报“其他运输”（代码 9）。

特殊区域与境内（区外）（非特殊区域、保税监管场所）之间进出的货物，区内、区外企业应根据实际运输方式分别填报“保税港区/综合保税区”（代码 Y）、“出口加工区”（代码 Z）。

4．运输工具名称

同一特殊区域或不同特殊区域之间、特殊区域与保税监管场所之间流转的货物，在出口备案清单本栏目填报转入方关区代码（前两位）及进口报关单（备案清单）号，即转入××（关区代码）×××××××××（报关单/备案清单号）。

5．贸易方式（监管方式）

特殊区域企业根据实际情况，区内企业选择填报下列不同性质的海关监管方式。

（1）下列进出特殊区域的货物，填报“料件进出区”（代码5000）。

① 区内物流、加工企业与境内（区外）之间进出的料件（不包括经过区内企业实质性加工的成品）。

②上述料件因故退运、退换的。

（2）区内企业从境外购进的用于研发的料件、成品，或者研发后将上述货物、物品退回境外，但不包括企业自用或其他用途的设备，填报“特殊区域研发货物”（代码5010）。

（3）区内加工企业在来料加工贸易业务项下的料件从境外进口及制成品申报出境的，填报“区内来料加工”（代码5014）。

（4）区内加工企业在进料加工贸易业务项下的料件从境外进口及制成品申报出境的，填报“区内进料加工”（代码5015）。

（5）下列进出特殊区域的货物，填报“区内物流货物”（代码5034），不得再使用“5033”填报。

① 区内物流企业与境外进出的用于仓储、分拨、配送、转口的物流货物。

② 区内加工企业将境内入区且未经加工的料件申报出境。

（6）下列进出特殊区域的成品，填报“成品进出区”（代码5100）。

① 区内企业加工后的成品（包括研发成品和物流企业简单加工的成品）进入境内（区外）的。

② 上述成品因故在境内（区外）退运、退换的。

（7）下列进出特殊区域的企业自用设备、物资，填报“设备进出区”（代码5300）。

① 区内企业从境内（区外）购进的自用设备、物资，以及将上述设备、物资从特殊区域销往境内（区外）、结转到同一特殊区域或者另一特殊区域的企业，或在境内（区外）退运、退换。

② 区内企业从境外进口的自用设备、物资，申报进入境内（区外）。

（8）区内企业从境外进口的用于区内业务所需的设备、基建物资，以及区内企业和行政管理机构自用合理数量的办公用品等，填报“境外设备进区”（代码5335）。

（9）区内企业将监管方式代码“5335”项下的货物退运境外，填报“区内设备退运”（代码5361）。

（10）区内企业经营来料加工业务，从境外进口的料件复出境的，填报“来料料件复出”（代码0265）。

（11）区内企业经营来料加工业务，进境的料件出境退换的，填报“来料料件退换”（代码0300）。

（12）区内企业经营来料加工业务，出境的成品返回区内退换的，填报“来料成品退换”（代码4400）。

（13）区内企业经营进料加工业务，从境外进口的料件复出境的，填报“进料料件复出”（代码0664）。

（14）区内企业经营进料加工业务，进境的料件出境退换的，填报“进料料件退换”（代码0700）。

（15）区内企业经营进料加工业务，出境的成品返回区内退换的，填报“进料成品退换”（代码4600）。

（16）特殊区域与境外之间进出的检测、维修货物，以及特殊区域与境内（区外）之间进出的检测、维修货物，区内企业填报“修理物品”（代码1300）。

（17）区内企业将来料加工项下的边角料销往境内（区外）的，填报“来料边角料内销”（代码 0844），将进料加工项下的边角料销往境内（区外）的，填报“进料边角料内销”（代码 0845），不得再使用 5200 填报。

（18）区内企业将来料加工项下的边角料复出境的，填报“来料边角料复出”（代码 0864），将进料加工项下的边角料复出境的，填报“进料边角料复出”（代码 0865）。

（19）区内企业产品、设备运往境内（区外）测试、检验或委托加工产品，以及复运回区内，填报“暂时进出货物”（代码 2600）。

（20）区内企业产品运出境内（区外）展览及展览完毕运回区内，填报“展览品”（代码 2700）。

（21）无原始报关单的后续补税，填报“后续补税”（代码 9700）。

八、出口加工区深加工结转办理

出口加工区深加工结转是指区内企业按有关规定，将本企业加工生产的产品直接或通过保税仓库企业转入其他出口加工区、保税区等海关特殊监管区域内及区外加工贸易企业进一步加工后复出口的经营活动。

在开展深加工结转业务的时候，须注意以下几点。

（1）转出企业凭出口加工区管委会批复，向所在地出口加工区海关备案后，方可开展货物的实际结转。

（2）对转入其他出口加工区、保税区等海关特殊监管区域的，转入企业凭其所在区管委会的批复办理结转手续。

（3）对转入特殊区域外加工贸易企业的，转入企业凭商务主管部门的批复办理结转手续。

（4）对转入特殊监管区域的，转出、转入企业分别在自己的主管海关办理结转手续。

（5）对转入特殊监管区域外加工贸易企业的，转出、转入企业在转出地主管海关办理结转手续。

如果转出企业为出口加工区企业，转入企业不是特殊监管区域的企业的，其深加工结转办理经过以下 3 个环节。

第一个环节：计划备案（先转入再转出）。转入企业在“中华人民共和国海关出口加工区深加工结转申请表”中填写本企业的转入计划，凭申请表向转入地海关备案。转出企业自转入地海关备案之日起 30 日内向主管海关备案。

第二个环节：发货、收货。转出、转入企业办理结转备案后，凭双方海关核准的申请表进行实际收发货。

转出企业的每批次发货记录应当在一式三联的“出口加工区货物实际结转情况登记表”上如实登记，转出地海关在“卡口”签注登记表后，货物出区。

第三个环节：结转报关（先转入再转出）。转出、转入企业每批实际收、发货后，可以凭申请表和转出地卡口海关签注的登记表分批或集中办理报关手续，转出、转入企业每批实际收、发货后应当在实际收、发货之日起 30 日内“办结”该批货物的报关手续，转入企业填报结转进口报关单，转出企业填报结转出口备案清单，一份结转进口报关单对应一份结转出口备案清单。

出口加工区深加工结转海关事务办理流程图如图 5.6 所示。

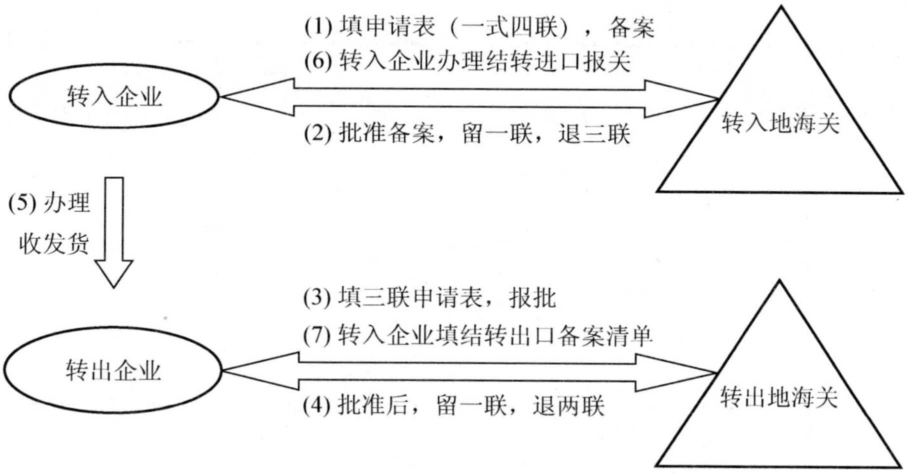

图 5.6　出口加工区深加工结转海关事务办理流程图

九、出口加工区海关监管其他要点

（1）加工区与境外之间进、出的货物，除国家另有规定的外，不实行进出口许可证件管理。

（2）对加工区运往境内区外的货物，按进口货物报关，属许可证件管理的，出具有效的进口许可证件，缴纳进口关税、增值税、消费税，免交付缓税利息。

（3）出口加工区区内开展加工贸易业务，不实行“加工贸易银行保证金台账”制度，但适用电子账册管理，实行备案电子账册滚动累扣，核扣，每 6 个月核销一次。

出口加工区报关要点见表 5-6。

表 5-6　出口加工区报关要点表

报关情形	要求	具体的要求/步骤
进出境报关	报关填写	进、出境货物备案清单
	跨关区进出境	直转转关方式 办理转关
	同一直属海关关区内进出境	直通式报关
进出区报关（与境内区外其他地区）	加工区运往境内区外货物报关 （出区） 步骤： 先区外企业办理进口报关手续；后区内企业办理出区报关手续	（1）区外企业录入进口报关单，向出口加工区海关办理进口报关 （2）区内企业填制“出口加工区出境货物备案清单” 向出口加工区海关办理出区报关手续 （3）①向区外企业签发：“进口货物报关单”付汇证明联；②向区内企业签发：“出口加工区出境货物备案清单”收汇证明联
	境内区外运入出口加工区货物报关（入区） 步骤： 先区外企业办理出口报关手续；后区内企业办理进区报关手续	（1）区外企业录入出口报关单，向出口加工区海关办理出口报关 （2）区内企业填制“出口加工区进境货物备案清单”办理进区报关手续。 （3）①向区外企业签发：“出口货物报关单”收汇证明联；②向区内企业签发：“出口加工区进境货物备案清单”付汇证明联

续表

报关情形	要求	具体的要求/步骤
进出区报关（与境内区外其他地区）	出口加工区深加工结转货物报关：指区内企业按有关规定，将本企业加工生产的产品直接或通过保税仓库企业转入其他出口加工区、保税区等海关特殊监管区域内及区外加工贸易企业进一步加工后复出口的经营活动	（1）对转入其他出口加工区、保税区等海关特殊监管区域的，转入企业凭其所在区管委的批复办理结转手续 （2）对转入特殊区域外加工贸易企业的，转入企业凭商务主管部门的批复办理结转手续 （3）对转入特殊监管区域的，转出、转入企业分别在自己的主管海关办理结转手续 （4）对转入特殊监管区域外加工贸易企业的，转出、转入企业在转出地主管海关办理结转手续

技能训练和巩固

宁波华田报关公司于2011年2月开始承接宁波顺逸国际贸易公司（宁波出口加工区内企业）的委托报关业务，期限为1年。2011年2月至2011年8月间宁波顺逸国际贸易公司先后从新加坡、马来西亚、日本等国购进橡胶磨床、粉末集尘器、制胶机、自动送料机等多批用于生产的设备及工模具。期间，该公司曾将其中部分设备运往区外进行维修。2011年11月该公司因对生产线进行调整，决定将原进口的橡胶磨床、粉末集尘器等5台设备（原值USD63453.00，属自动进口许可管理）转售给杭州鹏海科技有限公司。请以宁波华田报关公司报关员的身份完成上述业务的报关业务操作。

小结

本项目主要介绍了保税加工货物的报关，内容包括了纸质手册保税加工货物报关、纸质手册保税加工货物异地加工和深加工结转办理、出口加工区货物报关关。本项目操作要点在于理清报关业务的流程、理解不同监管方式下保税加工货物的报关要点。

训练题

一、基础训练题

（一）单选题

1．根据海关对进料加工的管理规定，对直接用于加工出口成品而在生产过程中消耗掉的数量合理的进口染化料、触媒剂、洗涤剂、催化剂等化学品在税收上享受的待遇是（　　）。

A．免予纳税　　B．进口时95%免税，5%征税

C．进口时85%免税，15%征税　　D．按实际加工出口产品的消耗比例免于纳税

2．某医药进出口公司与外商签订一项血液透析机来件装配合同，该合同已于4月20日执行完毕，装配成品已全部出口。该企业办理该合同的海关和银行保证金台账核销手续的时

间是（ ）。

A．6月20日以前　B．5月20日以前
C．7月5日以前　D．7月20日以前

3．海关对某加工贸易企业在其进行稽查时发现，该企业曾利用假手册骗取加工贸易的税收优惠。根据海关对加工贸易企业实行分类管理的有关规定，该企业属于（ ）。

A．A类企业　B．B类企业　C．C类企业　D．D类企业

4．保税加工货物内销，海关按规定免征缓税利息的是（ ）。

A．副产品　B．残次品　C．边角料　D．不可抗力受灾保税货物

5．银行根据海关签发的哪一选项文件，对加工贸易企业设立“银行保证金台账”？（ ）

A．银行保证金台账通知书　B．设立银行保证金台账联系单
C．银行保证金台账核销联系单　D．银行保证金台账变更联系单

6．加工贸易经营单位委托异地生产企业加工产品出口，应当向哪一选项海关办理合同备案手续？（ ）

A．加工企业所在地主管海关　B．经营单位所在地主管海关
C．海关总署　D．进口料件进境地海关

7．某C类管理的企业，与外商签订进口1000美元的服装拉链（属于列明的78种辅料）加工贸易合同，用以加工产品出口，应（ ）。

A．设台账、实转、发手册
B．设台账、实转、免手册
C．不设台账、发手册
D．不设台账、免手册

8．向海关报关时适用保税区进境货物备案清单的是（ ）。

A．保税区从境外进口的加工贸易料件
B．保税区销往国内非保税区的货物
C．保税区区内企业从境外进口自用的机器设备
D．保税区管理机构从境外进口的办公用品

（二）判断题

1．加工贸易企业电子账册是以企业为单元进行管理的，不实行“银行保证金台账”制度；加工贸易电子手册是以合同为单元进行管理的，加工贸易电子手册与纸质加工贸易手册一样，实行“银行保证金台账”制度。（ ）

2．保税加工进口料件在进口报关时，暂缓纳税，加工成品出口报关时再征税。（ ）

3．实行电子账册管理的企业不设立“银行保证金台账”。（ ）

4．凡是海关准予备案的加工贸易料件一律可以不办理纳税手续，保税进口。（ ）

5．所谓“异地加工贸易”是指加工贸易企业将保税料件加工的产品结转至另一直属海关关区内的加工贸易企业深加工后复出口的经营活动。（ ）

二、综合技能训练题

【技能训练题一】位于合肥包河区中山路150号的合肥天洋服装有限公司将于2011年2月经上海从日本红丸株式会社进口一批总值为5750美元的服装料件，用于生产出口男士长裤和女士衬衣，合计总值为7500美元，预定复出口的期限为2011年5月31日。进口料件清单、加工出口成品单耗清单如下。

【单据1】

进口料件清单

商品名称	规格型号	数量	单位	单价	总价	原产国
全棉面料	148cm	500	米	5USD	2500	日本
全棉面料	112cm	560	米	5USD	2300	日本
涤纶里布	108cm	200	米	2USD	400	日本
拉链	10cm长	400	条	1USD	400	中国
商标		1500	个	0.1	150	中国

【单据2】

加工成品清单

商品编码	商品名称	规格型号	数量	单位	单价	总价	消费国
62034290	男士长裤	L	400	条	10USD	4000	日本
62063000	女士衬衣	L、长袖	350	件	10USD	3500	日本

【单据3】

加工出口成品单耗清单

成品名称	对应料件序号	单耗量	损耗率	对应料件序号	单耗量	损耗率
男士长裤	1	1.2米/条	4%	3	0.5米/条	
	4	1米/条		5	2个/条	
女士衬衣	2	1.6米/条		5	2个/件	

请根据上述业务背景，以合肥天洋服装有限公司报关员的身份回答下列问题，并办理相关申报手续。

（1）报关员如何办理该加工贸易合同的备案手续？

【业务处理】____

____

____

（2）请根据上述业务背景，以合肥天洋服装有限公司报关员的身份填制以下合同备案表格。

【单据填制 1】

加工合同备案申请表

备案申报编号：　　　　　　　　　　　　　　　　　　　　　主管地海关：

1．经营单位名称	2．经营单位编码
3．经营单位地址	
4．联系人	5．联系电话
6．加工企业名称	7．加工企业编码
8．加工企业地址	
9．联系人	10．联系电话
11．外商公司名称	12．外商经理
13．贸易方式	14．征免性质
15．贸易国（地区）	16．加工种类
17．内销比例 19．协议号	18．批准文号
20．进口合同号 22．币制	21．进口总值
23．出口合同号 25．币制	24．出口总值
26．投资总额 28．币制	27．进口设备总额
29．进口口岸 31．出口期限	30．进口期限
32．申请人	33．申请日期
34．备注	
有关说明（不进电脑）	

【单据填制 2】

进口料件备案申请表

序号	商品编号	商品名称	规格型号	数量	单位	单价	总价	原产国

【单据填制3】

加工出口成品备案申请表

序号	商品编号	商品名称	规格型号	数量	单位	单价	总价	消费国

【单据填制4】

单耗备案申请表

序号	成品名称	对应料件序号	单耗量	损耗率

【技能训练题二】沈阳开发区海关属下的三友公司欲将1000千克深加工的纱线（规格型号为A）结转给北京平谷海关属下的蓝天公司，转出企业、转入企业、在所在地海关办理备案手续后，分别于2007年9月6日和9月10日实际发货300千克和700千克。转出手册号位C002034301111，转入手册号为C02034301001。

请你根据上述业务背景，以三友公司报关员的身份回答下列问题，并办理相关结转报关手续。

（1）该批货物深加工结转手续应如何办理？

【业务处理】______________________________

____

____

（2）三友公司报关员在向沈阳开发区海关办理转出备案手续，须提交什么单证？

【业务处理】______________________________

____

____

（3）请你以三友公司报关员的身份填制“加工贸易保税货物深加工结转申请表”和“保税货物实际结转情况登记表”。

【单据填制 1】

中华人民共和国海关加工贸易保税货物深加工结转申请表

申请表编号：

________海关：

我________公司（企业）需与________公司（企业）结转保税货物，特向你关申请，并保证遵守海关法律和有关监管规定。

结转出口货物情况	项号	商品编号	品名	规格型号	数量	单位	转出手册号
说明							
结转进口货物情况	项号	商品编号	品名	规格型号	数量	单位	转入手册号

转出企业法定代表： 电话： 报关员： 电话： （企业盖章） 年 月 日	转入企业法定代表： 电话： 报关员： 电话： （企业盖章） 年 月 日
转出地海关： （海关盖章） 年 月 日	转入地海关： （海关盖章） 年 月 日
海关批注	

【单据填制 2】

保税货物实际结转情况登记表

（转入/转出）企业名称：　　　　转出企业手册号：　　　　对应结转申请表编号：

日期	结转商品内容						转入企业手册号	（转入/转出）企业签章
	序号	商品编号	品名	规格、型号	数量	单位		

项目六

特定减免税货物报关业务办理

TEDING JIANMIANSHUI HUOWU BAOGUAN YEWU BANLI

【知识目标】

（1）掌握特定减免税货物的含义和特点。
（2）掌握不同特定减免税货物的申请办理。
（3）掌握特定减免税货物的报关流程。
（4）理解特定减免税货物的监管要点。
（5）理解特定减免税货物的后续处理方式。
（6）掌握特定减免税货物解除监管的办理。

【能力目标】

（1）会办理减免税的申请。
（2）会办理特定减免税货物的进境报关。
（3）会办理特定减免税货物的后续处理和解除监管。

【任务导入】

2011 年 1 月，宁波华田报关行受宁波保税区斯比特国际贸易有限公司委托，向北仑海关申报进口机械设备一台。该批设备属于可以享受特定减免税政策的设备，经核准其进口的自用设备可以享受 2000 万元的减免税额度。2011 年 1 月该公司办理了第一批价值 600 万的减免税设备进口（该设备监管年限为 5 年）。2012 年 1 月，因特殊原因，经海关批准斯比特公司将该设备转让给同样享受减免税待遇的德资合众公司。该台设备的报关业务由华田报关行报关员小丁负责。

【任务目标】

（1）根据任务导入案例背景完成特定减免税货物的减免税申请。

（2）根据任务导入案例背景完成特定减免税货物的报关操作。

（3）根据任务导入案例背景完成特定减免税货物的结关操作。

【任务分析】

在以上案例情景中，涉及一笔特定减免税货物的进境报关业务。特定减免税货物报关大致要经过以下几个环节的操作。

（1）减免税申请。

（2）进境报关。

（3）申请结束海关监管。

在分析操作环节的基础上，将本项目的任务分解为以下 3 个部分：特定减免税申请→特定减免税货物的进口报关→特定减免税货物后续处置和解除监管。

任务一 特定减免税申请

【任务目标】

根据任务导入的案例背景完成进口设备减免税申请办理。

【操作分析】

第一，办理备案登记。背景资料中斯比特国际贸易有限公司地址在宁波保税区，属于特定减免税条件“三特定”中的特定地区，因此可以享受减免税进口的待遇。在进口前，接受报关委托的华田报关行报关员小丁向保税区海关办理减免税备案登记，提交企业合同、营业执照、企业批准证书、企业章程等。目前，申请备案登记可以通过中国电子口岸减免税系统来进行，具体操作过程如下：

启动电子口岸应用程序（eport.exe），进入中国电子口岸首页，界面如下：

正确输入 IKEY 密码，单击“确认”按钮，进入“中国电子口岸-报关行专用版”主页面：

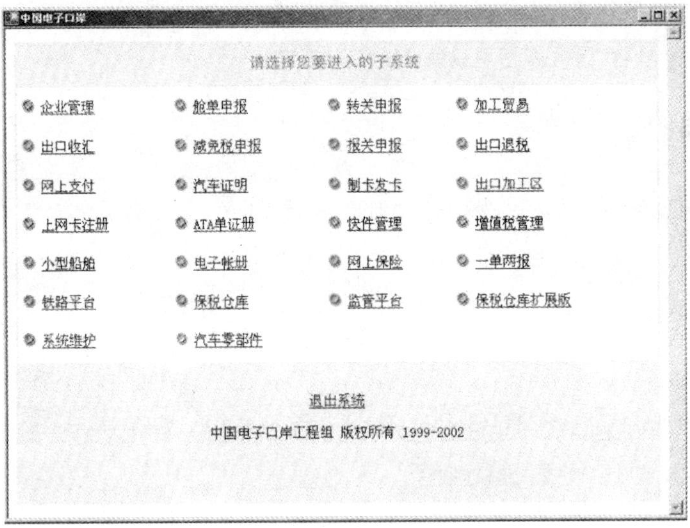

单击“减免税申报”按钮，进入“减免税申报系统”主页面。

在本系统界面顶端的功能菜单栏中，单击“征免税备案申请”的下拉菜单征免税备案申请选项，如下界面所示：

进入“征免税备案申请”录入界面。

在“征免税备案申请”录入界面中，逐项录入征免税项目备案的数据，项目备案数据录入完成后，单击“暂存”按钮，出现“暂存成功”提示。（注：录入中可以随时利用暂存键保存已录入内容）。

项目备案数据录入完成后即可申报。单击“申报”按钮，出现“申报成功”提示后，单击“确定”按钮，该项目备案数据便可向海关申报。其界面如下：

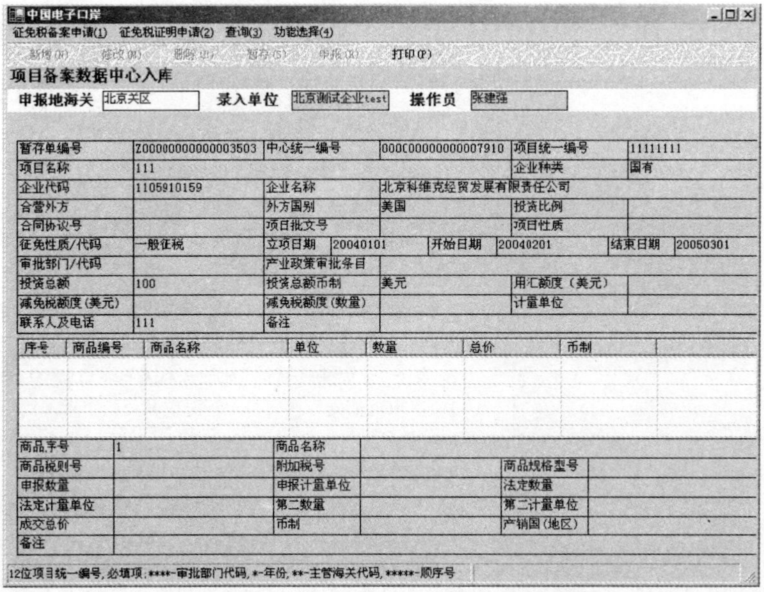

第二，申领进出口货物征免税证明。备案完成后，向保税区海关提交企业征免税登记手册、箱单、发票等，海关审核无误后签发“进出口货物征免税证明”。申领征免税进出口证明也可以通过中国电子口岸减免税系统来进行，具体操作过程如下：

在本系统界面顶端的功能菜单栏中，选择“征免税证明”下拉菜单下的“征免税证明”选项，进入征免税证明录入界面，界面如下：

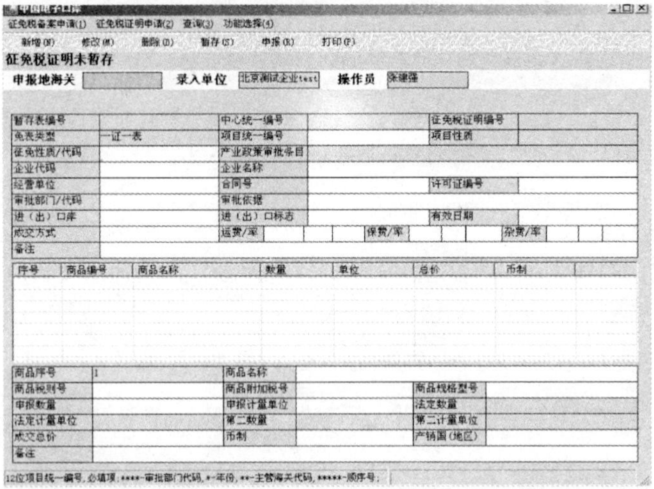

输入征免税证明数据，录入完成后点击暂存，出现“暂存成功”提示(录入时可以随时利用暂存键保存已输入内容)。征免税证明申请录入完成后即可申报，单击“申报”按钮，出现“申报成功”提示。

进出口货物征免税证明样张如图 6.1 所示。

<table>
<tr><td colspan="11">编号：</td></tr>
<tr><td colspan="4">申请单位：</td><td colspan="4">征免性质/代码：</td><td colspan="3">审批依据：</td></tr>
<tr><td colspan="4">发证日期：　　年　月　日</td><td colspan="7">有效期：　　　　　　至　　年　月　日止</td></tr>
<tr><td colspan="4">到货口岸：</td><td colspan="7">合同号：</td></tr>
<tr><td rowspan="2">序号</td><td rowspan="2">货名</td><td rowspan="2">规格</td><td rowspan="2">税号</td><td rowspan="2">数量</td><td rowspan="2">单位</td><td rowspan="2">金额</td><td rowspan="2">币制</td><td colspan="3">主管海关审批征免意见</td></tr>
<tr><td>关税</td><td>增值税</td><td>其他</td></tr>
<tr><td>1</td><td></td><td></td><td></td><td></td><td></td><td></td><td></td><td></td><td></td><td></td></tr>
<tr><td>2</td><td></td><td></td><td></td><td></td><td></td><td></td><td></td><td></td><td></td><td></td></tr>
<tr><td>3</td><td></td><td></td><td></td><td></td><td></td><td></td><td></td><td></td><td></td><td></td></tr>
<tr><td>4</td><td></td><td></td><td></td><td></td><td></td><td></td><td></td><td></td><td></td><td></td></tr>
<tr><td>5</td><td></td><td></td><td></td><td></td><td></td><td></td><td></td><td></td><td></td><td></td></tr>
<tr><td>备注</td><td colspan="10"></td></tr>
<tr><td colspan="2">审批海关签章：

负责人：
年　月　日</td><td colspan="2">核放海关批注：

负责人：
年　月　日</td><td colspan="7">注意事项：
1．本表使用一次有效。如同一合同货物分口岸进口，就分别填写。一份合同内货物分批到货的，就向审批海关申明，并按到货期分填此表。
2．表中“征免性质/代码”栏应按海关 H883/H2000 规范要求正确填写。
3．“审批依据”栏应由主管海关减免税审批部门填明批准减免税所依据的文件号。
4．货物进口时应向海关交验本表，复印件无效。
5．本表自签发之日起半年内有效，逾期应向原审批海关申请展期或退单。如遇政策调整，有效期应服从有关规定。
6．经批准进口的货物如拟移作他用、转让或出售，原申请单位应事先报请原批准海关核准，并应依法补税，否则，海关将依法处理。</td></tr>
</table>

图 6.1　进出口货物免税证明

【知识链接】

要完成以上任务，需要掌握特定减免税报关的基本知识。

一、特定减免税货物

特定减免税货物是指海关根据国家的政策规定准予减免税进口使用于特定地区、特定企业、特定用途的货物。

1. 特定地区

（1）保税区减免税货物。
（2）出口加工区减免税货物。

2. 特定企业

特定企业主要是指外商投资企业，包括中外合资经营企业、中外合作经营企业和外商独资企业。

3. 特定用途

（1）国内投资项目减免税货物。
（2）利用外资项目。
（3）科教用品。
（4）残疾人用品等。
“特定”含义解析见表 6-1。

表 6-1 “特定”含义解析表

类　型	含　义	例　证
特定地区	我国关境内由行政行规规定的某一特别限定区域，享受减免税优惠的进口货物只能在这一特别限定的区域内使用	保税区、出口加工区内生产性的基础设施建设项目所需的机器设备可以享受免税待遇
特定企业	由国务院制定的行政法规专门规定的企业，享受减免税优惠的进口货物只能由这些专门规定的企业使用	外商投资企业在投资总额内进口的企业自用的投资设备可以享受免税待遇
特定用途	国家规定可以享受减免税优惠的进口货物只能用于行政法规专门规定的用途	科研机构及学校进口的专用科研用品；残疾人专用品及残疾人组织和单位进口的货物

二、特定减免税货物的特征

（1）特定条件下减免进口关税：进口时减免进口关税、进口环节增值税，不减免进口环节消费税。
（2）若进口货物需要提交许可证的，提交许可证义务不能免除，另有规定的除外。
（3）进口后在特定的海关监管期限内接受海关监管。
特定货物的监管期限：①船舶、飞机：8 年；②机动车辆：6 年；③其他货物：5 年。

三、特定地区减免税申请办理

1. 保税区减免税货物

（1）备案登记。向海关办理减免税备案登记时，应提交企业批准证书、营业执照、企业合同、章程等，海关审核后准予备案的，签发企业征免税手册。

（2）申领“进出口货物征免税证明”。在进口特定减免税货物以前，向保税区海关提交企业征免税登记手册、发票、装箱单等，录入海关计算机系统，海关核准签发“进出口货物征免税证明”。

2. 出口加工区减免税货物

（1）备案登记。向海关办理减免税备案登记时，应提交出口加工区管理委员会的批准文件、营业执照等，海关审核后批准建立企业设备电子账册。

（2）申领“进出口货物征免税证明”。在进口特定减免税货物以前，向出口加工区海关提交发票、装箱单等，海关在电子账册中进行登记，不核发“进出口货物征免税证明”。

四、特定企业减免税申请

1. 备案登记

向海关办理减免税备案登记时，应提交商务主管部门的批准文件、营业执照、企业合同、章程，海关审核后准予备案的，签发“外商投资企业征免税手册”。

2. 申领“进出口货物征免税证明”

在进口特定减免税货物以前，向主管海关提交“外商投资企业征免税登记手册”、发票、装箱单等，经海关核准后，签发“进出口货物征免税证明”。

五、特定用途减免税申请

1. 国内投资项目减免税申请

国内投资项目，经批准后，凭国家鼓励发展的内外资项目确认书、发票、装箱单等向项目主管直属海关提出减免税申请。海关审核后，签发“进出口货物征免税证明”。

2. 利用外资项目减免税申请

利用外资项目，经批准后，凭国家鼓励发展的内外资项目确认书、发票、装箱单等向项目主管直属海关提出减免税申请。海关审核后，签发“进出口货物征免税证明”。

3. 科教用品减免税进口申请

（1）备案登记。办理科学研究和教学用品免税进口申请时，应当持有关主管部门的批准文件，向主管海关申请办理资格认定手续。海关审核后，签发“科教用品免税手册”。

（2）申领“进出口货物征免税证明”。在进口特定减免税科教用品以前，向主管海关提交科教用品免税登记手册、合同等单证。经海关核准后，签发“进出口货物征免税证明”。

4．残疾人专用品减免税申请

（1）残疾人在进口特定减免税专用品之前，向主管海关提交民政部门的批准文件，海关审核后，签发“进出口货物征免税证明”。

（2）民政部门或中国残疾人联合会所属单位批量进口残疾人专用品，应向直属海关申请，提交民政部门或残联（包括省、自治区、直辖市的民政部门）出具的证明函，海关凭以审核签发“进出口货物征免税证明”。

六、“进出口货物征免税证明”的使用

（1）有效期 6 个月，特殊情况可延长，延长的最长期限为 6 个月。

（2）“一批一证”的原则。征免税证明实行一份证明只能验放一批货物的原则，即一份征免税证明上的货物只能在一个进口口岸一次性进口。

【相关资料】

进口特定减免税货物的法律责任

以特定地区享受减免税优惠进口的货物只能在规定的特定地区里面使用，将货物移至特定地区以外使用的，必须经海关批准并依法缴纳关税；以特定企业享受减免税优惠进口的货物只能由这些规定的企业使用，任何将货物擅自转让、出售的，只要占有并使用该货物的人发生变更，都属于违法行为；以特定用途享受减免税优惠进口的货物只能用于规定的用途，将该货物用于其他用途的，必须经海关批准并依法缴纳关税。

技能训练和巩固

小陈是宁波华田报关有限公司刚参加工作的报关员。2012 年 6 月，华田报关有限公司接受职业技术学院的委托，为其实训大楼车床修理实训室进口的实验用车床报关并指导办理有关手续，小陈接受公司指派负责这批实验用车床的报关。请以华田公司报关员小陈的身份完成这批实验用车床的减免税申请手续。

任务二　特定减免税货物的进口报关

【任务目标】

根据任务导入的案例情景完成特定减免税设备的进境报关。

【操作分析】

负责此次特定减免税设备报关的小丁按以下几个步骤完成此次特定减免税设备的进境报关。

第一，填制报关单。单据材料包括本票设备进口的发票、提单和箱单，同时，设备征免税表编号：Z37018A03980，小丁根据单据材料开始缮制进口报关单。

【单据 1】发票

COMMERCIAL INVOICE

Seller: SINGARPORE INERNATIONAL TRADE CO. 8021 SOUTH 210 TH STREET		**Invoice No. and Date:** EX80320 5th JAN. 2011 L/C No. and Date		
Consignee: NINGBO SPIT INERNATIONAL TRADE CO. 112 ZHONGSHANRD.HAISHU NINGBO，CHINA		**Buyer** AS PER CONSIGNEE		
Departure Date: ETD:6 th JAN 2011		**Terms of Deliver and Payment:**		
Vessel: Queen's 229 **From:** SINGARPORE **To:** NINGBO		Other Reference: CONTRACT NO. SPEC/KCC803-01		
Shipping Marks	**Goods Description**	**Quantity**	**Unit Price**	**Amount**
N/M	punching machine Origin:SINGAPORE 计量单位：千克	50 sets	USD 1200 CIF NINGBO	USD60000

【单据 2】提单

BILL OF LADING

Shipper: SINGARPORE INERNATIONAL TRADE CO. 8021 SOUTH 210 TH STREET			**B/L No. :**MISC200000537	
Consignee of Order: NINGBO SPIT INERNATIONAL TRADE CO. 112 ZHONGSHANRD.HAISHU NINGBO，CHINA			**Carrier:** AMERICAN PRESIDENT LINES	
Notify Party/Address: SAME AS CONSIGNEE			**Place of Receipt:** SINGAPORE CY	
Vessel and VOY No: Queen's 229 **Port of Loading:** SINGAPORE			**Place of Delivery:** NINGBO CY	
Port of Transhipment:			**Port of Discharge:** NINGBO	
Marks & Nos.	**Number & Kind of Packages**	**Description of Goods**	**Gross Weight**	**Measurement**
N/M	**punching machine** TOTLE PAKED IN 2 CONTAINNERS		5020KG	

【单据 3】装箱单

PACKING LIST

Seller: SINGARPORE INERNATIONAL TRADE CO. 8021 SOUTH 210 TH STREET				**Invoice No. and Date:** EX80320 5th JAN. 2011		
Consignee: NINGBO SPIT INERNATIONAL TRADE CO. 112 ZHONGSHANRD.HAISHU NINGBO，CHINA				**Buyer** AS PER CONSIGNEE		
Departure Date: ETD:6 th JAN 2011				**Other Reference:** CONTRACT NO. SPEC/KCC803-01		
Vessel: Queen's 229						
From: SINGARPORE **To:** NINGBO						
Shipping Marks	**Number & Kind of Packages**	**Goods Description**	**Quantity**	**N.W**	**G.W**	**Measurement**
N/M	50 CARTONS	**punching machine**		5000KG	5020KG	

【单据 4】进口货物报关单

中华人民共和国海关进口货物报关单

预录入编号： 海关编号：

进口口岸 宁波海关 3100		备案号 Z37018A03980		进口日期 20110112	申报日期 20110113
经营单位 宁波斯比特国际贸易有限公司 3312961121		运输方式 2	运输工具名称 Queen's /229		提运单号 MISC200000537
收货单位 3312961121		贸易方式 0110		征免性质 789	征税比例
许可证号	起运国（地区） 132		装货港 新加坡	境内目的地 33129	
批准文号	成交方式 CIF	运费		保费	杂费
合同协议号 CONTRACT NO. SPEC/KCC803-01	件数 50	包装种类 其他		毛重（千克） 5020	净重（千克） 5000
集装箱号 CBHU3202732/40/2250	随附单据			用途 04	

标记唛码及备注

CBHU3202733/40/2250

项号	商品编号	商品名称、规格型号	数量及单位	原产国（地区）	单价	总价	币值	征免
1	8462 1010	冲床	5000 千克 50 台	新加坡	1200	60000	502	3

税费征收情况		
录入员 录入单位	兹证明以上申报无讹并承担法律责任	海关审单批注及放行日期（签章） 审单 审价
报关员 申报单位（签章） 单位地址 邮编 电话 填制日期		征税 统计

第二，准备好全套报关单证（征免税证明、进口报关单、箱单、提单、发票等），向进境地海关北仑海关申报。

第三，如需查验，配合查验。之后凭海关盖章的提货单据到海关监管场所提货。

【知识链接】

要完成以上任务，需要掌握特定减免税货物报关的基本知识。

一、特定减免税货物的报关要点

（1）持减免税证明、许可证等相关证件按一般进出口货物办理报关程序（不需要缴纳进出口关税）。

（2）保税区企业进口免税的机器设备仍填制“进口货物报关单”。

（3）出口加工区等其他特殊监管区域的企业进口免税的机器设备等应填制特殊监管区域进境货物备案清单。

（4）报关单上的备案号一栏要填写进出口货物征免税证明的 12 位编号。

二、特定减免税货物的海关监管有关担保放行的规定

有下列情形之一的，减免税申请人可以向海关申请凭税款担保先予办理货物放行手续。

（1）主管海关按照规定已经受理减免税备案或者审批申请，尚未办理完毕的。

（2）有关进出口税收优惠政策已经国务院批准，具体实施措施尚未明确，海关总署已确认减免税申请人属于享受该政策范围的。

（3）其他经海关总署核准的情况。

【相关资料】

正在办理减免税相关手续时货物急需进口该如何处理

主管海关按规定受理减免税申请人申请办理减免税备案、审批手续期间（包括经批准延长的期限），所申报的减免税货物到达进口口岸，减免税申请人申请凭税款担保办理货物验放手续的，主管海关凭减免税申请人在货物申报进口前提交的书面申请，按规定权限审核同意后出具“海关同意按减免税货物办理税款担保手续证明”（简称“担保证明”），进口地海关审核符合担保条件的，凭“担保证明”按规定办理货物的担保和验放手续。

技能训练和巩固

2012 年 6 月，华田报关有限公司接受职业技术学院的委托，为其实训大楼车床修理实训室进口的实验用车床报关并指导办理有关手续，小陈接受公司指派负责这批实验用车床的报关。小陈是新加入公司的新人，在完成这批实验用车床的进境报关后，为积累经验，小陈准备记录工作日志，将本次报关的工作要点记下来。

报关工作日志表

部门：　　　　　　　　姓名：　　　　　　　　填报日期：

工作项目	
完成过程记录	
存在问题	
要点小结	

任务三 特定减免税货物后续处置和解除监管

【任务目标】

根据任务导入的案例情景完成特定减免税设备的后续处置和解除监管。

【操作分析】

负责此次特定减免税设备报关的小丁按以下几个步骤完成此次特定减免税设备的后续处置和解除监管。

第一，结转申请。斯比特国际贸易有限公司持有关单证向保税区海关提出申请。保税区海关审核同意后，通知合众公司所在地主管海关。

第二，合众公司申领征免税证明。合众公司向主管海关申请办理减免税审批手续，领取“征免税证明”。因该设备已经使用 1 年，合众公司获得这台设备后，海关对其后续监管年限为 4 年。

第三，各自办理进出口报关手续。斯比特国际贸易有限公司和合众公司分别向各自的主管海关申请办理减免税货物的出口、进口报关手续。

第四，申请解除监管。小丁向保税区海关申请解除这批已结转设备的海关监管，保税区海关审核无误后，办理转出减免税货物的解除监管手续。

【知识链接】

要完成以上任务，需要掌握特定减免税货物后续处置和解除监管的基本知识。

一、后续处置方式

1．变更使用地点

特定减免税货物变更使用地点，须向主管海关提出申请，原则上应当在主管海关核准的地点使用。

特定减免税货物移出主管海关管辖地使用的，须按以下步骤办理。

（1）减免税申请人事先持有关单证及说明材料向主管海关申请。

（2）主管海关审核同意并通知转入地海关。

（3）减免税申请人将货物运至转入地海关管辖地，经转入地海关确认货物情况后并进行异地监管。

（4）异地使用结束后，减免税申请人及时向转入地海关申请办结异地监管手续。

（5）转入地海关审核同意后通知主管海关后，可将减免税货物运回主管海关管辖地。

2．结转

减免税申请人将进口减免税货物转让给进口同一货物享受同等减免税优惠待遇的其他单位的，应当按照下列规定办理减免税货物结转手续。

（1）减免税货物的转出申请人持有关单证向转出地主管海关提出申请，转出地主管海关审核同意后，通知转入地主管海关。

（2）减免税货物的转入申请人向转入地主管海关申请办理减免税审批手续。转入地主管海关审核无误后签发“征免税证明”。

（3）转出、转入减免税货物的申请人应当分别向各自的主管海关申请办理减免税货物的出口、进口报关手续。

转出地主管海关办理转出减免税货物的解除监管手续。结转减免税货物的监管年限应当连续计算。

转入地主管海关在剩余监管年限内对结转减免税货物继续实施后续监管。

特定减免税进口设备可以在两个享受特定减免税优惠的企业之间结转。手续分别向企业主管海关办理。减免税货物转让给进口同一货物享受同等减免税优惠待遇的其他单位的，不予恢复减免税货物转出申请人的减免税额度。

3．转让

减免税申请人将进口减免税货物转让给不享受进口税收优惠政策或者进口同一货物不享受同等减免税优惠待遇的其他单位的，应当事先向减免税申请人主管海关申请办理减免税货物补缴税款和解除监管手续。

4．移作他用

移作他用包括以下情形。

（1）将减免税货物交给减免税申请人以外的其他单位使用。

（2）未按照原定用途、地区使用减免税货物。

（3）未按照特定地区、特定企业或者特定用途使用减免税货物的其他情形。

除海关总署另有规定外，按照本条第一款规定将减免税货物移作他用的，减免税申请人还应当按照移作他用的时间补缴相应税款。

移作他用时间不能确定的，应当提交相应的税款担保，税款担保不得低于剩余监管年限应补缴税款总额。

5．变更、终止

（1）变更：先向海关报告，若承受人资格改变则须补税，若继续享受减免税待遇则按照规定变更备案或办理结转手续。

（2）终止：企业进入到破产清算程序时，对于还处在海关监管期内的特定减免税货物，企业首先向主管海关申请，经主管海关同意并按规定征收税款后，签发解除监管证明，才能进入破产清算、变卖、拍卖程序。自清算之日起30日内向海关办理补税和解除监管手续。

6．退运、出口

减免税申请人持出口报关单向主管海关办理原减免税货物的解除监管手续。

7．贷款抵押

申请人须向主管地海关提出书面申请。申请人不得以减免税货物向金融机构以外的公民、法人或者其他组织办理贷款抵押。

二、解除监管

解除监管有以下几种情形。

（1）监管期届满自动解除。不必申领“减免税进口货物解除监管证明”，自动解除监管，可以自行处理。

（2）申请解除监管。

① 监管期届满，但企业需要“减免税进口货物解除监管证明”的，可以自监管年限届满之日起1年内，向海关申领。

② 监管期限内申请解除。

原“进口货物征免税证明”的申请人向原签发征免税证明的海关提出解除监管的申请，海关签发“减免税进口货物解除监管证明”。

【相关资料】

减免税货物补税税款的计算

减免税货物经批准转让或移作他用的，补税完税价格以海关审定的货物原进口时的价格按照减免税货物已进口时间与监管年限的比例进行折旧，其计算公式如下。

补税的完税价格＝海关审定的货物原进口时价格× ［1－货物已进口时间÷（监管年限×12）］

减免税货物已进口时间自减免税货物的放行之日起按月计算。不足1个月但超过15天（包括15天）的按1个月计算；不超过15天的，免予计算。

补税税率应当适用海关接受减免税申请人再次填写报关单申报办理补税之日实施的税率。

技能训练和巩固

2010年4月，宁波天宁国际贸易进口机械设备一批。该批设备向海关申报时，报关单经营单位栏填报天宁国际贸易有限公司的名称及海关注册编码，贸易方式栏填报为“2225”，征免性质栏填报为“789”。经海关审核接受申报后，该批设备向海关缴纳保证金后获得海关放行。天宁国际贸易有限公司在规定的时间办结了担保销案手续。进口机械设备在使用两年后，2012年4月，经主管部门批准，天宁国际贸易有限公司将这台转售给宁波另一私营企业。有关该设备的报关业务全部委托宁波华田报关公司完成。请你以华田公司报关员的身份，完成这批设备的相关报关事务。

小结

本项目主要介绍了特定减免税货物的监管和报关，内容包括了特定减免税的申请办理、征免税证明的使用、特定减免税货物的后续监管、特定减免税货物申请解除监管。本项目操作要点在于理清特定减免税货物海关业务的流程、理解特定减免税货物的海关监管要点。

训练题

一、基础训练题

（一）单选题

1．下列哪一选项从境外进口的自用物资（交通工具、消费品除外）可以享受特定减免税的优惠待遇？（　　）

A．保税仓库　　B．出口监管仓库　　C．保税物流中心　　D．保税物流园区

2．下列哪一选项进口的特定减免税货物，在进口报关时不必向海关提交“征免税证明”？（　　）

A．出口加工区　　B．保税区　　C．大专院校　　D．国内投资项目

3．特定减免税货物在海关监管期限内申请解除海关监管的，下列哪一选项不正确？（　　）

A．在海关监管期限内在境内出售的，海关可免征进口税

B．在海关监管期限内在境内转让给同样享受进口减免税优惠的企业，接受货物的企业可以凭“征免税证明”办理结转手续，继续享受特定减免税优惠待遇

C．可以申请将特定减免税货物退运出境

D．可以书面申请放弃交海关处理

4．北京某外资企业从美国购进大型机器成套设备，分 3 批运输进口，其中两批从天津进口，另一批从青岛进口。该企业在向海关申请办理该套设备的减免税手续时，下列做法正确的是（　　）。

A．向北京海关分别申领两份征免税证明

B．向北京海关分别申领三份征免税证明

C．向天津海关申领一份征免税证明，向青岛海关申领一份征免税证明

D．向天津海关申领两份征免税证明，向青岛海关申领一份征免税证明

5．享受特定减免税优惠进口的钢材，必须按照规定用途使用，未经海关批准不得擅自出售、转让、移作他用按照现行规定，海关对其的监管年限为（　　）。

A．8 年　　B．6 年　　C．5 年　　D．3 年

（二）判断题

1．进口的特定减免税机器设备只能在本企业自用，不可以在两个享受特定减免税优惠的企业之间结转。（　　）

2．特定减免税进口货物，除另有规定外，一般不豁免进口许可证件。（　　）

3．某外商投资企业经批准进口享受特定减免税旧设备一套，可以免于申领“自动进口许可证”。（　　）

4．企业破产清算时仍在海关监管期限内的特定减免税货物，应在破产清算之前，向海关申请办理解除海关监管手续，有关货物才能进入破产清算、变卖、拍卖程序。对进入法律程序的特定减免税货物，如属于进口许可证管理的货物，原进口时未向海关提交进口许可证件的，海关可凭人民法院的判决和国家仲裁机关的仲裁证明免交进口许可证件。（　　）

5．某工艺服装厂承接一万套服装来料加工合同，加工期两年，成品全部返销日本，合同规定，外商无偿提供一套价值 2.5 万美元的专用设备。合同期满加工成品全部出口后，该厂向海关办理合同核销手续，该设备也随之解除海关监管。（　　）

二、综合技能训练题

【技能训练题一】北京大学邀请境外一学术代表团来华进行学术交流，通过货运渠道从北京国际机场口岸运进一批讲学必需的设备，其中有一个先进的智能机器人是国内所没有的。货物进口时，北京大学作为收货人委托北京某报关企业在机场海关办理该批设备的进口手续。交流结束后，北京大学同外国代表团协商决定留购该机器人以备研究，并以科教用品的名义办妥减免税手续。其余测试设备在规定期限内经北京国际机场复运出口。

（1）该设备进境报关时，需要准备哪些报关单据？

【业务处理】____

____

____

（2）该设备进口时，其税费手续如何办理？

【业务处理】____

____

____

（3）对留购的智能机器人，应如何办理相关海关事务？

【业务处理】____

____

____

【技能训练题二】华阳电业有限公司（注册编号：350694××××）在投资总额内委托福建机械进出口公司（350691××××）于2011年8月29日进口一批投资设备（属法定检验检疫货物），2011年8月31向厦门海关（代码0921）申报。投资设备征免税表编号：Z37018A03980，海关签注为“鼓励项目”。相关单据如下。

【单据1】提单

BILL OF LADING

Shipper: FORM AOSA HEAVY INDUSTRIES CORP. 201, TUNG HWA N, RD., TAIPEI, TAIWAN		Ocean Vessel Voy.No. STELLA FAIRY 229	
Consignee HUAYANG ELETRIC POWER CO. 华阳电业有限公司 LTD, 2/F 201, HUBIN NORTH ROAD, XIAMEN TEL: 0592-5114403 企业编码: 3506941136		Port of Loading: GAOXIONG， TAIWAN Port of Discharge: XIAMEN B/L NO: GUK-6	
MRAKS&NUMBER HYEC 8ET74 IN DIAMOND MADE IN TAIWAN CHINA	NO OF PACKAGES 14 PKGS	DESCRIPTIAON OF GOODS FLAT BAR SS-400	G. W 20298KGS

【单据 2】发票

INVOICE

Shipped per STELLA FAIRY 229
FROM：GAOXIONG TO XIAMEN

MARKS&NOS	Sescription of goods	Quantity	Unit Price	Amount
HYEC 8ET74 IN DIAMOND MADE IN TAIWAN CHINA	Flat Bar SS-400 4.5mm×25mm HSCODE：7211.1900 法定计量单位：千克	20270KG	USD0.52	DIF XIAMEN USD 10540.40
	TOTAL	20270KG		USD 10540.40

SAY: TOTAL CIF VALUE U. S.DOLLARS TEN THOUSAND FIVE HUNRED FOURTY AND CENTS FOURTY ONLY.

ABC CO. （TAIWAN）
Signed by__________

【单据 3】装箱单

PACKING LIST

INVOICE NO：I88508
ORDER NO：8ET74
PAGE：1

Consignees：HUA YANG ELECTRIC POWER CO..LTD
Name lf Vessel：STELLA FAIRY 229
Port of shipment：GAO×IONG
Destination：XIAMEN
MADE IN TAIWAN

Packing No.	Quantity	Description	Net weight	Gross Weight		Measurement
				Each	Total	
	14PKGS	FLAT BAR SS－440 4.5mm×25mm	20,270KG		20,298KG	
TOTAL	14PKGS		20,270KG		20,298KG	

ABC CO.（TAIWAN）
Signed by__________

【单据 4】进口报关单

中华人民共和国进口货物报关单

预录入编号：　　　　　　　　　　　　　　　　　　　　　　　　海关编号：

进口口岸	备案号	进口日期	申报日期	
经营单位	运输方式	运输工具名称	提运单号	
收货单位	贸易方式	征免性质	征税比例	
许可证号	起运国（地区）	装货港	境内目的地	
批准文号	成交方式	运费	保费	杂费
合同协议号	件数	包装种类	毛重（千克）	净重（千克）
集装箱号	随附单据		用途	
标记唛码及备注				
项号　商品编号　商品名称、规格型号　数量及单位　最终目的国（地区）单价　总价　币值　征免				
税费征收情况				
录入员　录入单位	兹证明以上申报无讹并承担法律责任	海关审单批注及放行日期（签章） 审单　审价		
报关员　申报单位（签章） 单位地址 邮编　电话　填制日期		征税　统计 查验　放行		

项目七 暂准进出境货物报关业务办理

ZANZHUN JINCHUJING HUOWU BAOGUAN YEWU BANLI

【知识目标】

（1）掌握 ATA 单证册货物的报关流程。

（2）掌握非 ATA 单证册展品的报关流程。

（3）掌握暂时进出口货物的报关流程。

【能力目标】

（1）会办理 ATA 单证册货物的报关。

（2）会办理非 ATA 单证册展品的报关。

（3）会办理暂时进出口货物的报关。

【任务导入】

宁波华田国际贸易公司于 2011 年 10 月初到德国参展，展期为期一个星期。参展商品、展台用的建筑材料及装饰品等于 2011 年 9 月底从宁波口岸出境。展会结束后，参展商品等从上海口岸复运进境。该批展品报关采用 ATA 单证册报关。

同时，宁波国际会展中心于 2010 年 10 月举办宁波国际服装服饰博览会，届时将有来自世界各国的参展商汇聚宁波，这次展会的报关代理企业确认为宁波天翔报关行，展会结束后大部分展品退运出境，部分展品在展会期间售出，该批展品报关方式不采用 ATA 单证册。

2011 年底，宁波天舞演艺公司承接 2010 年 SJ 演唱会的举办，演出的舞台、舞美、布景等设施都从韩国运输过来。演出结束后，再运回香港，其报关业务由宁波华田报关公司代理。

以上业务的报关操作由华田报关公司的报关员小丁完成。

【任务目标】

(1) 根据任务导入案例背景完成德国参展商品的报关。

(2) 根据任务导入案例背景完成宁波服博会展品的报关。

(3) 根据任务导入案例背景完成舞台设备的报关。

【任务分析】

在以上案例情景中，涉及展览品（ATA 和非 ATA）的报关操作以及其他暂时进出口货物的报关操作。对于暂时进出境货物的报关操作，大致要经过以下几个环节的操作。

(1) 申领 ATA 单证册或备案（展览品报关）。

(2) 进出境申报。

(3) 核销结关。

在分析操作环节的基础上，同时结合海关的监管要求，将本项目的任务分解为以下 3 个部分：使用 ATA 单证册报关的暂准进出境货物报关→不使用 ATA 单证册的展览品的报关→暂时进出口货物的报关。

任务一 使用 ATA 单证册报关的暂准进出境货物报关

【任务目标】

根据任务导入的案例情景完成德国参展商品的报关操作。

【操作分析】

小丁认为这批展品的报关操作大概要分为以下几个步骤。

第一，申领 ATA 单证册。小丁填写申请表、货物总清单等相关资料，向宁波贸促会申请签发 ATA 单证册。

中国国际商会 ATA 单证册申请表

一、申请人基本情况

1. 申请人名称（中文/英文）华田国际贸易公司/ NINGBO HUATIAN INERNATIONAL TRADE CO.
   申请人地址（中文/英文）宁波鄞州启明路 5 号 / 05 QINGMINGRD. YINZHOU NINGBO, CHINA
2. 申请人身份证明文件名称：☑企业法人营业执照 □事业单位法人证书 □社会团体法人登记证书
   □身份证 □护照 □其他
   申请人身份证明文件号码：________
3. 授权代表：（中文）________ （英文）________
4. 联 系 人：李丽 电话：0574830×××× 传真：________

二、单证册基本情况

1. 货物用途
☑展览会和交易会 （名称、地点、组织者）德国法兰克福家纺展
□专业设备 ☑商业样品 □其他 展台材料、装饰品
2. 预定从中国离境日期 2010.09.25，出境报关口岸 北仑
3. 运输方式：□货运（☑水路运输 □航空运输 □汽车运输 □铁路运输 □其他）□随身携带
4. 在拟暂准进口的国家和地区前面横线处注明预计进口的次数
在拟过境的国家和地区前面横线处写“T”，并注明预计过境的次数

____阿尔及利亚（DZ）	T 直布罗陀（GI）	____卢森堡（LU）	____斯洛伐克（SK）
____安道尔（AD）	____希腊（GR）	____马其顿（MK）	____斯洛文尼亚（SI）
____澳大利亚（AU）	T 中国香港（HK）	____马来西亚（MY）	____南非（ZA）
____奥地利（AT）	____匈牙利（HU）	____马耳他（MT）	____西班牙（ES）
____比利时（BE）	____冰岛（IS）	____毛里求斯（MU）	____斯里兰卡（LK）
____保加利亚（BG）	____印度（IN）	____摩洛哥（MA）	____瑞典（SE）
____加拿大（CA）	____爱尔兰（IE）	T 荷兰（NL）	____瑞士（CH）
____克罗地亚（HR）	____以色列（IL）	____新西兰（NZ）	____泰国（TH）
____塞浦路斯（CY）	____意大利（IT）	____挪威（NO）	____突尼斯（TN）
____捷克（CZ）	____科特迪瓦（CI）	____波兰（PL）	____土耳其（TR）
____丹麦（DK）	____日本（JP）	____葡萄牙（PT）	____英国（GB）
____爱沙尼亚（EE）	____韩国（KR）	____罗马尼亚（RO）	____美国（US）
____芬兰（FI）	____拉脱维亚（LV）	____俄罗斯（RU）	____塞尔维亚（CS）
____法国（FR）	____黎巴嫩（LB）	____塞内加尔（SN）	____白俄罗斯（BY）
____德国（DE）	____立陶宛（LT）	____新加坡（SG）	____蒙古（MN）
____智利（CL）	____伊朗（IR）	____巴基斯坦（PK）	____乌克兰（UA）
____黑山（ME）			

三、单证册签发后交付办法

1 ☑自取 2 □挂号 3 □特快专递

四、签发单证册期限

1 ☑五个工作日　　　　2 □两个工作日（加急）

五、担保

1 货物总值：　100000

2 担保形式：（1）☑现金/支票　（2）□信汇/电汇

（3）□银行保函　（4）□贸促会认可的书面保证

六、保证

我作为 ATA 单证册持有人，保证货物总清单上的内容真实无误。我承诺在任何暂准进口国和地区海关规定的期限内将这些货物复出口，在中国海关规定的期限内将这些货物复进口回中国，并遵守 ATA 公约、伊斯坦布尔公约和有关公约/附约的规定、中国和其他国家和地区的海关规章和要求，以及中国国际商会制定的使用 ATA 单证册的各项规定。

我承诺，接到中国国际商会的索赔请求后，在十个工作日内无条件支付因 ATA 单证册项下货物未在规定期限内复出口、或未遵守 ATA 公约、伊斯坦布尔公约和有关公约/附约的规定、中国或国外海关的有关规章或要求而产生的所有税款和其他费用，以及中国国际商会因签发和调整单证册所支付的任何专业费用或其他费用。我承诺对中国国际商会为此同有关商会、海关或其他组织进行协商或处理的结果承担全部责任。我同意，将交纳的担保用以赔付中国国际商会因上述情事而被要求支付的任何税款或费用。

我承诺，在旅行结束后十五天内，将 ATA 单证册退还给中国国际商会或其授权的签证机构，并留一份复印件存档。

我确认，如及时将使用过的 ATA 单证册交还给中国国际商会或其授权的签证机构，并且经其核定使用正确，则中国国际商会或其授权的签证机构将及时有条件核销 ATA 单证册，并退还担保。

申请人签字：__________

申 请 日 期：____年____月____日

申请单位盖章：

第二，出境申报。持 ATA 单证册、装货单等单证向北仑海关报关，海关在 ATA 单证册上签注。

第三，过境申报。因为该批展览品要经过中国香港、直布罗陀、荷兰 3 个国家（地区），因此要进行过境申报。过境申报时，海关在蓝色过境单证上进行签注即可。

第四，复运进境申报。展品结束展览复运进境时，因为是从上海进境，由上海口岸海关在黄色复进口单证上签注。

第五，核销结案。持 ATA 单证册有相关海关签注的各联存根联向鄞州海关申请核销结案。

【知识链接】

要完成以上任务，需要掌握使用 ATA 单证册货物报关的基本知识。

一、ATA 单证册

ATA 由法文 Admission Temporaire 与英文 Temporary Admission 的首字母复合组成，表示

暂准进口，即货物在进口后一定时间内除正常损耗外按原状复出口。

ATA 单证册是世界海关组织通过的《货物暂准进口公约》及其附约 A 和《ATA 公约》中规定使用的，用于替代各缔约方海关暂准进出口货物报关单和税费担保的国际性通关文件。

ATA 单证册制度目的在于通过在缔约方之间适用 ATA 单证册以替代各国国内报关文件和税款担保文件，来简化和统一海关手续。目前，世界上已有 59 个国家实施了 ATA 单证册制度，大部分发达国家都已加入了《ATA 公约》，每年使用 ATA 单证册通关的货物总值超过 120 亿美元。

二、ATA 单证册的格式

一份 ATA 单证册一般由 8 页 ATA 单证组成：一页绿色封面单证、一页黄色出口单证、一页白色进口单证、一页白色复出口单证、两页蓝色过境单证、一页黄色复进口单证、一页绿色封底。

三、ATA 单证册在我国的适用

ATA 单证册的使用范围仅限于展览会、交易会、会议及类似活动项下的货物。除此之外的货物，我国海关不接受持 ATA 单证册办理进出口申报手续。另外，我国海关只接受用中文或者英文填写的 ATA 单证册。

四、ATA 单证册的管理

1. 担保机构

中国国际商会是我国 ATA 单证册的出证和担保机构。

2. 管理机构

海关总署在北京海关设立的 ATA 核销中心是 ATA 单证册的管理机构。

3. 审批

使用 ATA 单证册报关的货物暂准进出境期限为自货物进出境之日起 6 个月，超过 6 个月的，持证人需向海关申请延期，延期最多不超过 3 次，每次延期不超过 6 个月，且持证人应当在规定期限届满 30 个工作日前向货物暂准进出境申请核准地海关提出延期申请，并提交“货物暂时进/出境延期申请书”及相关材料；直属海关受理延期申请的，应当于受理申请之日起 20 个工作日内作出是否延期的决定。

参加展期在 24 个月以上展览会的展览品，在 18 个月延长期届满后仍需要延期的，由主管地直属海关报海关总署审批。

ATA 单证册项下的暂时进境货物申请延长期限超过 ATA 单证册有效期的，持证人应当向原出证机构申请续签 ATA 单证册用以替代原册，新册使用，原册失效。

4. 追索事宜

我国 ATA 单证册项下暂时进境货物未能按照规定复运出境或者过境的，ATA 核销中心将向中国国际商会提出追索。自提出追索之日起 9 个月内，中国国际商会向海关提供货物已经在规定限内复运出境或者已举办了进口手续证明的，ATA 核销中心可以撤销追索；9 个月期满后未能提供上述证明的，中国国际商会应当向海关支付税款和罚款。

五、进出口申报

持单证册向海关申报进出境货物，不需要向海关提交进出口许可证件，也不需要另外再提供担保。

1. 进境申报

进境货物收货人或其代理人持 ATA 单证册向海关申报进境展览品时，先在海关核准的出证协会即中国国际商会以及其他商会，将 ATA 单证册上的内容预录入海关与商会联网的 ATA 单证册电子核销系统，然后向展览会主管海关提交纸质 ATA 单证册、提货单等单证。

海关在白色进口单证上签注，并留存白色进口单证（正联），退还其存根联和 ATA 单证册其他各联给货物收货人或其代理人。

2. 出境申报

出境货物发货人或其代理人持 ATA 单证册向海关申报出境展览品时，向出境地海关提交国家主管部门的批准文件、纸质 ATA 单证册、装货单等单证。

海关在绿色封面单证和黄色出口单证上签注，并留存黄色出口单证（正联），退还其存根联 ATA 单证册其他各联给出境货物发货人或其代理人。

3. 过境申报

过境货物承运人或其代理人持 ATA 单证册向海关申报将货物通过我国转运至第三国参加展览会的，不必填制过境货物报关单。海关在两份蓝色过境单证上分别签注后，留存蓝色过境单证（正联），退还其存根联和 ATA 单证册其他各联给运输工具承运人或其代理人。

4. 担保和许可证件

持 ATA 单证册向海关申报进出境展览品，不需向海关提交进出口许可证件，也不需另外再提供担保。但如果进出境展览品及相关货物受公共道德、公共安全、公共卫生、动植物检疫，濒危野生动植物保护、知识产权保护等限制的，展览品收发货人或其代理人应当向海关提交进出口许可证件。

六、结关

1. 正常结关

持证人在规定期限内将进境展览品和出境展览品复运进出境，按规定程序正式核销结关。

2. 非正常结关

复运出境时，因故未经我国海关核销、签注的，凭另一缔约国海关签注的证明或者是其他可以证明货物实际离境的文件办理核销；这种情况持证人应当按照规定向海关交纳调整费。

因不可抗力的原因受损，无法原状复运出境、进境的，海关凭相关的证明材料办理核销；因不可抗力原因灭失或者失去使用价值的，海关核实后可以视为货物已经复运出境、进境。

因不可抗力以外的原因灭失或者受损的，按有关的海关规定办理。

【相关资料】

宁波 ATA 单证册申领

申领 ATA 单证册十分方便，企业可以到市贸促会的官方网站（www.ccpitnb.org）下载两份表格（分别是“中国国际商会 ATA 单证册申请表”、“ATA 单证册货物总清单”），填好后发到指定邮箱 xu_zw@ccpitnb.org。

在通过市贸促会的审核后，申请企业会收到网上反馈收费通知单。企业将费用打进指定账户，就可以出证了。根据规定，货值 5 万元以下的收费 500 元，5 万元～10 万元的收费标准是 700 元，封顶 1900 元。

此外，广大出境参展企业还可以通过宁波海关的“通关我帮您”服务平台了解有关政策。这个服务平台将不定期公布有关 ATA 单证册的知识和申领渠道、便捷通关方法，为企业进出境参展节省资金、提供最大化便利。宁波海关还在通关现场专门设立了 ATA 特快通道，为参展企业的无障碍通关提供方便。

技能训练和巩固

2012 年 4 月，宁波联合公司要从国外运入一批车辆以参加宁波国际车展，该批车辆属于《ATA 单证册》项下的货物。除了展览品以外，还需要运入一些为展览品做宣传用的印刷品等。车展期间，一辆车被境内人员购买。车展结束后，宁波联合公司又将该批货物运输出境。有关这批车辆的报关事宜全部委托给宁波华田报关公司。请你以宁波华田报关公司报关员的身份，完成这批进境参展车辆的全部报关事宜。

任务二　不使用 ATA 单证册的展览品的报关

【任务目标】

根据任务导入的案例背景完成服博展参展商品的报关操作。

【操作分析】

报关员小丁认为这批展品的报关操作大概要分为以下几个步骤。

第一，申请备案。宁波国际服装服饰博览会主办单位或其代理人应该在展品进境前向宁波海关提交相关批准文件、展览品清单、展览会备案登记表、展会总体方案等相关单证办理备案，同时小丁在展会开幕前 20 日持海关注册备案证书、办展人出具的授权委托书到宁波海关备案。

第二，进境申报。小丁在北仑海关办理展览品进口申报手续，填制进口报关单，并提交展品清单和“展览会备案登记表”，同时向海关提供相当于应缴税款的担保。展览品进境申报报关单关键栏目的填制见表 7-1。

表 7-1　中华人民共和国海关进口货物报关单

预录入编号：　　　　　　　　　　　　　　　　　　　　　　　　　海关编号：

<table>
<tr><td colspan="2">进口口岸</td><td>备案号</td><td>进口日期</td><td>申报日期</td></tr>
<tr><td colspan="2">经营单位</td><td>运输方式</td><td>运输工具名称</td><td>提运单号</td></tr>
<tr><td colspan="2">收货单位</td><td>贸易方式
2700</td><td>征免性质
299</td><td>征税比例</td></tr>
<tr><td>许可证号</td><td colspan="2">起运国（地区）</td><td>装货港</td><td>境内目的地</td></tr>
<tr><td>批准文号</td><td>成交方式</td><td>运费</td><td>保费</td><td>杂费</td></tr>
<tr><td>合同协议号</td><td>件数</td><td>包装种类</td><td>毛重（千克）</td><td>净重（千克）</td></tr>
<tr><td>集装箱号</td><td colspan="3">随附单据</td><td>用途
07</td></tr>
<tr><td colspan="5">标记唛码及备注</td></tr>
<tr><td colspan="5">项号　商品编号　商品名称、规格型号　数量及单位　原产国（地区）单价　总价　币值　征免</td></tr>
<tr><td colspan="5"></td></tr>
<tr><td colspan="5"></td></tr>
<tr><td colspan="5"></td></tr>
<tr><td colspan="5"></td></tr>
<tr><td colspan="5"></td></tr>
<tr><td colspan="5">税费征收情况</td></tr>
<tr><td>录入员　录入单位</td><td colspan="2">兹证明以上申报无讹并承担法律责任</td><td colspan="2">海关审单批注及放行日期（签章）

审单　　　　审价</td></tr>
<tr><td colspan="3" rowspan="2">报关员　　　　　　申报单位（签章）

单位地址

邮编　　　　电话　　　　填制日期</td><td colspan="2">征税　　　　统计</td></tr>
<tr><td colspan="2">查验　　　　放行</td></tr>
</table>

注：展览品进境申报，报关单“贸易方式”栏填报“展览品”（2700），“征免性质”栏填报“其他法定”（299），“征免”栏填报“全免”（3），“用途”栏填报“收保证金”（07），“备注栏”填报相应的消耗品审核清单编号。

第三，复运出境申报。小丁持展品退运清单到北仑海关办理退运报关手续，填制出口报关单。展品复运出境报关单关键栏目填写同进境报关单的规定，但是要在报关单“关联报关单号”栏填报原进口报关单编号。

第四，展会销售的展品转为一般进口。小丁填制进口报关单，办理进口申报及纳税手续。报关单“贸易方式”栏填报“一般贸易”（0110），“征免性质”栏填报“一般征税”（101），“征免”栏填报“照章征税”（1）。

第五，核销结案。持海关签注的报关单证明联向海关办理核销结关。

【知识链接】

要完成以上任务，需要掌握不施用ATA单证册展览品报关的基本知识。

一、进出境展览品的范围

1．进境展览品

进境展览品包含在展览会中展示或示范用的货物、物品、为示范展出的机器或器具需用的物品、设置临时展台的建筑材料及装饰材料、供展览品做示范宣传用的电影片、幻灯片、录像带、录音带、说明书、广告等。

2．出境展览品

出境包含国内单位赴境外举办展览会或参加境外博览会、展览会而运出的展览品，以及与展览活动有关的宣传品、布置品招待品及其他公用物品。与展览活动有关的小卖品、展卖品，可以按“展览品”报关出境，不按规定期限复运进境的办理一般出口手续，交验出口许可证件，缴纳出口关税。

二、展览品的进出境申报

1．进境申报

（1）在进境20个工作日前，主办单位将展览品的批准件及展览品清单，送展出地海关登记备案。

（2）进境申报可以在展出地海关或非展出地海关办理，从非展出地海关进境可以申请转关。

（3）交齐所有必需的单证，并提供担保，经直属海关批准，展品可以免予向海关提供担保。

（4）海关在展出地查验时，配合查验。

（5）展览会展出或使用的印刷品、音像制品及其他需要审查的物品，还要经过海关的审查，才能展出或使用。对我国政治、经济、文化、道德有害的以及侵犯知识产权的印刷品、音像制品，不得展出，由海关没收、退运出境或责令更改后使用。

2．出境申报

（1）在出境地海关办理，在展品出境前20个工作日办理。

（2）提供所有必需单证。

（3）属于应纳出口税的，必须交保证金，核用品、“核两用品”及相关技术的出口管制商品，提交许可证。

（4）海关对展览品开箱查验，核对展览品清单。查验完毕，海关留存一份清单，另份一封入“关封”交还给出口货物发货人或其代理人，凭以办理展览品复运进境申报手续。

三、核销结关

1．复运进出境

进境展览品按规定期限复运出境，出境展览品按规定期限复运进境后，海关分别签发报关单证明联，展览品所有人或其代理人凭以向主管海关办理核销“结关”手续。

展览品未能按规定期限复运进出境的，展览会主办单位或出国举办展览会的单位应当向主管海关申请延期，在延长期内办理复运进出境手续。

2．转为正式进出口

进境展览品在展览期间被人购买的，由展览会主办单位或其代理人向海关办理进口申报、纳税手续，其中属于许可证件管理的，还应当提交进口许可证件。

出口展览品在境外参加展览会后被销售的，由海关核对展览品清单后要求企业补办有关正式出口手续。

3．展览品放弃或赠送

展览会结束后，进口展览品的所有人决定将展览品放弃交由海关处理的，由海关变卖后将款项上缴国库。有单位接受放弃展览品的，应当向海关办理进口申报、纳税手续。

展览品的所有人决定将展览品赠送的，受赠人应当向海关办理进口手续，海关根据进口礼品或经贸往来赠送品的规定办理。

4．展览品毁坏、丢失、被窃

展览品因毁坏、丢失、被窃等原因，而不能复运出境的，展览会主办单位或其代理人应当向海关报告。对于毁坏的展览品，海关根据毁坏程度估价征税；对于丢失或被窃的展览品，海关按照进口同类货物征收进口税。

展览品因不可抗力遭受损毁或灭失的，海关根据受损情况，减征或免征进口税。

四、有关期限的规定

进口展览品的暂准进境期限是 6 个月，即自展览品进境之日起 6 个月内复运出境。如果需要延长复运出境的期限，应当向主管海关提出申请。经批准可以延长,延长期限最长不超过 6 个月。

出口展览品的暂准出境期限为自展览品出境之日起 6 个月内复运进境。如果需要延长复运进境的期限，应当向主管海关提出申请。

【相关资料】

进境展览品审证管理规定

(1) 展览会期间供消耗、散发的用品属于国家实行许可证件的，应当向海关交验相关证件，办理进手续。

(2) 除我国参加或缔结的国际条约、协定及国家法律、行政法规和海关总署规章另有规定外，进出境展览品可免于交验许可证件。

(3) 进出境展览品实施动植物检疫、药品检验、食品卫生等检验的，凭“出/入境货物通关单”验放。

技能训练和巩固

宁波华田公司要参加在美国旧金山举办的电子产品展览，展览日期为 2011 年 8 月 11 日至 8 月 15 日，有产品（表 7-2）需货运出境供展览使用。

表 7-2　产品清单

品种规格	法定计量单位	单价（美元）	总价（美元）
整流器/KH-6116	120 台	3	360
变压器/6V-30V	150 台	5	750
插头/用于电压小于1000V 的线路	10000 个	0.1	1000

在展览期间，其中 120 台整流器被美国森瑞公司购买。

请以华田公司报关的身份完成这批出境参展电子产品的报关操作。

任务三　暂时进出口货物的报关

【任务目标】

根据任务导入的案例背景完成舞台设施的报关操作。

【操作分析】

小丁认为这批舞台设施的报关操作大概要分为以下几个步骤。

第一，申请行政许可。填写“货物暂时进出境申请书”，同时提交货物清单、发票等相关单据，向宁波海关提出暂时进出境申请，海关批准后，领取“中华人民共和国海关货物暂时进出境申请批准决定书”。

第二，进境申报。向北仑海关提交批准决定书、进口报关单、商业发票、货运单据等进行申报，同时提供相当于税款的担保。进口报关单关键栏目的填写见表 7-3。

表 7-3　中华人民共和国海关进口货物报关单

预录入编号：　　　　　　　　　　　　　　　　　　　　　　　　　　　海关编号：

进口口岸		备案号	进口日期	申报日期
经营单位		运输方式	运输工具名称	提运单号
收货单位		贸易方式 2600	征免性质 299	征税比例
许可证号	起运国（地区）		装货港	境内目的地
批准文号	成交方式	运费	保费	杂费
合同协议号	件数	包装种类	毛重（千克）	净重（千克）
集装箱号	随附单据			用途 07
标记唛码及备注				
项号　商品编号　商品名称、规格型号　数量及单位　原产国（地区）单价　总价　币值　征免 3				
税费征收情况				
录入员　录入单位	兹证明以上申报无讹并承担法律责任		海关审单批注及放行日期（签章） 审单　审价	
报关员　申报单位（签章） 单位地址 邮编　电话　填制日期			征税　统计 查验　放行	

注：进境申报，报关单“贸易方式”栏填报“暂时进出货物”（2600），“征免性质”栏填报“其他法定”（299），“征免”栏填报“全免”（3），“用途”栏填报“收保证金”（07），“备注栏”填报相应的消耗品审核清单编号。

第三，复运出境申报。到北仑海关办理复运出境报关手续，填制出口报关单。出口报关单关键栏目填写同进境报关单的规定，但是要在报关单关联报关单号栏填报原进口报关单编号。

第四，核销结案。持海关签注的报关单证明联向海关办理核销结关。

【知识链接】

要完成以上任务，需要掌握暂时进出口货物报关的基本知识。

一、暂时进出口货物的具体范围

《关税条例》规定可以暂不缴纳税款的 9 项暂准进出境货物除使用 ATA 单证册报关的货物、不使用 ATA 单证册报关的展览品、集装箱箱体按各自的监管方式由海关进行监管外，其余的均按《中华人民共和国海关对暂时进出口货物监管办法》进行监管，因此均属于暂时进出口货物的范围。具体范围如下。

（1）文化、体育交流活动中使用的表演、比赛用品。

（2）进行新闻报道或者摄制电影、电视节目使用的仪器、设备及用品。

（3）开展科研、教学、医疗活动使用的仪器、设备及用品。

（4）上述 4 项所列活动中使用的交通工具及特种车辆。

（5）暂时进出的货样。

（6）供安装、调试、检测设备时使用的仪器、工具。

（7）盛装货物的容器。

（8）其他暂时进出境用于非商业目的的货物。

二、进出境申报

1．进境申报

暂时进口货物进境时，收货人或其代理人应当向海关提交主管部门允许货物为特定目的而暂时进境的批准文件、进口货物报关单、商业及货运单据等，向海关办理暂时进境申报手续。

暂时进口货物不必提交进口货物许可证件，但对国家规定需要实施检验检疫的，或者为公共安全、公共卫生等实施管制措施的，仍应当提交有关的许可证件。

暂时进口货物在进境时，进口货物的收货人或其代理人免予缴纳进口税，但必须向海关提供担保。

2．出境申报

暂时出口货物出境，发货人或其代理人应当向海关提交主管部门允许货物为特定目的而暂时出境的批准文件、出口货物报关单、货运和商业单据等，向海关办理暂时出境申报手续。

暂时出口货物除易制毒化学品、监控化学品、消耗臭氧层物质、有关核出口、“核两用品”及相关技术的出口管制条例管制的商品以及其他国际公约管制的商品按正常出口提交有关许可证件外，不需交验许可证件。

三、核销结关

1．复运进出境

暂时进口货物复运出境，暂时出口货物复运进境，进出口货物收、发货人或其代理人必须留存由海关签章的复运进出境的报关单，准备报核。

2．转为正式进口

暂时进口货物因特殊情况，改变特定的暂时进口目的转为正式进口，进口货物收货人或其代理人应当向海关提出申请，提交有关许可证件，办理货物正式进口的报关纳税手续。

3．放弃

暂时进口货物在境内完成暂时进口的特定目的后，如货物所有人不准备将货物复运出境的，可以向海关声明将货物放弃，海关按放弃货物的有关规定处理。

4．核销结关

暂时进口货物复运出境，或者转为正式进口，或者放弃后，暂时出口货物复运进境，或者转为正式出口后，收发货人向海关提交经海关签发的进出口货物报关单，或者处理放弃货物的有关单据以及其他有关单证，申请报核。海关经审核，情况正常的，退还保证金或办理其他担保销案手续，予以结关。

四、有关期限的规定

暂时进出口货物应当自进境或出境之日起 6 个月内复运出境或者复运进境。如果因特殊情况不能在规定期限内复运出境或者复运进境的，应当向海关申请延期,经批准可以适当延期，延长期最长不超过 6 个月。

技能训练和巩固

为了完成宁波市重点建设项目“中铁道岔路制造工程”，宁波市对外经济合作公司从丹麦进口一套高速铁路钢轨锻造系统。依据协议，由丹麦公司技术人员安装、施工和调试。为了保证工程工程的顺利进行，外方的技术人员将自带工程所需要的与安装所匹配的操作工具一套，待系统调试完毕后该工具将全部返回丹麦。预计工期需要 4 个月，后因工程实施需要，该工期需要延期 4 个月。这套系统的报关由宁波华田报关公司负责，请你以华田公司报关员的身份，完成这套设备系统的报关操作。

小结

本项目主要介绍了暂准进出境货物的监管和报关，内容包括了 ATA 单证册货物的报关、其他展品的报关、暂时进出口货物的报关。本项目操作要点在于理清暂准进出境货物海关业务的流程、理解暂准进出境货物的海关监管要点。

训练题

一、基础训练题

(一) 单选题

1．请指出下列哪一项货物或物品不适用暂准进出口通关制度？（　　）

A．展览会期间出售的小卖品

B．在展览会中展示或示范用的进口货物、物品

C．承装一般进口货物进境的外国集装箱

D．进行新闻报道使用的设备、仪器

2．我国 ATA 单证册的签发机构是（　　）。

A．海关总署　　B．中国国际商会

C．国务院　　D．外经贸部

3．我国规定暂准进出境货物应当自进境或者出境之日起（　　）内，复运出境或复运进境。

A．6 个月　　B．1 年内　　C．3 个月　　D．1 个月

4．在我国 ATA 单证册项下货物暂时进出境期限为货物进出境之日起（　　），如果有特殊情况超过需要延期的，延期最多不超过（　　），每次延长的期限不超过（　　）。

A．6 个月；3 次；6 个月　　B．1 年；1 次；1 年

C．1 年；1 次；6 个月　　D．1 年；3 次；1 年

5．参展期在 24 个月以上展览会的展览品，在 18 个月延长期届满后仍需要延期的，由（　　）审批。

A．隶属海关　　B．直属海关

C．海关总署　　D．直属海关关长

6．我国政府已经部分加入了《ATA 公约》和《货物暂准进口公约》，目前 ATA 单证册在我国仅适用于部分货物，按照现行的规定下列不属于 ATA 单证册书用范围的货物是（　　）。

A．昆明世界园艺博览会上的进口展览品

B．广州商品交易会上的暂准进口货物

C．财富论坛年会暂准进口的陈列品

D．美国政府代表团访华人员随身携带的物品

（二）判断题

1．在我国，目前，ATA 单证册的适用范围仅限于展览会、交易会会议及类似活动项下的货物。（　　）

2．持 ATA 单证册向海关申报进出境展览品，不需要向海关提交进出口许可证，也不需要另外再提供担保。（　　）

3．展览会期间使用的含酒精的饮料、烟叶制品、燃料，海关对这些商品不征收关税。（　　）

4．展览会期间出售的小卖品，属于一般进出口货物范围。（　　）

二、综合技能训练题

【技能训练题一】2011 年 4 月份，汕头市自行车有限责任公司从互联网得知一则境外举办自行车展览会的信息后，信息概况如下。

2011 年德国科隆国际自行车及零部件展览会（IFMA Cologne）

时间：2011-9-14 至 2011-9-17；

举办地点：德国科隆；

组织单位：机电商会；

联系人：张培生；

联系电话：010-58280942；

E-mail:exhi@cccme.org.cn。

为了进一步开拓国际市场，该公司打算携带有关展品出境参展。

请你根据上述业务背景，以汕头市自行车有限公司报关员的身份回答下列问题，并办理相关海关手续。（注：德国是接受 ATA 单证册的国家。）

（1）参展人在展品出境报关前应向什么机构申请签发 ATA 单证册？申请时须提供哪些材料？

【业务处理】____

____

____

____

（2）申请人向出证机构提供的担保形式包括哪些？担保金额为多少？担保期限为多长？

【业务处理】____

____

____

____

（3）该货物暂时出境的期限为多长？

【业务处理】____

____

____

____

（4）该出境货物发货人或其代理人持 ATA 单证册向海关申报展览品出境时，须向海关提交哪些单证？

【业务处理】____

____

____

____

（5）持证人在规定期限内将出境展览品复运进境，如何办理核销结关手续？

【业务处理】____

____

____

____

【技能训练题二】2011 年 7 月 26 日在中国上海举办国际家电博览会，法国胜龙家用电器有限公司应邀参加展览。该公司在参展前向本国相关机构申领了一份《ATA 单证册》，装运货物的运输工具于 7 月 5 日进境，7 月 6 日该货物的收货人上海凯贸报关行持《ATA 单证册》向上海海关办理了货物申报。展出结束后，上述展览品，除复运出境及已被留购的以外，因修建、布置展台等进口的一次性廉价物品被展览品所有人放弃；部分展品被展览品所有人赠送给境内与其有经贸往来的单位。

请你根据上述业务背景，以上海凯贸报关行报关员的身份并办理相关海关手续。

（1）该货物进境申报手续应如何办理？

【业务处理】____

____

____

____

（2）进境展览品在展览期间被人购买的，应如何办理相关海关手续？

【业务处理】____

____

____

____

（3）若该货物在展览品结束后未按时复运出境，相关追索事宜如何办理？

【业务处理】____

____

____

____

（4）在展览期间和展览结束后，应如何进行展览品的各种处置及相关海关事务的办理？

【业务处理】____

____

____

____

【技能训练题三】宁波华田国际贸易公司要参加在美国旧金山举办的电子产品展览，展览日期为 2011 年 8 月 11 日至 8 月 15 日，有产品（表 7-4）需货运出境供展览使用。

表 7-4　产品清单

品种规格	法定计量单位	单价（美元）	总价（美元）
整流器/KH-6116	120 台	3	360
变压器/6V-30V	150 台	5	750
插头/用于电压小于 1000V 的线路	10000 个	0.1	1000

其他背景条件如下。

出口口岸：广州新白云机场；

申报日期：2011 年 8 月 6 日；

航班号：CA20070012；

包装方式及件数：10 纸箱；

毛重：45kg；

净重：40kg；

运保费合计：1000 美元。

请以报关员的身份按以上提供的资料填制以下报关单。

【单据制作】

中华人民共和国海关出口货物报关单

预录入编号：　　　　　　　　　　　　　　　　　　海关编号：

出口口岸		备案号	出口日期	申报日期
经营单位		运输方式	运输工具名称	提运单号：
发货单位		贸易方式	征免性质	结汇方式
许可证号	运抵国（地区）		指运港	境内货源地
批准文号	成交方式	运费	保费	杂费
合同协议号	件数	包装种类	毛重（千克）	净重（千克）
集装箱号	随附单据			生产厂家
标记唛码及备注				

项号	商品编号	商品名称、规格型号	数量及单位	原产国（地区）	单价	总价	币值	征免

税费征收情况		
录入员　录入单位	兹证明以上申报无讹并承担法律责任	海关审单批注及放行日期（签章） 审单　　　　审价
报关员　　　　申报单位（签章） 单位地址 邮编　　　电话　　　填制日期		征税　　　　统计 查验　　　　放行

参 考 文 献

[1] 高彩云．外贸商检实务[M]．北京：机械工业出版社，2007.

[2] 童宏祥．报检实务[M]．上海：上海财经大学出版社，2007.

[3] 黄中鼎．报关与报检实务[M]．上海：上海财经大学出版社，2008.

[4] 顾永才．报检与报关实务[M]．北京：首都经济贸易大学出版社，2008.

[5] 罗兴武．通关实务[M]．北京：机械工业出版社，2010.

[6] 罗凤祥．报关业务实训教程[M]．北京：中国商务出版社，2008.

[7] 国家质检总局报检员资格考试委员会．报检员资格全国统一考试教材[M]．北京：中国标准出版社，2011.

北京大学出版社第六事业部高职高专经管教材书目

本系列教材的特色：

1．能力本位。以学生为主体，让学生看了就能会，学了就能用；以教师为主导，授人以渔；以项目为载体，将技能与知识充分结合。

2．内容创新。内容选取机动、灵活，适当融入新技术、新规范、新理念；既体现自我教改成果，又吸收他人先进经验；保持一定前瞻性，又避免盲目超前。

3．精编案例。案例短小精悍，能佐证知识内容；案例内容新颖，表达当前信息；案例以国内中小企业典型事实为主，适合高职学生阅读。

4．巧设实训。实训环节真实可行，实训任务明确，实训目标清晰，实训内容详细，实训考核全面，切实提高能力。

5．注重立体化。既强调教材内在的立体化，从方便学生学习的角度考虑，搭建易学易教的优质的纸质平台，又强调教材外在的立体化，以立体化精品教材为构建目标，网上提供完备的教学资源。

经济贸易系列

序号	书　名	书　号	版次	定价	出版时间	主　编
1	国际贸易概论	978-7-81117-841-8	1-4	28	2012 年 4 月	黎国英
2	国际贸易理论与实务	978-7-5038-4852-0	1-2	40	2007 年 8 月	程敏然
3	国际结算	978-7-5038-4844-5	1-2	32	2009 年 7 月	徐新伟
4	国际结算	978-7-81117-842-5	1-2	25	2012 年 7 月	黎国英
5	国际贸易结算	978-7-301-20980-6	1-1	31	2012 年 7 月	罗俊勤
6	国际贸易实务	978-7-301-20929-5	1-1	30	2012 年 8 月	夏新燕
7	国际贸易实务	978-7-301-16838-7	1-1	26	2012 年 8 月	尚洁，肖新梅
8	国际贸易实务	978-7-301-22739-8	1-1	33	2013 年 7 月	刘笑诵
9	国际贸易实务	978-7-301-19393-8	1-2	34	2013 年 1 月	李湘滇，刘亚玲
10	国际贸易实务	978-7-301-20192-3	1-2	25	2013 年 5 月	刘慧，吕春燕
11	国际贸易实务操作	978-7-301-19962-6	1-2	37	2014 年 1 月	王言炉，刘颖君
12	国际贸易与国际金融教程	978-7-301-22738-1	1-1	31	2013 年 7 月	蒋晶，石如璧
13	报关实务	978-7-301-21987-4	1-1	35	2013 年 1 月	董章清，李慧娟
14	报关与报检实务	978-7-301-16612-3	1-2	37	2014 年 5 月	农晓丹
15	报检报关业务：认知与实操	978-7-301-21886-0	1-1	38	2013 年 1 月	姜维
16	进出口商品通关	978-7-301-23079-4	1-1	25	2013 年 8 月	王巾，佘雪锋
17	进出口贸易实务	978-7-5038-4842-1	1-2	30	2008 年 5 月	周学明
18	国际海上货运代理实务	978-7-301-22629-2	1-1	27	2013 年 6 月	肖旭
19	国际货运代理实务	978-7-301-21968-3	1-1	38	2013 年 1 月	张建奇
20	国际商务单证	978-7-301-20974-5	1-1	29	2012 年 7 月	刘慧，杨志学
21	外贸单证	978-7-301-17417-3	1-1	28	2011 年 9 月	程文吉，张帆
22	新编外贸单证实务	978-7-301-21048-2	1-1	30	2012 年 8 月	柳国华
23	商务谈判	978-7-301-20543-3	1-1	26	2012 年 5 月	尤凤翔，祝拥军

序号	书　　名	书　　号	版次	定价	出版时间	主　　编
24	商务谈判	978-7-5038-4850-6	1-2	32	2009 年 8 月	范银萍
25	商务谈判实训	978-7-301-22628-5	1-1	23	2013 年 6 月	夏美英，徐姗姗
26	国际商务谈判（第 2 版）	978-7-301-19705-9	2-2	35	2014 年 1 月	刘金波，王葳
27	国际商务谈判	978-7-81117-532-5	1-3	33	2010 年 1 月	卞桂英，刘金波
28	商务英语学习情境教程	978-7-301-18626-8	1-1	27	2011 年 8 月	孙晓娟
29	外贸英语函电	978-7-301-21847-1	1-1	28	2012 年 12 月	倪华
30	国际商法实用教程	978-7-5655-0060-2	1-2	35	2012 年 4 月	聂红梅，史亚洲
31	国际市场营销项目教程	978-7-301-21724-5	1-1	38	2012 年 12 月	李湘滇
32	互联网贸易实务	978-7-301-23297-2	1-1	37	2013 年 10 月	符静波
33	外贸综合业务项目教程	978-7-301-24070-0	1-1	38	2014 年 4 月	李浩妍

相关教学资源如电子课件、电子教材、习题答案等可以登录 www.pup6.cn 下载或在线阅读。

扑六知识网（www.pup6.com）有海量的相关教学资源和电子教材供阅读及下载（包括北京大学出版社第六事业部的相关资源），同时欢迎您将教学课件、视频、教案、素材、习题、试卷、辅导材料、课改成果、设计作品、论文等教学资源上传到 pup6.com，与全国高校师生分享您的教学成就与经验，并可自由设定价格，知识也能创造财富。具体情况请登录网站查询。

如您需要免费纸质样书用于教学，欢迎登录第六事业部门户网（www.pup6.com.cn）填表申请，并欢迎在线登记选题以到北京大学出版社来出版您的大作，也可下载相关表格填写后发到我们的邮箱，我们将及时与您取得联系并做好全方位的服务。

扑六知识网将打造成全国最大的教育资源共享平台，欢迎您的加入——让知识有价值，让教学无界限，让学习更轻松。

联系方式：010-62750667，sywat716@126.com、36021738@qq.com 或 linzhangbo@126.com，欢迎来电来信咨询。